Sense of Learning Achievements of Postgraduate Students Series

研 究 生 学 习 获 得 感 丛 书

U0732890

Research Methods
for Graduate Education

研究生教育研究方法

李臣之　赵明仁　主编

SPM 南方传媒
全国优秀出版社
全国百佳图书出版单位　广东教育出版社
·广州·

图书在版编目（CIP）数据

研究生教育研究方法 / 李臣之，赵明仁主编 . — 广州：广东教育出版社，2025.1

（研究生学习获得感丛书 / 李臣之主编）

ISBN 978-7-5548-5558-4

Ⅰ．①研…　Ⅱ．①李…　②赵…　Ⅲ．①研究生教育—研究方法　Ⅳ．① G643

中国国家版本馆 CIP 数据核字（2023）第 209663 号

研究生教育研究方法
YANJIUSHENG JIAOYU YANJIU FANGFA

出 版 人：朱文清
策划编辑：郝琳琳
责任编辑：柴　瑶
责任印制：吴华莲
装帧设计：邓君豪
出版发行：广东教育出版社
　　　　　（广州市环市东路472号12—15楼　邮政编码：510075）
销售热线：020-87615809
网　　址：http://www.gjs.cn
E-mail：gjs-quality@nfcb.com.cn
经　　销：广东新华发行集团股份有限公司
印　　刷：佛山市浩文彩色印刷有限公司
　　　　　（佛山市南海区狮山科技工业园A区）
规　　格：787mm×1092mm　1/16
印　　张：20
字　　数：400千
版　　次：2025年1月第1版
　　　　　2025年1月第1次印刷
定　　价：72.00元

如发现因印装质量问题影响阅读，请与本社联系调换（电话：020-87613102）

让每一位研究生享受获得感

王立生

2015 年 2月，习近平总书记在中央全面深化改革领导小组第十次会议上提出要"把改革方案的含金量充分展示出来，让人民群众有更多获得感"。自此以降，"获得感"这一概念迅速引起了广泛的社会共鸣，成为研究者关注和讨论的热点。"获得感"作为新兴热点也被带入教育领域，诞生出学习获得感等相关研究。

学校教育以学生发展为中心，其使命在于让学生全面而充分地发展。学校及教师不能单以学生学业成绩结果为导向，而应充分关注其学习获得感。学习获得感的缺乏必将影响学生的学习投入和学习体验，带来学习过度焦虑、学业倦怠、休学离校等一系列问题，甚至因为看不到学习与发展的希望滋生极端行为。因此，探究学习获得感的内在机理，探寻学习获得感提升规律，寻找学生学习获得感生成路径，深化教学改革，推动深度学习，提升学习质量，既具重要的理论价值，又有很强的现实指导意义。

研究生教育是我国国民教育体系的顶端，研究生是我国教育金字塔中的高层次人才，研究生教育水平是国家科教融合创新水平的最高体现。研究生教育肩负着服务国家总体战略，支撑各项事业发展之大任。到2025年要基本建成规模结构更加优化、体制机制更加完善、培养质量显著提升、服务需求贡献卓著、国际影响力不断扩大的高水平高质量研究生教育体系。到2035年，初步建成具有中国特色的研究生教育强国。我国研究生教育总体目标的实现，需要落实到每一个研究生培养单位，需要最大限度地促进研究生学习获得。因此，让每一位研究生有更多的学习获得感，应该成为研究生教育的基本追求。

我国研究生教育发展迅猛，目前在校学生已达300万。规模迅速发展之同时，研究生就业、"延毕"等问题也越来越受到关注。关于研究生就业，有调查发现，专业型硕士生"已确定就业单位"的比例为62.3%，学术型硕士生为59.3%，而博士生为48.9%。[①] 2017年全国博士生离校调查数据进行的实证研究发现：博士生的平均延期率为39.68%，其中，延期时间为1年的占48.15%，延期时间为2年的占19.05%，延期半年和超过2年的比例分别为13.01%和12.50%。[②] 杨青进一步对人文社科类博士生延期影响因素进行探究，认为"课程体系缺乏与导师指导缺位是博士生延期的催化剂，低效的制度执行与低迷的学术氛围是博士生延期的潜在温床"[③]。因此，在研究生规模快速发展之时，尤其需要进一步重视内涵与质量建设。教育部、国家发展改革委、财政部发布《关于加快新时代研究生教育改革发展的意见》（教研〔2020〕9号）适时提出"坚定走内涵式发展道路，以立德树人、服务需求、提高质量、追求卓越为主线"，是新时代我国研究生教育的指导思想，高质量发展已经成为新时代研究生教育发展的总体遵循。

研究生教育高质量发展的显著特征是学生的高质量发展。学生发展全面，学生学习获得充分，学习获得感不断增强，就是高质量研究生教育的基本样态。因此，重视研究生学习获得感就是反映时代诉求，研究生教育需要彰显学习立场，指向学生发展，强调学生学习主观感受。正如《关于加快新时代研究生教育改革发展的意见》要求的那样，"培养单位要完善质量控制和保证制度，抓住课程学习、实习实践、学位论文开题、中期考核、论文评阅和答辩、学位评定等关键环节，落实全过程管理责任，细化强化导师、学位论文答辩委员会和学位评定委员会权责，杜绝学位'注水'"。唯有如此，研究生学习获得感提升，研究生教育高质量发展才能落到实处。

很高兴看到李臣之教授及其团队在研究生教育研究方面所做出的努力。呈现在我眼前的这套研究生教育研究丛书，集中体现了研究生学习获得感研究的重要取向。《研究生学习获得感探究》以定量研究为主，辅以文献研究、案例研究、比较研究等方法，对研究生学习获得感的由来、立论基点做了较为系统的分析，自编量表检测研究生学习获得感现状，分析其核心影响因素，针对存在的关键问题提出提

---

① 于菲，邱文琪，岳昌君. 我国研究生就业状况实证研究[J]. 学位与研究生教育，2019（6）：32—38.

② 高耀，陈洪捷，王东芳. 博士生的延期毕业率到底有多高：基于2017年全国离校调查数据的实证研究[J]. 研究生教育研究，2020（1）：42—51.

③ 杨青. 博士生为什么延期了：人文社科博士生延期毕业原因及作用机制分析[J]. 中国高教研究，2021（7）：90—97.

升研究生学习获得感的主要策略。《如何成为优秀研究生：深度学习的视角》主要采用定性研究，辅以比较研究、案例研究、文献研究等方法，探究学习规划、深度阅读、课堂深度学习、深度反思、深度表达、闲暇生活与学术学习的统一等，揭示研究生学习获得感提升的重要价值，进而提出相应的改进路径与提升策略。《研究生教育研究方法》则是从指导研究生"学会研究"的角度，有针对性地总结研究问题的提出、量化研究、质的研究、案例研究、行动研究、研究伦理与规范。三本书从不同角度瞄准研究生学习获得感的提升，相互联系又互为补充。

纵观国内外研究生教育研究，在政策制度、教育评价、课程教学等方面成果颇丰，但与学习获得感直接相关的研究成果并不多见。在国外，已有的研究主要分布在结果导向教育、学习满意度、主观性幸福感、学习体验等领域，其中不乏有价值的研究成果，值得学习借鉴。在我国，获得感研究在政治学、社会学等领域已有相当丰富的成果，但在教育学领域对获得感的探究明显不足，而研究生学习获得感研究则更是一个新的领域，值得大家进一步深度探索。

我相信，学习获得感研究将成为教育研究的一个重要方向，也将为研究生学习、教育质量提供新的视角。就目前情况看，我国研究生学习获得感研究尚处于起步阶段，虽取得了初步的成果，但仍存在诸多不足，亟待广大研究生教育研究工作者深入探究，逐步完善。

希望李臣之教授及其团队，在研究生学习获得感研究这条道路上越走越远，越走越好。

（本文作者为国务院教育督导委员会国家督学、中国教育发展战略学会副会长、教育部学位与研究生教育发展中心原主任）

前　言

或许是深受实证研究思维的影响，不少研究者会刻板地认为，研究就是"设计研究工具（如问卷、访谈提纲等）—展开调查或实验—回收问卷或数据—处理数据—做统计分析—撰写论文或调查报告"的过程。这样看来，研究似乎是技术性的、缺乏社会情感的枯燥工作，但实际上，研究是一个真实而有意义的过程。

《研究是一门艺术》一书的译者陈美霞结合自身多年教授"方法学"的体悟和感受，将研究同生命、情感、社会福祉、人的品位与风格结合起来思考，提出"研究是一个有血有肉的，是一个投入感情与生命的过程，是有灵魂的，是需要反省力的，是一种对话的过程，是一个严谨的逻辑推理过程，是要建立一个尊重别人、别人也尊重你的风范的努力，是对人类福祉和命运的深切关怀的行动"①。在她看来，研究者需要改变传统的刻板的思维方式，需要对研究产生热情、信心，产生爱，改变将研究视为一种技术活动的观点，而将研究上升到艺术层面。应该说这种看法很有道理。教育研究应该始于研究者自身对研究问题的兴趣，始于关怀社会的良心，始于解决问题服务社会的责任。而不是单纯地编制工具、搜集处理数据得出结论的"技术活"，不是单纯就政策谈政策的"爬格子填字活"，更不是简单的从文献到文献、闭门造车式的、为应对各种评估的"工具活"，因为这类活迟早都会被人工智能所替代，甚至也可能被不屑一顾。

教育研究是研究者针对既有社会价值又有个人意义的研究主题，立足自身实际研究条件和环境，对研究过程做出可行而有质量的规划，进而以饱满的热情、科学的方法、适合的方式从事相关探索性工作，并在此过程中及时搜集和分析研

---

① 布斯，卡洛姆，威廉姆斯. 研究是一门艺术[M].陈美霞，徐华卿，许甘霖，译. 北京：新华出版社，2009：1.

究资料，最后将研究结果、结论和创新点予以公开。整个过程是实实在在的，是认知的，也是情感的，甚至是艺术的，此过程最突出的社会意义在于变革教育实践、丰富教育理论，体现研究者服务社会的价值，丰富人生的乐趣。

研究生教育研究恪守一般研究过程，系统运用研究方法，展开探索活动。与科研院校专家研究相比较，研究生教育研究在研究立场、研究经验、研究资源（包括经费、时间、学术脉络、精力等）、研究性学术交往、发表平台等方面有着明显不同的特点。尤其是学位论文研究，关乎研究生能否顺利获得学位证书、得到社会认可，往往耗费研究生大量的研究时间。由于条件限制，甚至也可能出现即使研究生经历了规定的学业时段，却仍然不能获得学位证书的情况。而一般论文研究，其实也是缩小了的学位论文研究过程，麻雀虽小肝胆俱全，做好这类研究对于研究生学位论文研究是一个很好的铺垫。因此，无论是学位论文研究还是一般论文研究，学会运用研究方法都是至关重要的。

任何研究都始于研究主题的确立，这似乎算不上研究方法，但实际上是研究方法运行的基本前提。量化研究是教育研究走向"科学化"的重要手段，可以让质的研究中的"发现"变得更加"准确"而"可靠"，让人更加信服。质的研究，对于发现教育实践过程中的"理论"、体现研究者探究乐趣很是重要，教育理论诞生于实践的土壤，研究旨趣生成于探究实践的旅途中。案例研究一般作为质的研究的重要方式，在研究设计上却不一定完全采用质的研究的逻辑，对于寻求不同案例之间的"共同的道理"，体会案例中"重要他人"的社会情感很是必要，值得单独介绍。行动研究是变革教育实践的重要力量和基本方式，它让研究本身变成真实，让变革性实践兼具科学性、人文性和教育性，做行动研究往往需运用量化和质的研究等多种方法，在某种意义上，其研究设计像是"混合研究"，也值得单独分析。最后，在研究全过程中，必须遵循学术伦理，否则就失去了研究的底线。

为此，我们照此种逻辑确立本书内容框架，分为五章，即：研究生教育研究主题的确立（李臣之撰写）、量化研究（黄声华、程妙婷撰写）、质的研究（赵明仁、伏世全撰写）、教育行动研究（王晓芳撰写）、案例研究（陈武林撰写）。"学术伦理与道德"（赵明仁撰写）则作为本书附录。

目　录

第一章
研究生教育研究主题的确立

内容提要

确立研究主题是教育研究顺利展开的逻辑前提和基本出发点。本章侧重分析教育研究主题确立对于研究生教育研究和确保教育研究高质量运行的意义，基于教育研究过程的主要步骤，说明研究主题确立在研究活动中所占据的重要位置。重点探讨教育研究主题确立的基本要求、过程、路径与方法，分析研究主题公开与论证的要点。本章可以为研究生确立有价值的研究主题、撰写开题报告提供参考与引导。

本章重点

1. 教育研究主题确立的基本要求。
2. 教育研究主题确立的过程。
3. 教育研究主题确立的路径与方法。
4. 教育研究主题的公开与论证。

确立研究主题一般被称为"选题"，是寻求大致研究问题、方向、范围、对象的动态反复的过程。[①]研究生教育研究主题主要包括一般学术论文和学位论文的研究题目。实际上，"选题"是一个研究"火花"逐渐被点燃的过程，也是研究价值逐渐澄清的过程，一个依据明确要求运用多种方法将研究问题范围从大到小、研究内容从分散到聚焦的演进过程，是研究选题活动从模糊感知到清晰认识的渐变过程。"开题"旨在将论文研究选题活动过程予以公开和论证。从此意义上讲，教育研究"选题"并非是"选择"研究主题，而是形成、论证研究主题的过程，是研究主题逐渐被发现进而得以确立的过程。

一、确立研究主题对于研究生教育的意义与要求

理解研究主题确立的意义，有利于确立研究主题在研究全过程的首要地位，树立认真对待研究主题确立的谨慎态度。而明确研究主题确立的相关要求，则是研究活动规范而高质量推进的基本保障。

（一）确立研究主题是研究生教育研究的出发点

将研究生的教育研究视为一个过程，确立研究主题是其中的重要环节，而且是开启真正研究的出发点。

1. 教育研究是一个过程。

研究，即"研磨"和"深究"，蕴含着一个个细致、深入的反复斟酌、升华、穷理的过程。"research"的英文释义虽然没有中文解释得那么生动和深刻，但也显示了类似的意蕴，"search"是需要"re"，即再次寻找。这说明研究绝非一次性简单的体力劳动，而是带着明确目的、运用科学方法，不断探寻意义，发现新知的过程。

从字面上理解，"研究生"就是做研究的学生，是一边研究一边成长的学生。研究生的教育研究与一般研究一样，必然经由一个苦辣酸甜的过程，并在这个研究过程中显现出不同于本科生、大学生，以及研究院所专家研究者之处。诸如：研究生可能在一定时间范围内实在找不到自己感兴趣的主题；研究生的研究并非遥遥无期，毕竟研究生的学制有着明文限定的时间；任何研究资金投入都是有限度的，包

---

① 杜为公，杜康. 国家社科基金申报指导与技巧[M]. 北京：清华大学出版社，2021：40.

括用于文献资源购买、调查、数据录入等，研究生教育研究资金也可能原本就很少；无论是一般性论文研究还是学位论文研究，都必须有一个阶段性结果，要以特定的方式表达出来，例如发表教育调查研究报告或论文等，这对研究生从事教育研究兴许是一次很大的鼓舞。尽管我们期望研究生教育研究要从研究生自身的学术兴趣出发，但研究生的研究主题也可能是来源于导师的分派。

2. 研究生教育研究的追求。

不少有价值的文献都指出，研究是发现新知的活动，通常伴随着包括数据收集、数据分析，最终得出结论的完整过程。有的数据是利用研究工具测量得到的，有的"经验"数据通过研究者的感觉如观察得到，有的研究更多地依赖概念和思考，也有研究综合运用观察、概念、思考等。①广义而言，搜集信息、解决问题就是研究。狭义的研究，注重创新需要、规范程序、科学方法，以及表达和发表的严谨与规范。尽管不同领域、性质和目的的研究有着不同的程序，但大致都离不开基本的过程，即确立研究主题，围绕研究主题所涉及的研究问题，搜集饱和的资料，通过系统分析这些资料，表达研究结果和结论。

研究生的教育研究同样如此，是确立教育领域有研究价值的关键主题，通过教育研究系列方法，搜集相关教育数据，最后得出解决教育问题的"答案"，如第二章量化研究、第三章质的研究所展现的过程就是这样。还可以将这些"答案"投入到真实的教育教学实践过程中，看看在多大限度上对教育实践产生多大作用，进而展开归因分析，启动新一轮变革行动，后续第四章"教育行动研究"就是在探究这种方法对研究过程的影响。如果说教育是社会变革的有力武器，那么教育行动教育就是变革教育自身的重要手段。

3. 研究生的教育研究过程肇始于研究主题确立。

任何研究都是一个过程，即"寻找话题（选择研究问题）—制订计划—收集资料—组织证据—起草初稿—修改润色"的过程。②选题是整个研究过程的起始环节。关于研究过程，已有研究者提出了不少有价值的过程模型，吸取这些模型的有

---

① 杜晖，刘科成，张真继，等. 研究方法论：本科、硕士、博士生研究指南[M]. 北京：电子工业出版社，2010：2-3.

② 布斯，卡洛姆，威廉姆斯. 研究是一门艺术[M]. 陈美霞，徐华卿，许甘霖，译. 北京：新华出版社，2009：1.

益成分，可以勾画出研究过程展开的三个阶段9个步骤（见图1-1-1），有利于全面了解研究过程各步骤之间的关系。

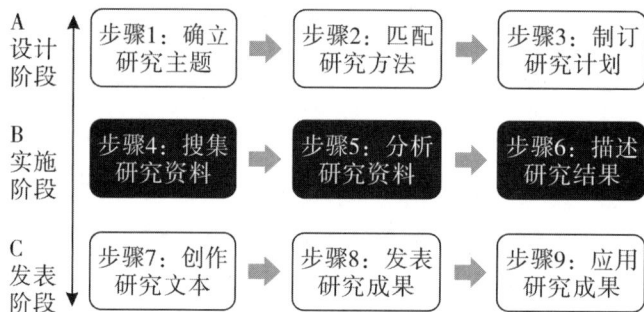

A 设计 阶段	步骤1：确立 研究主题 →	步骤2：匹配 研究方法 →	步骤3：制订 研究计划
B 实施 阶段	步骤4：搜集 研究资料 →	步骤5：分析 研究资料 →	步骤6：描述 研究结果
C 发表 阶段	步骤7：创作 研究文本 →	步骤8：发表 研究成果 →	步骤9：应用 研究成果

图1-1-1　研究过程模型

利用这个过程模型考察研究生做教育研究的过程，不难发现，即使研究生已经进入到步骤4"搜集研究资料"了，但仍然可能返回到前面的步骤3或步骤2，甚至步骤1。"由于大多数学生的研究都有时间限制，因此，从执行阶段返回到计划阶段很可能会损害学生对于完成研究的信心。"[①]随着研究向前推进，越是进入后续步骤，返回前面步骤的困难就越大，相应地可能性也就越小。[②]所以，为了节约研究时间成本，确保研究生在规定的时间内出色地完成研究任务，需要更加重视研究计划的制订以确保研究计划可行性，以免来回折腾研究生，使其滋生厌倦情绪和挫败感，丢失自信心，久而久之对研究失去最初的热情和兴趣。而研究主题的确立在设计阶段明显地占据着首要位置。研究主题没有确定，即使"研究主题灵感"不断涌现，"宽泛的研究领域"层出不穷，研究生也不能开始真正的研究。

值得提及的是，一般研究过程到步骤8就结束了，发表研究成果成为研究过程的终结。但是如果真的到此为止，还是特别遗憾的！对于教育研究者而言，研究影响力产生于实践对研究结果的认可度，以及对政策的接受程度。教育研究成果不能仅仅留在图书馆，供一代一代研究生单纯地写作论文和做课题时参阅。如果，硕士研究生毕业继续攻读博士学位，获得博士学位继续留在大学，继续指导未来的硕士研究生做着类似的教育研究，这些教育研究成果又继续留在图书馆，以此类推，研究会持续处于代际内循环中，终究对教育实践变革产生不了什么积极影响。教育研

---

① 杜晖，刘科成，张真继，等. 研究方法论：本科、硕士、博士生研究指南[M]. 北京：电子工业出版社，2010：8.

② 同①.

究的重要本质在于教育性，教育研究成果的重要价值在于变革教育实践，影响人，促使人成长。但这样说丝毫不反对教育研究对于知识创新的贡献，因为，知识的价值最终还是体现于教育实践变革中，服务人的成长，而教育成果只有转化为教育政策，才会有更大规模更高层次影响教育实践变革的可能。可以说，教育研究落实到第9个步骤，才算是真正告一个段落。尽管研究生教育研究由于学制限制，不一定能够实现成果的推广应用，但对于有条件的研究生而言，比如自己的导师秉持行动研究取向，或者一直推崇实验研究、教育政策研究，常常到教育实践场域作扎根研究，有方便的研究基地和条件，乐于带领研究生接触实践，引领实践变革，就仍然需要尽力去实现应用研究成果这一步骤。而且，即使不做行动研究，研究生教育研究也需要尽可能扎根实践，而非仅仅留在象牙塔里，"演绎着昨天的故事"。毕竟，在教育成果的应用过程中，自然会发现新的问题，产生新的有价值的研究主题，从而自然地开启新一轮有意义的教育研究。

（二）好的研究主题对研究生成长的影响是多元的

任何有效行动的发生都源自对行动意义的理解。研究生教育研究选题行为的有效发生也离不开其对选题意义的深刻领会。大而化之的认识往往导致研究选题的来回折腾，甚至在"盲目行走"中碰运气般偶然发现价值不大、半途而废的题目。

但是，教育研究过程并非一个单向的线性过程。各研究环节之间，往往会出现反复。就像研究生尽管已经通过开题报告，但在研究实际展开过程中，仍然会对主题做出一定程度的调整，有的研究生甚至还改变了开题报告所确定的研究主题。可以想象，这种改变也必然带来研究方法的相应调整，应该说这是一个很大的"手术"，在情感上往往也是一件痛苦的事情。

之所以出现这样的问题，一方面，是因为研究实际展开的过程并不是"一帆风顺"的直线式推进，有的研究环节必须反复。如研究数据或研究资料的搜集与分析，有可能是一边搜集一边分析，在分析中发现资料搜集的方式、方法、数量等都需要调整，直至有价值的资料或数据达到"饱和"为止。至于什么才叫饱和或合适，则要视研究目的而定。另一方面，则可能是研究生在研究推进过程中过于着急，某些环节考虑得并不充分，而不得不"返工"。如研究主题的确立，往往是出现返工频率最高的环节，就是因为研究生对研究主题的系统思考度不高，不够成熟所致。比如，未考虑用什么方法做研究的研究主题，应该是不成熟的主题。因为研究主题的最终确定，仍然是以能够推进研究做下去，达到预期目的为基本前提。这就需要为研究主题匹配合适的研究方法。

1. 研究选题对于学位论文写作与答辩的意义。

选题是按一定价值标准或条件对可供选择的课题进行评价和比较，并对研究方向、目标、领域和范围做出抉择的过程，是解决"研究什么"的问题，是决定论文内容和价值的关键环节。[①]好的开始等于成功的一半，好的研究选题是成功研究的一半，这对于研究过程的有意义实现至关重要。当然，如果所研究的主题与学术领域同期研究主题雷同，则大大减少了发表与日后通过答辩的可能性。不论是全国百篇优秀博士学位论文的评选，还是高等教育学优秀博士学位论文的评选，其首要标准均为"选题为本学科前沿，有重要理论意义或现实意义"，而且选题在所有评选标准中的比重也是很大的。值得注意的是，研究生学位论文选题出现的问题仍然不少。知晓选题常见问题，能够帮助研究生避免重蹈覆辙，减少答辩过程中的麻烦。

第一，学位论文选题学科关联度不高。这里主要针对学位论文选题，尤其是专业学位论文选题学科关联度不高。有研究对 120 个学位点、801 篇"马克思主义中国化研究"学科硕士学位论文选题进行了分析，结果表明，有 363 篇不符合"马克思主义中国化研究"学科要求的论文选题，主要包含研究对象越位、研究旨趣背离、学科关联不紧、理论指导乏力、研究方法失当等情形。[②]这些选题直接影响到学科评估，自然也影响到导师是否能够继续指导研究生。

第二，研究问题的时效性较弱。备选题目可分为以下四种状态[③]：无效状态，指那些已经被研究透了、无论在理论还是在实践上都不可能有所创造和发现的课题，这些课题如同一座废弃的金矿遗址，不再有研究价值；潮尾状态，指那些即将落伍、被人遗忘的课题，研究它会困难重重，往往徒劳无益、无功而返；热门状态，指目前最受关注的研究热点和焦点，具有较高的社会价值和经济价值，研究者趋之若鹜。对这类选题，我们要找到热门中的"冰点"进行攻关研究，在确保质量

---

① 周毅. 研究生学位论文选题原则及方法[J]. 学位与研究生教育，2009（10）：34—41.
② 陈德祥. "马克思主义中国化研究"学科硕士学位论文选题的现状及对策：以120个学位点的801篇硕士学位论文为样本[J]. 马克思主义理论学科研究，2016，2（1）：109—125.
③ 同①.

的前提下追求"短平快";冷门状态,指在目前研究中被忽略和尘封的题目。这类选题研究资料稀缺、研究难度较大,难以取得经费支持,对研究生素养要求较高。但难度大的题目,可能选择的人相对少,即使做不到理想状态,也更容易创新。对这类题目的研究不能盲目追求速度和效益,应树立"板凳甘坐十年冷"的精神,以审慎、严谨、实事求是的研究态度进行研究,以质量和价值取胜。研究生确立研究主题时需要高度警惕,即使是遇到有创新性的"冷门"题目,也要考虑学位教育时限等多种因素。

2. 研究主题确立的多元辐射效应。

研究选题对于一般论文写作与发表、学习体验与获得、就业与持续发展也有重要意义。学术刊物显然不会发表陈旧、无人引用的论文,没有人关注的研究主题自然也不会促进和激励研究者持续研究,更不会增强研究者的学习体验与获得感。如果研究生选择与某一行业发展密切关注的研究主题,(也许)一毕业就能够受到行业的青睐。更为重要的是,好的研究选题还可能成为后续研究几年甚至数十年的研究源头,所以,选题尽可能要新,要有前沿性、前瞻性,要走到时代发展的前面。在"2003年全国优秀博士学位论文"评选获奖者看来,"最重要的是选题。选题要新,要能跟上本领域的前沿。选题决定了论文质量的一半。有了一个好的选题也就意味着论文成功了一半"[①]。可见,教育研究选题切莫大意,需要谨慎对待。

(三)确立教育研究主题的基本要求

好的研究主题有其自身独特性,需要依据一定的原则,经由严密的推论过程才能发现。理解选题的意义是成功选题的必要前提。掌握选择的原则性要求,则可以为研究生合理有效选题提供方向与指引。已有研究提出了不少关于研究生教育研究主题确立的原则,如"根据研究目的、实力、条件、兴趣和独到见地,结合地方特色、社会实际、学术价值和科学发展趋势选题""小题大做""扬长避短"[②]。归结起来,选题确立需要做到以下五点。

1. 社会所需。

研究问题有价值,应该成为研究生选择主题的首要原则。任何研究问题一旦失

---

① 陈丙纯,王豪. 做研究写论文选题最重要[J]. 中国研究生,2003 (5):1.

② 周毅. 研究生学位论文选题原则及方法[J]. 学位与研究生教育,2009 (10):34—41.

去了价值属性，无论具有怎样的研究条件、怎样的可行性，都失去了研究的原点理由。选题的"价值性"主要是指选题应具有理论性、前沿性和实用性。一般来说，衡量一篇学术论文有无价值的标准，就在于它是否符合"三新"，即新材料、新视角、新观点。[①]而选题的价值属性在很大限度上也影响着选题的可行性。

2. 不重复研究。

这是学位论文选题和创作的创新能力的具体体现。选题就是要凸显创新性，要尽量突破教育学学科的"空白处""空缺处"及"交叉口"。有学者认为学位论文的创新性有十个切入点：探索未知的新领域、论文选题的新高度、文献资料的新发现、观察问题的新视角、概念术语的新阐释、谋篇布局的新思路、研究方法的新探索、学科知识的新融合、理论观点的新突破以及成果应用的新价值等[②]，值得研究生选题时深思和借鉴。

创新是学术研究的灵魂，是学位论文选题和创作的第一规范。一般而言，学位论文研究创新主要包括研究内容或材料的创新、研究视角或方法的创新、研究理论或观点的创新等。研究内容或材料的创新意味着选择新"问题"进行研究，或者用新"材料"探究老"问题"。"研究视角或方法的创新意味着用不同的角度和方法来分析和研究，如哲学的思辨、史学的考证、社会学的实证、经济学的计量等。研究理论或观点的创新意味着用新理论进行研究或提出新观点并进行论证。研究创新需要研究者具有敏锐的学术洞察力、扎实的专业基础和较高的理论素养。"[③]因此，研究者需要训练综合研究能力，跨界协同合作研究是解决社会发展过程中复杂问题的关键。教育类研究主题不仅仅是教育领域的问题，也关涉社会学、心理学、脑科学、学习科学、复杂科学、伦理学、文化学、生态学等众多学科，跨学科合作研究，更能精准地提出相应的战略决策。从研究方法而言，混合研究，交叉研究，应该是一种趋势。

3. 小题大做。

研究问题类似需要攻克的"堡垒"、打击场的"靶子"、社会行业发展中的重

---

① 王承丹. 选题的困惑与视角的更新[N]. 光明日报，2003-12-03.

② 董泽芳. 博士学位论文创新的十个切入点[J]. 学位与研究生教育，2008（7）：12-17.

③ 陈德祥. "马克思主义中国化研究"学科硕士学位论文选题的现状及对策：以120个学位点的801篇硕士学位论文为样本[J]. 马克思主义理论学科研究，2016，2（1）：109-125.

要或重大"需求"，研究选题需要针对这些"堡垒""靶子"，聚焦重要需求。尤其是学位论文选题，需要直面问题、研究问题、解答问题，为党和国家科学决策服务，这是教育研究者的重要使命和担当。对于初入科研之门的研究生而言，应培养刻苦钻研的学术作风，从"小题大做"培养起，脚踏实地、勤学苦练，点点滴滴水成洲，砖砖瓦瓦盖成楼。[①]"小题大做"实际上是"小处着手，大处着眼"的"小中见大"，是理论意义与实践意义之大，不是研究范围之大。[②]如"儿童年龄分期：重构教育历史的概念工具"[③]论文选题，借鉴相关学科研究成果，引入儿童年龄分期作为重构教育历史的概念工具，从年龄分期变迁与教育演进的相互关系出发考察教育的历史过程，以此更新研究的视角，深化问题意识，探索教育史学科内涵发展的路径。又如"论教育实践的逻辑"论文选题，基于"教育实践不是一种纯粹理性活动的过程，它有其自身独特的逻辑"的观点，提出"基于这种实践逻辑的认识，教育理论与教育实践的关系需要从多方面进行重新思考和定向"[④]。此外，类似"如何理解基础教育的'基础性'""论行动研究的'合作'伦理问题"等研究主题，看上去针对的问题小，但价值意义重大。

4. 兴趣为基。

研究需要得到研究者自己的认可，但凡外在于研究者自身兴趣的研究问题，即使很有价值，在研究实施过程中都有可能"搁浅"，或者"中途转行"，或者研究效能低下。尽管不能排除研究者自身研究兴趣之外的主题转化为自身的兴趣的可能性，但这种可能性的出现，也是因为自身在研究过程中逐步找到了自己的兴趣。因此，符合自身研究兴趣是基本的"内生的动力性"条件。新手研究者研究选题往往找不到方向，或者对很多领域都感兴趣难以选择，感觉确定研究主题是一件十分头疼的事情，本质上仍然是没有找到自己真正的兴趣。相比之下，熟手研究者的选题过程相对轻松，确立研究选题的过程会缩短。高手研究者或专家研究者更容易在短时间内确立有价值又能在规定时间完成的研究主题。研究的关键在于兴趣。新手研

---

① 王玉德. 也谈研究生论文的选题原则：兼论研究生论文与本科生论文的区别[J]. 学位与研究生教育，2006（10）：36—38.

② 刘良华. 教育研究方法[M]. 3版. 上海：华东师范大学出版社，2021：22.

③ 张斌贤. 儿童年龄分期：重构教育历史的概念工具[J]. 华东师范大学学报（教育科学版），2022，40（3）：1—9.

④ 石中英. 论教育实践的逻辑[J]. 教育研究，2006（1）：3—9.

究者由于研究经验不多，对学科知识的了解不深，跨学科相关知识更是十分有限，他们更多地从生活兴趣出发，跟着感觉走，而不是出于自身的研究兴趣确立研究主题，毕竟还没有多少研究的经历。尽管如此，新手研究者既然选择读研，而且经过自己的努力成功晋级研究生，总是有想做的模糊的研究领域，完全可以从"目前"的兴趣领域出发，大胆地提出感兴趣的宽泛领域，尽力描述出这些领域的可能需要思考的问题。做到这一点就算是研究选题有一个美好的开端。为此，可以尝试尽最大努力提出2～3个兴趣领域，尝试为每一个领域陈述自己"为什么"选择，进而逐步聚焦有价值的主题。

真正在研究这条道路上越走越远、越走越好的研究者，研究选题定然不是随波逐流，或被动地完成规定的任务，而是出于内心的喜爱。犹如购买房屋一样，为了使房屋有升值的可能，不随时间的推移而贬值，首要的考量是地段，其次是地段，再次是地段。确定研究主题也是一样，首要的是自己的兴趣，其次是兴趣，再次是兴趣。"从你最感兴趣的开始，没有什么能比全心投入自己的研究更能提升自己的研究质量。"[①]有经验的导师，在遇到研究生咨询如何选题时，往往会建议他们提出3个自己感兴趣的研究问题，并尽可能为每一个研究问题说明 3 个选择的理由。当研究生完成这3个问题9个理由时，导师与研究生之间就可以进行一场有意义、有价值的学术对话了。当然，研究生在回答导师的问题的过程中，自然会产生一系列的探寻与查找的过程，可能会上知网或外文数据库看看近几年发表的论文题目，也可能与同学交流自己的选题打算，或者问问同学哪些研究问题值得自己去做，如此种种，往往会让自己颇有收获，但也有可能得到范围很大的研究问题。

即便是如此，类似这样的寻找问题的过程依然是别人不能替代的。只有自己亲历过这个找寻的过程，以后才会自动地寻找研究问题。相反，不经历这个自主寻找的过程，而是由导师直接命题作文，或交代研究任务给自己做，很可能做着做着就想改变方向、更换范围。毕竟，这个研究问题原本就不是自己提出来的，在做的过程中途搁浅或更换，也是可理解的。为此，研究生要注意平时积累，通过阅读、上网、调研、交流等方式，了解本领域在国内外受到关注的热点问题。如果在所从事

---

① 布斯，卡洛姆，威廉姆斯. 研究是一门艺术[M].陈美霞，徐华卿，许甘霖，译. 北京：新华出版社，2009：36.

的研究领域，文献读得很少，了解也就不多，甚至连同行都不认识几位，是无法选出合适的研究主题。另外，也要考虑"能否发挥自己的长处使自己的兴趣能专注于所选定的课题，调动起自己所有的能力"[①]，否则，也会不断转移话题，不求甚解，浅尝辄止。

5. 条件所许。

任何研究的展开都是在特定时间、空间，满足特定的条件下进行的。第一，主观条件，能力所及。研究者的学术基础、研究时间规划、研究精力投入决定着研究主题选择的层次、水平和内容，因此，应以自身能够驾驭的研究问题为准，范围不能太大，方法要易把握、会使用。第二，就客观条件而论，研究平台、研究资源、研究队伍决定研究的深度、广度和创新度。任何研究都是在一定客观环境中完成的，如果环境不能支撑研究所必要的访谈、观察、问卷调查，不能提供实验设施，不能提供必要的数据库等，研究往往不能如期完成预期目标。

二、教育研究主题确立的过程

教育研究主题确立是一个过程，既是一个从模糊感知到清晰认识的过程，一个从感性到理性的、范围从大到小的、分散到聚焦的充分论证的过程，也是一个诞生研究灵感，孕育教育研究想法，形成模糊（宽泛）研究领域，逐渐清晰研究主题，明确提出研究问题的思维历程。教育研究主题确立过程如图1-2-1。

模糊　研究灵感　研究领域　研究主题　研究问题　问题细述　清晰

图1-2-1　教育研究主题的确立过程

（一）诞生教育研究灵感

研究灵感如火花，系偶然的念想。确立研究主题即是让星星之火呈现燎原之势，而非昙花一现反复折腾。新手研究生往往火花不断，但难以生成"明火"，自然不能燃烧为熊熊的火焰。火花之所以能够形成"明火"，与火花的来源持续维持

[①]　陈丙纯，王豪. 做研究写论文选题最重要[J]. 中国研究生，2003（5）：1.

有关。火花源头不够丰富，结果是火花一旦出现便随即消失。研究火花来源有多样，亲身经历、实践问题、教育政策、已有研究、教育理论都可以提供给研究者研究主题诞生的火花（见图1-2-2）。

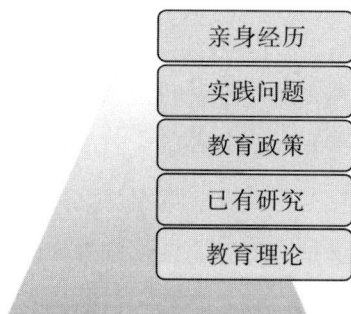

亲身经历

实践问题

教育政策

已有研究

教育理论

图1-2-2　教育研究灵感来源

1. 亲身经历。

所有研究生都有一段或长或短的教育经历，包括家庭教育经历、社会教育经历及学校教育经历，这些教育经历，伴随着成长过程中的关键事件，无论是校内还是校外的关键事件，都会对研究生的研究产生关键影响，也成为其认识教育、理解教育的重要基础。这就是为什么所有受过教育的人即使现在没有从事教育研究，都可能对教育"侃侃而谈"。研究生教育研究主题的确定自然与教育经历相关，因此，不管是否来自教育学专业，研究生都会有关于教育的"前理解"，这些理解，不分对错，都可能成为教育研究主题诞生的灵感来源。如果是从一线教师岗位考上的研究生，而且在学习过程中接触到"教师专业发展"，就很可能追问自己是如何成为一名教师的。如果自身教师经历优秀，或遇见并深受其影响的教育家型教师，更是急迫地想把优秀教师成长的心路历程重现出来。已有研究中就出现过一些采用自传体叙事研究来探究优秀教师专业成长的研究主题，大多是基于优秀教师的亲身经历展开研究。尽管也有研究者质疑自传体叙事数据的信效度，但的确也不能否定源于自身的经历容易产生研究主题灵感的事实。那些没有采用叙事研究来探究教育教学经历的研究主题，也容易从亲身经历中诞生研究主题灵感，因为每个人的思维和想象都是基于过往经验，从而联系当下社会生活的。即使来自非教育领域的研究生，自身所观察到的各种现象、听到的各种教育问题，都会成为教育研究主题的灵感来源。比如为什么有的学生学习投入少而考试成绩很高？为什么有的学生课堂不主动发言成绩也很好？拔尖创新人才究竟是如何学习的？优秀研究生成长又有哪些特殊的影响因素？诸如此类的疑惑，容易迸发教育研究主题灵感。

2. 实践问题。

正如前面谈到的，每个研究生都有受教育经历，在亲身经历中的所思、所想很容易转化为研究主题灵感。每个人都会观察，都会反思，都会从自身经历中找出教育实践中的困惑或问题，有的问题由来已久，始终得不到很好的解决，如应试教育压力、学生负担过重、家庭作业量大、唯分数论、教师照本宣科、学科性课外辅导、学生刷题、手机依赖、学习难以自律、学习焦虑，等等，既是过往没有解决好的实践问题，也是今天仍然需要解决的问题，这些都可以成为研究主题灵感的来源。尤其是来自一线教育实践工作者的教育专业硕士生，所感受到的实践问题更容易产生研究主题灵感。已有研究报告中陈述的一些没有来得及解决的实践问题，包括执行新近教育政策中遇到的实践难点与痛点，只要与研究生自身兴趣取向产生结合点，就容易成为研究主题灵感。

3. 教育政策。

经过一系列前期比较研究、调查研究和多方论证之后，教育政策得以出台。教育政策落实过程需要进一步的具体研究，一方面促进政策的落实，另一方面有助于运用政策执行过程的研究成果启动新一轮政策制定。所以教育政策的诞生、落实、再制定都离不开研究，研究与政策是融为一体的。所以，教育研究者需要善于从政策生成与执行过程角度，萌发教育研究的灵感与火花。"双减"政策出台之前，师生负担到底是增加还是减轻了？产生负担的原因到底有哪些？为何师生负担总是难以减轻？负担过重对学生的影响有哪些？作业真的是负担加重的根本原因吗？如果需要参与政策制定，或者向政府提交咨政报告，类似这些问题的研究就很有实践价值。如教育部"双减"政策出台之后，教育研究者似乎有了更大的研究空间，以教育部社科司关于2022年度教育部人文社会科学研究一般项目评审结果为例，涉及"双减"政策的项目主要有：

"双减"背景下基于教育时间视角的儿童自主学习支持体系研究；

"双减"政策落地的教师教学知识研究；

"双减"背景下中小学生数学学业情绪的影响机制及干预研究；

"双减"背景下我国城乡家庭隐形教育投资行为研究；

"双减"背景下中小学高质量课后服务的多元协同建设机制研究；

"双减"政策下儿童幼小衔接期学习品质培养路径及评估研究；

"双减"背景下乡村义务教育课后服务供需问题研究。

另有"减负提质背景下中小学生学习效率智能体检系统研发及应用研究"项目，这一项目虽然没有出现"双减"，但实际上"减负提质背景"仍然属于"双减"政策范畴，"双减"并非单纯"减"，更主要的是"提质"。但凡需要教育做出应对的政策、与教育相关的政策、直接属于教育的政策，都会在全国教育科学规划教育学单列项目、教育部人文社会科学研究项目，以及各省、市教育科学规划项目中有所体现。如2022年教育部人文社会科学研究项目专家评审通过的西部和边疆地区项目165项、新疆项目19项、西藏项目1项，其申报者均来自国家政策重点支持的区域。中国特色社会主义理论体系研究专项30项，更是党和国家高度重视的研究领域。

4. 已有研究。

成熟研究者大都有类似的经验，看别人的研究成果思考自己的研究方向、领域、主题、方法、工具等。因为已发表的研究成果无论是研究主题的命名、研究假设的拟定、研究方法的选择，还是教育主张、学术规范等，都是经过研究者反复推敲、外审专家及责任编辑认真讨论而集体决定的，对新的研究者而言有着很好的启发价值。如果说模仿是一种学习，那么确定研究主题的最好办法也始于模仿。学位论文更是在最后章节"研究结论与展望"中，明确提出了自己的"遗憾"与"展望"，如由于某些不可控的原因，还有一些研究问题没有得到很好的解决，那么，这些问题就值得展开持续探究，也可以成为研究主题的直接的灵感来源。

需要明确的是，研究生在阅读已有研究成果过程中切莫走马观花，而是要安静地坐下来，将重要文献中的研究问题、研究目标、研究方法、研究结果、研究结论摘录下来，尤其是在摘录过程中"偶然"感受到的、已有研究还存在的问题，包括"感觉"到错误的观点，都需要重点地标注出来，按照相关性、类似性将摘录的内容及时归类整理，对于矛盾对立、不一致的结论应尤其注意。这些都是研究主题灵感诞生的重要来源。

也有研究将"选题"作为研究主题，这些研究成果可以帮助研究者了解选题趋势，发现选题灵感。如有研究通过分析现有课程与教学论专业博士学位论文选题的特点，提出要增加学前教育和高等教育领域的相关研究，深化课程与教学评价研究，拓宽研究所涉及的学科范围，加强地方课程与社区联系方面的研究。[①]该研究发现现有博士论文选题中关于地方课程及其与社区之间的联系等诸多相关问题研究较少，但地方课程在我国三级课程管理制度中的地位十分重要，是沟通国家课程和校本课程的桥梁，因此尤其值得注意。国家各大部委发文将相关要求纳入学校课程予以推行，文件数量过百，学校如何落实？这需要地方政府率先就国家部委文件要求做出有效而精准的教育回应，值得深度研究。值得注意的是，全国教育科学规划教育学2022年度重点课题"中小学地方课程教材定位与功能研究"就属于地方课程研究领域。也有研究者借鉴英国学者马尔科姆．泰特（Malcolm Tight）将高等教育研究划分为7个层次[②]，并以"万方——中国学位论文全文数据库"2001年至2010年高等教育学专业的313篇高等教育学博士学位论文为研究样本，立足于统计分析的角度，采用定量分析与定性分析相结合的方法来探讨我国高等教育学博士学位论文选题现状，提出我国高等教育学博士学位论文选题的研究层次共有个体、课程、系级、院校、系统、地区、国家和国际等8个[③]，并得出一系列有价值的结论，从中可以体会到高等教育研究主题的基本样态，从研究领域与研究层次两个维度统计分

---

① 马志颖. 21世纪以来我国课程与教学论专业博士学位论文选题论析[J]. 教育探索，2011（9）：36-40.

② 泰特. 高等教育研究进展与方法[M]. 侯定凯，译. 北京：北京大学出版社，2007.
泰特同时也认为，在院校和国家这两层次中间，本还有"地区"这一层次，之所以没有把"地区"这一层次考虑进去，是因为对"地区"层次的研究确实不多。

③ 高瑞. 2001-2010年我国高等教育学博士学位论文选题现状分析[D]. 兰州：西北师范大学，2011：31.
该研究发现，高等教育基本理论研究、高等教育宏观管理、高等教育评价研究、高校管理研究、高校课程教学与科研、高校德育、学位与研究生教育、民办高等教育以及国际与比较高等教育等领域主要体现在研究层次中的系统与国家层次，对于其他研究层次则体现较少。高教博士学位论文中个体层次的运用主要集中在高等教育基本理论、高等教育宏观管理、高校管理研究、高校德育工作以及国际与比较高等教育等领域；课程层次主要是高等教育宏观管理、高校管理研究、高校课程教学与科研领域；院校层次主要是高等教育基本理论和高教宏观管理领域；系统层次、国家层次、地区层次以及国际层次也以高教基本理论和高教宏观管理领域为主。

析了我国近十年高等教育学博士学位论文选题的现状（见资料1-1-1），值得高等教育学专业研究生确立学位论文主题时参阅。

资料 1-1-1　我国近十年高等教育学博士学位论文选题的现状

选题具有广泛性、时代性、社会效益性、应用性和开放性。

选题存在如下问题："问题研究"有余，"理论研究"不足；"宏观研究"有余，"微观研究"不足；选题"偏失"有余，"合适"不足；"国内研究"有余，"国际研究"不足；"创新性表现"有余，"创新性力度"不足。

类似这些直接以"教育研究选题"为研究对象的研究成果，可以直接启发研究生重视已有研究主题出现的苗头，以及避免重蹈覆辙的问题，可以针对这些研究发现的"不足"，结合自身兴趣生成新的研究主题。此外，一些关键历史节点的综述性研究也是获取研究主题灵感的重要路径，这些研究多以"××主题研究××年"等为题目，如"中华人民共和国成立70年劳动教育的历史演变——基于教育政策学的视角""中国劳动教育发展100年""我国基础教育课程政策100年：历程、特点与展望"等。阅读这类论文可以整体把握某一研究主题跨越某一时段的研究现状，发现这一研究主题的研究趋势，从而诞生研究主题灵感。

5. 教育理论。

在学习教育理论时，容易受其启发产生教育研究灵感。但是，新手研究者尤其是跨专业攻读教育类学位的研究生，过去接触教育理论的机会较少，如今一头扎进理论学习，觉得很多理论都很新鲜，容易产生研究灵感，但绕来绕去最终诞生不了研究火花。如果是教育学科以外的理论，如社会学、心理学、哲学等，尽管对教育研究很有启发，但要从这些理论中找到研究主题似乎更加困难。究其原因，可能是短时间难以把握系统的教育理论，或对教育以外的学科理论理解难以深入，很难从发展理论角度找出新的增长点。有新手研究生对儿童参与课程建构很感兴趣，想从"分布式领导"视角去思考，花费数月时间仍然没有找到适合自己的研究主题，最后通过导师与同学的讨论，决定基于具体的课程领域，运用分布领导理论去思考和理解儿童参与课程建构，如此将研究主题初步确定为"儿童参与STEM课程设计：分布式领导的视角"和"综合实践活动课程分布式领导：儿童参与视角"。

出现此类情况的原因，主要是新手研究生对课程理论、分布领导以及相关课程领域如综合实践活动课程、跨学科课程实施、STEM课程等不甚了解，短时间很难从儿童参与课程这个宽泛领域中找到自己能够驾驭的研究主题。在后续讨论中找到具体的课程领域后，就可以结合某具体课程领域讨论儿童如何参与课程建构，并将分布式领导作为儿童参与课程建构研究的理论基础。相比之下，有的研究生一开始就对教师负担这一现实问题感兴趣，在联系近期所接触的社会角色理论的基础上，尝试探讨社会角色理论视域下教师负担的分类、特点及应对问题，研究进展十分顺利。

因此，新手研究者在学习理论时应及时记录研究灵感，不要急于转化为研究主题。否则即使找到了有价值的理论研究主题，也可能在短时间内因为自身理论基础不扎实，无法在规定时间内完成研究，这样找到的研究主题也没有可行性。尽管如此，也丝毫不能否定我们能够从理论学习中找到研究主题灵感。相反，熟手研究者采用历史研究、批判研究、实证研究等方法，很多研究主题灵感确实是来源于已有理论，而理论所提出的变量关系、模型建构、趋势预测，其可靠性都需要去证实或证伪，需要新的研究去验证。值得注意的是，在学习理论的过程中，研究者往往会发现某一理论框架有助于开发调查工具，于是萌发做关于某一研究主题的问卷调查研究灵感。如看到幸福理论框架，衍生出学习获得感问卷调查维度设计的想法，进而萌生学习获得感系列研究的想法，诞生学习获得感问卷编制、研究生学习获得感实证研究、中学生语文学习获得感研究、小学生学习自信感研究、初中生语文学习感实证研究等研究主题。

无论上述五类研究主题灵感是何种来源，研究火花诞生还需要独特"引子"，如乐于学术对话、大胆的联想、强烈的好奇心、勇于批判的精神，尤其是创新精神、使命感、人文精神，这些"引子"不可或缺，但的确也是我国教育目标体系中最为欠缺的。"尽信书则不如无书。"只有勇于批判，才能找出阅读中看似合理存在的不合理；只有对事物充满好奇，才能不断地产生疑问；只有大胆联想，才能在关系思维中找到矛盾点；只有不断追求创新、带着变革教育的强烈使命感、心中装满对"人"的关怀，所有感受到的不合理性、困惑、难点、矛盾点才能被激发、被擦碰，进而引出火花，产生研究主题灵感。

（二）形成模糊研究领域

由研究主题灵感带来的研究领域，往往是范围较为广泛的研究领域，仍然看不清其中的研究问题。如新手研究者凭借自己的中小学经历，感受到应试教育的弊端，产生为解决应试教育问题改变高考政策的"想法"，显然这个想法过于宏大，难以"下手"；熟手研究者感受到教师日益增加的负担，影响到教师身心健康，也担心进一步影响到教师的课堂教学质量，于是想做"教师负担"方面的研究，其研究领域似乎是清晰的，但是研究教师负担的现状？还是研究减轻教师负担的政策？还是建构教师负担测量模型？研究领域仍然模糊。

模糊的研究领域往往宏大，感觉很有研究的必要，一旦真正着手研究，却感到无从下手。新手研究生确定研究主题似乎比较草率，一开始喜欢的就是高大上的问题，觉得很有价值。尤其是非教育学专业的"跨界"研究生，遇到教育学领域的问题都觉得很新鲜，联想到自身中小学的受教经历，更是对一些老生常谈的教育问题如"应试教育""素质教育"特别感兴趣，认为自己必须解决应试教育问题以拯救天下受苦的中小学生。殊不知这个问题实在过于宏大，花费很长一段时间也难以找到解决问题的好办法，或者自己能够想到办法别人早已经提过了。部分有社会阅历且年长的跨学科考生，学习愿望较之应届生往往更加强烈，发表论文也显得相对"着急"。但由于自身对教育理论知之甚少，往往对基于自身社会经验速成的"论文"感到很满意，觉得自己的论文不比已经发表的论文差多少，甚至可能更好一些。但实际上无论从论文的框架结构，还是所提出的教育观点，都可能经不起推敲，一大段的"前言"阐述了很多在已有研究中很容易找到的"理由"，所提出的教育主张也与已有研究多有雷同，真正体现自己教育主张的主体部分却很是缺乏。为什么会出现此类情况呢？依然与没有找到真正的研究主题有关，过早地从一个模糊的研究领域着手写作，其结果必然是洋洋洒洒过万言，铺天盖地不着边。已有相关研究成果显示，阅读不够是不能将模糊研究领域具体化为研究主题的主要原因。

如果不清楚研究灵感触及的相关研究领域到底有哪些研究已经发生过？有哪些相关问题已经得到解决？已有文献有哪些发现？还有哪些问题仍然没有得到解决？研究者感觉到的研究领域仍然是模糊的。因此，研究者需要透彻了解研究领域的"过去"，才有利于把握今天的选题方向。诚如德国历史学家、教育家雅斯贝尔斯曾说过："从历史中我们可以看见自己就好像站在时间中的一点，惊奇地注视着过去和未来，对过去看得愈清晰，未来发展的可能性就愈多。"[①]如何看清楚"过去"呢？显然需要回到已有研究广袤的"土壤"里。知网首篇被引次数破万的中文期刊论文作者温忠麟教授将寻找研究问题比作采蘑菇："当你采到一朵蘑菇的时候，在附近找找，通常都会有更多的蘑菇。如果你不知道哪里有蘑菇，那就去别人采到蘑菇的周围转转，往往就会有发现。通过读文献，仔细思考人家的研究问题，然后设法去拓展。"[②]这个比喻，颇有深意。至于如何阅读文献，将在后续章节中陈述。

（三）逐渐厘清研究主题

研究主题的明确化需要一个充分论证的过程（见图1-2-3）。在这个过程中反复交流、讨论，甚至论辩就变得十分有用。[③]导师、同学之间广泛而深入的互动对话贯穿整个论证过程，其目的在于判定研究价值和可行性。

实践证明，导师组织"组会"对于研究主题确立很有帮助。研究者在初步获得宽泛的研究领域之后，需要大胆地在"组会"上表达自己的想法，陈述自己的选题理由，虚心地与同学交流，也可以在这过程中对模糊的研究领域有清晰化的思路，这些努力都有助于研究主题的初步确定。

初拟研究主题是否可行、有没有价值？导师，或者导师团对其判定起到十分重要的作用。如今，导师是第一责任人，其责任是多方面的，但指导研究生获得精准的研究主题是其中最为重要的职责。导师团制度在我国大学里还没有普遍实施，可以借鉴国际经验组建导师团，由导师团来决定研究主题，尤其是学位论文研究主题。对于研究者自身而论，即使大学没有导师团制度，也要广泛地寻求多位导师的帮助，要勇敢地将天下的导师都视为自己的导师，这样就可以获得多方面的建议，更有助于对研究主题的可行性及价值进行判断。教育研究的社会价值集中表现为变革实践或改进实践，学术价值则是创新知识，除导师把关外，一个研究主题是否具有学术价值，仍然需要回到文献中，做好文献综述。

---

① 雅斯贝尔斯. 什么是教育[M]. 邹进，译. 北京：三联书店，1991.
② 华南师范大学公众号2022年7月。
③ 杜晖，刘科成，张真继，等. 研究方法论：本科、硕士、博士生研究指南[M]. 北京：电子工业出版社，2010：13.

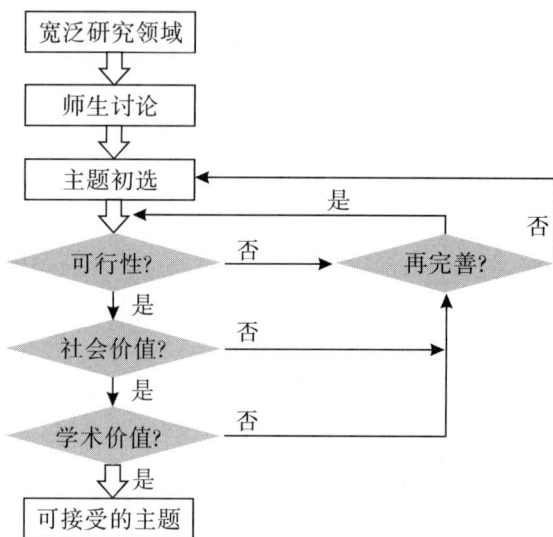

图1-2-3 教育研究主题论证过程

至于研究是否可行？最终要问问自己，自己的知识基础、方法和工具运用的熟练程度、时间规划、精力、学习投入等都会影响可行性，只有充分结合自身的实际情况，系统思考研究计划，才能确保研究主题能够完成。从此意义上讲，不考虑研究实际的研究主题，都是宽泛的模糊的研究主题。

经由充分讨论、精准对接研究者自身实际之后，初拟研究主题就可能成为"可接受的研究主题"了。但是，真正的研究主题还有待进一步的文献综述确立。

（四）明确研究问题

研究主题不等于研究专题，而是逼近研究问题。相对于研究问题，专题的范围很宽，如学生负担、课程体系、活动课程、高质量课堂、深度学习等，而研究问题则是这些专题所包含的重要的教育问题。如学生负担这一专题包括学生负担如何测定，学生负担如何化解，以及如何减轻负担……只有明确了研究问题，研究主题对于研究者而言才是有价值的，才能真正展开研究计划的设计。

明确研究问题不仅仅是提出问题，而应包括解决问题的研究假设、解决问题要达到的研究目的，以及高质量研究实施所使用方法。研究问题是否明确还取决于所采用的方法，是质性研究、还是定量研究，或者混合研究，研究问题的明确表述都是不一样的。

1. 明确研究假设。

从下述这些研究主题的描述中，不难发现，要明确研究问题，就需要明确研究假设，质性研究假设、量化研究假设、混合研究或行动研究的假设是细分这些问题的重要基础。

采用质性研究的学位论文研究主题："我一听便知这是哪里的长调"：特克斯县蒙古族长调同质性与异质性研究（赵竹云，新疆师范大学，2022）；高中英语新手教师复原力的质性研究（罗媛，广西师范大学，2022）；自主与他主的博弈：母亲对0~3岁幼儿自主性发展支持困境质性研究（张传萍，广州大学，2022）；农村中学青年教师流动意愿及影响因素的质性研究（卢晶晶，青岛大学，2021）；自闭症家庭对普通二孩教养方式的质性研究（李艳芳，四川师范大学，2021）；等等。

采用量化研究的学位论文研究主题：高一函数教学中学生数学解题错误的实证研究（马文杰，华东师范大学，2014）；基于思维导图的中学物理教学实证研究（董博清，东北师范大学，2013）；高校教师教学能力结构模型研究（徐继红，东北师范大学，2013）；培养师范生"整合技术的学科教学知识"（TPACK）的研究（詹艺，华东师范大学，2011）；等等。

采用个案研究的学位论文研究主题：大学英语跨文化教学中的问题与对策（陈桂琴，上海外国语大学，2014）；小学数学课堂师生对话的特征分析（刘兰英，华东师范大学，2012）；高中数学教师学科教学知识的案例研究（柳笛，华东师范大学，2011）；高中数学新教师与经验教师PCK比较的个案研究（杨秀钢，华东师范大学，2009）；幼儿园绘本阅读教育的个案研究（张彤，西南大学，2009）；等等。

采用行动研究的学位论文研究主题：构建高中英语课堂生态型师生关系的行动研究（张娜，广东技术师范大学，2022）；基于布鲁姆认知目标分类学的高中英语阅读课堂问题设计的行动研究（王瑞妮，吉林外国语大学，2022）；采用"以读促写"模式促进初中生英语写作中连接词使用的行动研究（舒欣，吉林外国语大学，2022）；支架式教学在高中英语写作教学中应用的行动研究（唐林，吉林外国语大学，2022）；高中英语写作课堂中学生参与反馈的行动研究（陆艳华，华东师范大学，2022）；等等。

引用率在100以上的学位论文研究主题有："产出导向法"应用于大学英语教学之行动研究（张文娟，北京外国语大学，2017）；高中英语文学阅读教学行动研究（何泽，华东师范大学，2017）；初中英语翻转课堂教学行动研究（林才英，广西师范大学，2014）；大学生批判性思维能力培养方式实践探索（黄芳，上海外国语大学，2013）；古村落保护的策略与行动研究——山西下州村为例（聂存虎，中央民族大学，2011）；等等。

从上述这些代表性学位论文主题不难看出，真正有价值且可研究的研究主题，总是会在确立主题的过程中关照研究方法，回应研究目的，甚至会提出明确的研究假设。

2. 明确研究目的。

研究目的即研究意图。定量研究的研究目的是用陈述句表达变量之间的关系类型，可以是因果性的，也可以是描述性的。如果想调查课堂汇报学习与研究生学习获得感之间可能存在的因果关系，就可以表述为："本研究的目的是要调查课堂汇报学习对研究生学习获得感的影响。"如果研究目的是描述课堂汇报学习与研究生学习获得感之间的关系，就可以表述为："这项研究的目的是要描述课堂汇报学习与研究生学习获得感之间的关联度。"如此表述就是明确研究目的表述的基础特征和本质特征。如果明确质性研究的目的，则要表明探究或理解个体在特定以及研究场所中所经历的某个现象。[①]如果明确量化研究的目的，则要表明变量之间的关系。

3. 链接研究方法。

明确研究问题，不能孤立地看待研究问题，而要将研究问题与研究目的、研究假设和研究方法联系起来整体思考。如果不考虑研究假设，就不可能预估问题的答案，不利于制订问题解决的计划，进而影响研究的可行性；如果不考虑研究目的，就不知道研究到底要往哪里去，因而难以判断研究范围的大小，过大难以完成，过小影响研究的社会价值与意义；如果不联系将要使用的研究方法，就不可能规划出研究的技术路线图，不可能设计合适的研究进程，也就不可能确保研究的可行性。

---

① 约翰逊，克里斯滕森. 教育研究：定量、定性和混合方法[M]. 马健生，译. 重庆：重庆大学出版社，2015：69.

针对具体的研究问题，应该匹配怎样的研究方法、设计怎样的研究流程与环节，在"开题"中会进一步讨论。

（五）细化研究问题

细化研究问题，一方面是研究计划制订的必备环节，另一方面透过细化研究问题，还可以回过头来审视先前提出的研究主题还有哪些需要调整的地方，为进一步明确研究主题提供思考的基础，有助于以提问题的方式表述研究主题。

细化研究问题，也有助于制定详细的可操作的研究步骤，给每个步骤分配不同的问题解决任务，确保研究任务分步落实。同时也有利于研究分工，根据研究团队成员各自不同的研究基础和兴趣，分配适合各自的研究任务，有利于调动团队成员研究的积极性。如将"澳门中小学生国家认同教育"作为研究主题，可以进一步细化为几个问题：澳门品德与公民课程在多大程度上影响澳门中小学生国家认同？澳粤中小学学生国家认同有哪些差异？澳门中小学生国家认同水平怎样？如此细化，还有助于研究工具的编制，有利于制订问卷发放计划。

围绕研究主题，多问几个为什么、是什么、怎么办，可以帮助研究问题进一步具体化。如关于"课堂沉默"研究，可以具体化为：

课堂沉默的类型与特点有哪些？

大中小学学生课堂消极沉默的现状如何？

影响学生课堂消极沉默的关键因素有哪些？

应对学生消极课堂沉默的策略有哪些？

课堂沉默研究的理论基础有哪些？

课堂积极沉默对学生学业成就有哪些影响？

…………

三、确定教育研究主题的路径与方法

明白教育研究选择的重要意义和基本过程之后，还需要进一步掌握相关方法、技术，甚至调整思考问题的方式。历经教育调查、学术交往、文献阅读、经验叙事之后，采用系统思考方式，就可以建构比较准确的研究问题（见图1-3-1）。

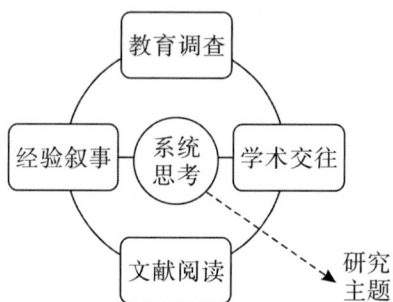

图1-3-1 教育研究主题确立的路径

（一）教育调查

研究主题其实不是"选择"出来的，而是"探究"出来的。整个探究过程包括阅读、交谈、分析、归纳，包括政策分析、现实调查、学术历史梳理（把握学术发展脉络），包括同学之间、同学与老师共同叙事，最后回到研究者个体自我深度对话和系统思考。所以，研究选题最终是论证出来的，并非简单地选择出来。

"问渠哪得清如许，为有源头活水来。""读万卷书不如行万里路。"体察对于认识事物的本质有着重要意义。透过问卷调查、访谈研究，考察教育实践中出现了哪些问题，或者在教育政策落实过程中遇到哪些棘手的问题、难点。分析难点问题，准确归因，提出优化政策建议，或有效推进政策落实的建议，都可以发现极其有现实意义的研究选题。

1. 教育观察。

课堂教学中教师目光分配研究，即长期观察课堂教学过程中教师目光在教室的左、中、右投放的时长及其对学生成绩产生的影响。弗兰德斯教学言语行为互动分析研究，同样也是通过观察课堂中师生言语行为而展开的。[①]观察是发现研究问题最直接的手段。优秀研究者总是能够"看到"新手研究者所"看不到"的有价值的研究信息。

当研究生进入日常教育生活中静心观察时，总会被一些新奇、反复和密集出现的教育现象所吸引，如平时课堂上从来不举手回答问题的学生突然在一次公开课举手了，平常喜欢回答老师提问的学生最近保持沉默，或者有的学生上课不怎么听课

---

① 王虹，宋鹏君，李臣之. 小学语文课堂言语互动个案观察[J]. 教育科学论坛，2013（9）：11-14.

但考试成绩很好，有的学生上课总是问问题，等等。新奇可能预示着研究的未来，频繁出现的偶然性可能透视出教育发展的必然性或规律性，在事件的反复中或许能够遇见事物的本质。关键是观察者要用心"触摸"教育现象，研究主题灵感总是留给有准备的大脑的。事实上，一些新鲜而奇特的现象往往会在人们的惊奇、诧异中消失，毕竟这些现象是偶发的、个别的，足奇不足看，但优秀研究者则会自然地多问几个"为什么"，基于所"看"到的现象多一些思考，多一些提问，这些提问实际上就是产生研究主题的优质素材，"课堂沉默""学习体验""学习风格""教学体验""生成教学"等就可能从上述教育现象中"跳"出来，成为研究者的研究主题。在一定时间、空间内多次或反复出现的教育现象，包括连续出现、间断出现的现象，只要深究下去，必然有所新发现。实际上在自然科学研究领域，许多重要发现都始于不经意的现象观察，教育研究也是如此。如学习负担屡禁不止、教师减负愈减愈烈、校外辅导死灰复燃、家庭作业此消彼长……这些教育现象背后都有一些规律性的教育知识值得探究。

2．教育访谈。

访谈与交流有一些共同性。访谈是比较正式的交流，有着明确的目的、工具（访谈提纲）、时间及环境条件要求。对于教育研究主题确定而言，可以直接就研究生近期看到的、想到的、听到的，以及文献阅读过程中的疑惑、困惑，甚至感觉到有意义的研究问题，向有经验的研究者询问其相应的看法，诸如对这些想知道的内容如何看待？还有哪些建议？包括进一步访谈的建议、阅读的建议、思考问题的思维方式的建议，等等，这些追问和回应都有助于确立研究主题。教育访谈既是发现或寻找研究主题的重要通道，也是为解决问题而搜集研究资料的重要手段。通过交谈不仅可以得到研究问题，甚至还可以得到解决问题的预期答案，这取决于交谈的技巧和礼仪。认真准备访谈问题、善于倾听，在交谈中不断激励、善于追问的研究者，总是能够得到有价值的资料和信息，当然也包括研究问题。

3．问卷调查。

从教育观察、教育访谈中得到的教育研究主题还不是具体的问题。在多大程度上出现值得研究的问题，还需要进一步通过问卷调查，让教育研究问题变得更加明确具体，更加精准。不过，问卷调查本身也可以作为研究主题确定之后正式的研究方法。

教育访谈、教育观察和问卷调查，能够互相证明而聚焦到某一共同的研究问题上，那么这个问题很可能是值得进一步论证的研究主题。

（二）学术交往

同伴互助、专家引领是研究生教育研究主题确立的便捷途径。"与君一席话，胜读十年书"，讲的就是这个道理。文献阅读主要是阅读者与文献的对话，阅读者运用批判思维获得研究主题诞生的火花。而学术交往则可以透过观点碰撞、经验分享、深入讨论，点燃研究火花，甚至可以获得相应的研究方法、工具、资源等，从而通过结合研究实施各环节系统思考研究主题的确立。

学术交往既可以从研究价值角度进行，也可以从研究可行性角度进行，从而更为精准地定位研究主题。学术交往包括参加学术活动，如专业委员会学术年会、学术论坛、学术沙龙、专家讲座等，可以通过学术交流而持续实现。学术交流可以简单地理解为同学者、专家一起交谈，可以是书信交谈、面对面交谈、邮件交谈等。面对面讨论、书信或邮件的交流往往会就某一问题引发更加深刻的看法。从此意义上讲，学术交流就是访谈，只不过访谈的对象是专家学者。通过学术交流，可以得到最新的学术观点，甚至是有争议的看法。研究者也可以通过学术交流发表自己的观点，征询同行的意见。这些看法和意见对于寻找研究主题很是重要。学术交流也可以积累学术人脉，结交志同道合的朋友以利于日后合作研究，形成研究共同体，让研究主题在持续的学术交流中不断生长。

在研究主题确立过程中，需要多与导师像朋友一样交流。尽量不要固守一位导师，因为不同导师带给研究生的思维方式、研究启发和灵感是不一样的，在交流中对研究生产生的影响是多样的、潜移默化的。从理论上讲，天下的导师都应该成为研究生学习的对象，因为只有向更多的导师学习，才能获得跨界多元的、积极的收获。导师定期或研究生自发组织"组会"对于研究主题的确定很有意义，研究生要经常讨论，以激发彼此间"争强好胜"的气氛，只有在批判的氛围中才能清楚地看到彼此思维的优越性和局限性。

在学术交流中，一个教育研究主题往往通过讨论、争论，公开各自的观点、看法、疑惑等，逐渐开阔研究生的研究思路、修订研究看法、生成更为深刻的研究问题。如针对"课堂沉默"，可以提出诸多疑惑：什么是研究生课堂沉默？为什么出现课堂沉默？影响研究生课堂沉默的因素有哪些？为何从幼儿园到高中课堂沉默学生越来越多？课堂沉默对研究生的学习、个性、创新会产生哪些影响？如何减少研究生课堂的不良沉默？基于深度思考的课堂沉默有哪些表现形态？对研究生深度学习又有哪些影响？这些细化的问题有可能在不断的学术交流中被引发出来，不断丰富研究生的教育研究"问题库"。

（三）文献阅读与总结

对于研究生而言，搜集和研究相关文献资料是绕不过去的基础性工作，因为任何研究都需要对研究对象有一个系统或整体的把握，清楚已有相关研究走到哪一步，还可以走向哪里。对研究生而言，文献阅读与总结是一个艰难而有意义的探索过程，但必须学会。如何阅读文献并总结文献？一些教育研究方法类著作和论文已经有比较详细的说明，甚至有专门论述如何做文献综述的书籍，如劳伦斯·马奇和布兰达·麦克伊沃著，陈静等译的《怎样做文献综述——六步走向成功》一书。为便于转化使用，可以将已有相关文献综述的研究概括为五个步骤，只是针对研究者使用的不同研究方法，文献阅读与总结的范围与要求又有所不同，但大致都是围绕这五个步骤来展开（见图1-3-2）。

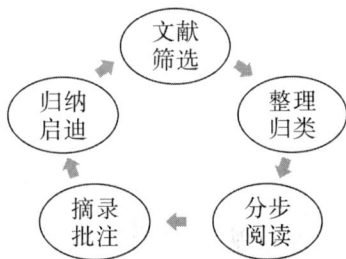

图1-3-2　文献阅读与总结的五大步骤

1. 文献筛选。

所发表的文献不见得都值得一读，毕竟不同杂志、出版社、网站选择文献的标准是不一样的，有的精深，有的全面，有的系统。不同级别的杂志编辑对来稿质量的把关标准也不一样，核心期刊要求高，一般期刊相对比较"宽容"。根据杂志级别、作者知名度、论文引用率、影响因子等因素对与研究主题相关的文献进行处理很有必要。人生精力有限，知识无涯，研究总是有时间限制的。我们要围绕宽泛的研究领域或主题，利用数据库、图书馆，浏览与研究领域或主题相关的文献资料，评判出合适阅读的文献资料。数据库是一座虚拟的图书馆，如知网、维普、万方等中文数据库，以及EBSCO、Taylor & Francis等综合性外文数据库，是教育类研究生常用的数据库。通过"主题""篇名""关键词""作者""引用率""发表时间""作者单位"等进行查询可以获得文献资料。但新手研究者往往在数据库"逛"了很长时间，却找不到满意的文献，这主要是因为文献资料的"边界"难以确定。边界过宽，会导致根本没有时间涉及海量文献；边界过窄，则容易丢失有价值的文献，影响对已有研究的准确评判，尤其是创新点的发掘。

应如何确定边界？首先取决于研究目的。若研究某一领域的最新进展，即以"XX的研究进展"为研究对象，久远的历史资料显然不是重点，而需要选择新近发表的文献。如果研究"XX研究100年"，则需要选取所设定时间段的文献。

搜索范围的确定还可以采用布尔逻辑（Boolean logic），通过使用"and""or""not"来缩小、放大、排除查寻范围。操作方法是，将初步确立的研究领域或主题的重要观点分解为数个重要术语，在术语之间使用这三个单词。如需要研究的主题是"研究生学习获得感质性探究"，则可以通过"研究生""and""学习获得感""and""质性探究"缩小范围，相当于直接用篇名去查寻。如果使用"研究生""or""学习获得感""or""质性探究"，就可以查寻到包括三个词汇中任一个词汇的文献。如用"研究生""and""学习获得感""not""质性探究"则只能看到研究生学习获得感的文献。

除此之外，还可以利用"引用率""发表时间""刊物""作者"等限定选择范围。按引用率从高到低，根据需要和研究时间等确定论文阅读量；根据发表时间结合研究目的选择新近时间段的文献；根据刊物级别，如选择核心期刊以上的文献；根据作者选择所熟悉研究领域的代表人物的文献。所有这些选择实际上都是围绕研究者的研究目的和现实条件来确定。

2. 整理归类。

按照研究对象层次、研究方法、研究工具、研究主题、研究结论（研究发现）、有待进一步解决的问题等，将所搜集的文献资料予以归类整理，以便整体把握研究现状，发现值得进一步研究的主题或问题，判定这些问题的研究价值。如"幼儿园优秀教师课堂管理行为叙事研究"硕士学位论文题目[①]，就是在文献综述过程中找到的。研究者分别对"课堂管理行为"的"研究对象""研究方法""研究内容"等进行系统梳理，利用论文统计数据对比，发现幼儿教师课堂管理行为复

---

① 刘芳芳. 幼儿园优秀教师课堂管理行为叙事研究[D]. 深圳：深圳大学，2003.

杂，而课堂管理对幼儿园活动开展有着重要意义，幼儿课堂管理行为问题必须解决，否则会影响到幼儿健康快乐成长。但已有研究对象层次涉及大学、中小学较多，而幼儿园相当缺乏；研究方法涉及定量研究多，采用质性研究方法少。而采用质性研究方法展开幼儿课堂管理行为研究更适合研究目的，有利于发现优秀幼儿教师管理经验，但已有研究使用叙事研究方法展开研究的甚为欠缺。最终确立"幼儿园优秀教师课堂管理行为叙事研究"作为学位论文选题。尽管研究主题的价值不能单纯从研究方法、研究对象层次、研究内容等概括出来，但仅从研究概况上都找不到研究的"新意"，又如何寻找适合的研究主题呢？

3. 分步阅读。

研究时间总是有限的，在有限的时间内作无限的阅读，这不太可能，但研究者总是希望能够做到这点。无论文科还是理科、工科、艺术体育的研究，总是希望多一些积累，通过浏览研究者能够快速地了解某一研究主题的概貌，整体把握研究概况；而通过精读，研究者能够深入理解该研究主题。

浏览，即通过快速阅读找到有价值的资料的方式。因此，浏览需要充分利用目录、索引、论文的题目和摘要、书籍的章节目录和内容简介等，由此判断文献的阅读价值，甚至摘录的必要性。通过浏览可以大致推测出文献的价值，但也可能令人失望，因为有的论文和书名题目看上去很有价值，内容却没有新意，存在论文刊发和书籍出版专业把关不严或凭借作者"名气"刊载的现象。

精读，有重点的阅读。对于浏览过程中发现的值得一读的内容，尤其是与想研究的主题或领域紧密相关的部分，就要放慢阅读速度，进行反思性阅读、理解性阅读、批判性阅读，深入体会核心观点和关键术语，联系原先宽泛的研究主题或领域，进一步深度寻找关注点和立足点，提高研究主题确立的"清晰度和准确度"[①]。原先的研究范围如何进一步限定？研究主题如何进一步明朗化？如何结合学科思维将研究领域进一步缩小到可以研究的维度？真正要研究的是什么？不能研究的是什么？研究关注点是否也需要扩展？所涉及的关键概念如何准确界定？文献有无缺陷？是否有遗漏？类似这些思考或追求，显然有助于提高研究主题确立的

---

① 马奇，麦克伊沃. 怎样做文献综述：六步走向成功[M]. 陈静，肖思汉，译. 上海：上海教育出版社，2011：31.

质量。至于如何将这些思考图示化、结构化，在后续研究计划的准备中将进一步涉及。

4. 摘录批注。

摘录可以作为记忆的有效手段，也是一种帮助有效阅读的办法。研究生不可能将找到的文献不作任何加工地复制到自己的头脑中，文献阅读如果不与摘录、注释、评论等联系在一起，留在脑海的印迹就可能不深刻。精读中发现的重要的主张、观点、看法，或者关键数据、重要事实都需要摘录。摘录也可以成为直接引用和间接引用的资源之源泉，摘录的同时，最好增加脚注，以便引用时有迹可循。这项工作不仅对研究主题确立很是必要，对后续解决问题、从事论证工作都十分重要，避免了花费大量时间重复寻找证据，以让人觉得枯燥乏味，失去研究的兴致。同样，如果阅读中不进行批判性思考，就无从判定已有研究的历史贡献、历史性局限、疑点、争论，研究的空白点、创新点也就浮现不了。如果不对摘录的内容予以评论，就无法对摘录内容产生深刻的理解。不将摘录内容同相关研究结论进行比较，就无从进行学术对话，也就无从知晓所摘录内容在整个研究中的地位和价值。

5. 归纳启迪。

文献阅读的前4个关键步骤，为归纳启迪提供了很好的基础。将所找到已有研究留下的空白点、质疑区、争论点摆放在一个大的平面上，认真琢磨比对，系统思考，就会发现有价值的研究走向和聚焦点，最终为研究主题的确立带来深刻启示。

需要说明的是，一般小论文题目的确立，不需要做细致深入的文献阅读与剖析，不需要选择某一时段或全部时段的论文作为文献总结的对象，选择有代表性和权威性的重要论文、论著等即可。如何确定代表性和权威性？可以考虑论文的引用率、出版社的权威性、研究者的影响力等指标。按照这些指标选择一定量的文献，梳理出基本的学术脉络，以说明想研究的问题的重要价值。至于论文论证的分类、主张及观点的概括与分析、批判与归纳，则不需要占过多笔墨，能够将研究价值讲清楚或符合杂志发表的要求即可。

新手研究者做文献阅读与总结很是困难，往往不知从何着手，需要硬着头皮，一直往前冲。实际上，很有必要弄清楚做文献总结的目的。A：寻找小论文题目；B：撰写篇幅较长的实证研究报告；C：完成学位论文；D：为了发表综述性论文；

若为A，文献总结更多的是作为研究背景；若为B，则侧重梳理已有研究问题及其答案，旨在陈述研究现状或寻找值得借鉴的理论框架；若为C或D，则需要做些系统性的深入的文献阅读与总结，找到学术知识发展的脉络，推论出有价值的研究问题。研究方法、工具、框架的借鉴也是文献阅读与总结的"附伴性"目的。

随着大数据、信息技术工具的出现，系统性文献阅读与总结也可以借助一些软件完成归类，如Citespace是近些年来使用较为广泛的文献分析软件。但基于软件工具的文献研究仍然不够深入，缺乏分析深度，它可以助力发现研究热点、研究趋势，但不能帮助研究者发现研究问题及其价值，因而达不到研究者的预期的根本目标。也许将来高水平人工智能工具诞生，会帮助研究者"生产"出高水平的文献分析报告，但相对于人脑的分析批判水平而言，目前人工智能仍然十分有限，尤其对于高质量的系统性文献分析，需要以系统分析为主。毕竟学位论文留给文献总结以很大空间，要求将某一研究问题的已有研究现状说明白，不对相关文献做分层分类的概括、分析与批判，就无法展现学术知识发现的全貌，无从发现已有研究留下的值得深度探究的关键问题。Citespace等软件能够清晰呈现研究热点、学术共同体等信息，但毕竟是执行研究者输入的程序要求，目前还无法超越研究者对文献的系统性驾驭，尤其是分析与批判。

经由系统性文献阅读与总结，可以画出一个宽泛研究领域或主题的学术地图，在这些地图的指引下，全部文献研究构成一个倒立的三角形，其顶点就是研究者需要确证的明确研究主题（见图1-3-3）。研究者自上而下从模糊宽泛的研究领域或主题出发，通过对已有研究的对象、方法、发现做出梳理、批判、概括和总结，就会"顺其自然"地得到启示，包括可以借鉴的研究工具、值得运用的研究方法、可以参考的理论分析框架、可以用于论证的观点或主张，尤为重要的是发现已有研究留下的值得进一步深究的问题。这，就是研究生众里寻他千百度，蓦然回首，得到的惊喜——朝思暮想的研究主题。

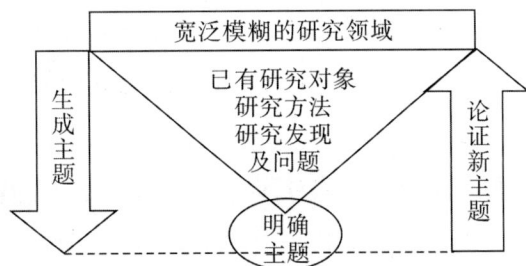

图1-3-3 通过系统性文献总结明确研究主题

（四）经验叙事

研究者个体往往从自身的经验和兴趣出发，思考研究问题及其意义和价值，这也是研究主题确立的、不可放弃的现实途径之一。

研究者自己走过的路，自己最为熟悉，路上所发生的各种故事也了然于胸。究竟哪些故事值得继续讲下去？所经历的哪些问题必须获得答案？如此等等，强化反思，必然能够获得研究的具体问题。诸如，经历中美好的事情有哪些？美好在哪里？延续美好需要做出哪些努力？经历中出现的挫折，到底是哪些原因导致的？如何避免？类似于"幼儿优秀教师课堂管理行为的叙事研究""年度教师实践智慧探究"的叙事研究，多以研究者自身的经历作为考察对象，将自身经历作为一面镜子投射到教育群体中，解读这些群体教育行为。高瑞在硕士论文《2001—2010 年我国高等教育学博士学位论文选题现状分析》研究选择缘起中谈到，他之所以选择这个研究主题，同他的反思经历有关（见资料1-3-1）。

资料1-3-1　全国百篇优秀博士学位论文评选反思

全国优秀博士学位论文评选是教育部原学位管理与研究生教育司组织开展的一项工作，旨在加强高层次创造性人才的培养工作，鼓励创新精神，提高我国研究生教育特别是博士生教育的质量。活动从1999年开始，到2010年评选工作已开展了12年。笔者对1999年至2010年历届全国优秀博士学位论文进行了统计后发现，属于教育学学科的优秀博士学位论文可谓是少之又少。再进一步做具体详细的统计后，结果更令笔者惊讶：在历届全国优秀博士学位论文获奖者名单中，属于高等教育学专业的更是凤毛麟角（2篇，引者），直到2007年，厦门大学高等教育学博士生胡赤弟的学位论文《教育产权与大学制度建构的相关性研究》入选2007年度全国百篇优秀博士学位论文，这是高等教育学博士学位论文第一次入选全国百篇优秀论文。前八年的全国百篇优秀博士学位论文评选中，高等教育学专业可谓是一片空白，的确令人惊讶，惊讶之余，我们更多应该是反思。[1]

研究选题有很多的角度。每一项政策的出台，都会开展前期研究。政策可以说是政府对学术研究成果的转化与运用的方式。学者研究的成果形式之一就是"咨政报告"，咨政报告一经采纳，就可以变成政策。从某种意义上讲，研究成果只有

---

[1]　高端. 2001—2010年我国高等教育学博士学位论文选题现状分析[D]. 兰州：西北师范大学，2011.

变成政策才有力量，才能直接透过政策影响社会变革，否则研究成果只能留在图书馆，影响愿意接触和学习这些成果的学习者和研究者。沿此逻辑，分析政策，可以从两个方向寻找研究选题。一是探究政策的"前世今生"，思考政策为何提出来，提出政策过程中有哪些值得注意的问题。如教育投入占GDP的4%作为政策是如何提出来的？对教育改革与发展究竟产生了怎样的影响？二是教育政策落实过程如何？近年来，解决国家、社会关切的重大问题，已经成为全国教育规划立项课题的重要来源。2022年国家社科基金教育学10项重大招标项目、19项重点项目，都回应了国家与社会发展的重大需求（见资料1-3-2）。

资料1-3-2　2022年国家社科基金教育学10项重大招标项目、19项重点项目

10项重大招标项目：

1. 十八大以来社会主义核心价值观教育的主要经验与深化机制研究

2. 新时代教育公平的国家战略、推进策略与社会支持研究

3. 新发展阶段教育促进共同富裕研究

4. 高校战略科技力量建设研究

5. "双减"背景下基础教育生态系统重构机制研究

6. 中国技能型社会建设测度模型、驱动因素及路径优化研究

7. 新时代高质量教师教育体系建设及师资供需配给研究

8. 教育事权划分与支出责任研究

9. 新时代老年教育服务体系建设研究

10. 中国特色社会主义教育学话语体系研究

19项重点项目：

1. "双一流"大学全球战略研究

2. "双一流"大学建设世界重要人才中心的机制研究

3. 新时代卓越工程师教育培养研究

4. 我国专业学位研究生教育产教融合体系优化研究

5. 城市群空间演进与区域高等教育布局重构研究

6. 普及化阶段高校分类评价指标体系构建研究

7. 高等教育普及化阶段毕业生就业政策研究

8. "冷门绝学"基础学科的人才培养体系研究

9. 省域优质均衡发展的基本公共教育服务体系构建研究

10. "双减"政策落实的过程监测和成效评价研究

---

11. 中小学地方课程教材定位与功能研究

12. 职业本科教育的推进路径及实施策略研究

13. 国际比较视野下职业教育社会认同的提升策略研究

14. 民办教育分类管理视域下的举办者行为规制研究

15. 教育经费投入的可持续性及合理分配研究

16. 智能技术赋能教育评价改革研究

17. 人工智能教育场景应用的伦理与限度研究

18. 我国青少年社会与情感能力培养研究

19. 校园足球实践与新型足球学校建设研究

这些重大课题、重点课题的设立，明显同"双一流"大学建设、民办教育分类管理、人工智能、"双减"、课程改革、教育治理、学科建设、公共教育服务体系等党和国家的重大政策，以及各大部委相关专项改革政策密切相关。其他国家一般课题也有很大比例涉及政策。因此，一个有现实意义的研究主题，需要以政策为基本前提，超越个人立场，站在国家与社会的角度换位思考研究问题。当然，个人自觉站在国家与社会角度思考研究选题，本身已经兼顾了个人的学术兴趣，是个人学术兴趣与国家社会发展需要的有机结合。

（五）系统思考

深度对话系统思考。"横看成岭侧成峰，远近高低各不同。"来自教育调查、文献阅读、学术交往、经验叙事等不同角度的关于研究主题选择方向、对象、范围、内容的思考，可能会让研究生感觉"头疼"，这些思考可能彼此之间对立冲突，令研究生茶饭不思，陷入思考的漩涡之中，但其实这也许是一件好事。随着思考的深入，漩涡最终会聚焦到一个共同点。多角度的冲击之后，有价值的研究主题就会突然间浮现，我们需要做的，是持续思考，寻找共同的价值点，慢慢归一。

在系统思考过程中，要注意不同角度思考的交叉点，尽量寻找学科研究的"无人地"。尤其是博士学位论文主题，应当力求"突破学科的'空白处'或'空缺处'及'交叉口'"[①]，要形成复杂的思维，正如法国著名思想家埃德加·莫兰所言："这种复杂的思维方式并不想排斥区分、分析、孤立等方法，它只想包容它

---

① 周毅. 研究生学位论文选题原则及方法 [J]. 学位与研究生教育，2009（10）：34—41.

们，不仅把它们包容在一个元系统中，而且还包容在一个动态发生过程中。"[①] 尽可能放开想象，多角度看问题，忌单一角度、固化思维，要从线性思维、对立思维转向关系思维、立体思维、整体思维。此外，始终要有强烈的问题意识。无论是一般论文还是学位论文，都要直面问题、研究问题、解答问题，为党和国家教育科学决策服务。研究生问题意识主要包括问题的发现意识和问题探究方法，需要通过课堂问答、学术研讨、课题申报、论文撰写等方式培养发现和解决问题的意识与能力。

四、公开研究主题

公开研究主题即"开题"。研究生遵循研究主题确定的路径，完成研究主题确定的流程之后获得的研究主题，还仅仅是研究生个体深思熟虑的结果，该主题是否真正值得深入研究下去，还需要在更大范围内予以公开，以征询同行专家的评估建议。虽然一般学术论文选题论证不一定像学位论文那样举行正规的开题活动，但如果能够在组会上或学习小组中公开研究主题，同样也大有裨益。

（一）公开"为什么研究"

为什么要研究这个主题？即是解释和说明研究该主题的重要性，也即研究价值。没有价值的研究，无论花费多少时间去做，都是徒劳。研究重要性的说明，需要交代研究主题提出的多方面背景，阐明研究目的及创新点。学位论文中研究的重要性说明，一般放在"研究问题的提出"或"前言"部分。

1. 陈述研究背景。

包括政策背景、实践背景，以及学术背景。概括与研究主题相关的党和国家政策，尤其是教育政策，聚焦政策核心精神与要求，阐述研究主题对政策落实的现实意义。如作为国家战略的《粤港澳大湾区建设发展规划纲要》出台后，"粤港澳大湾区高等教育一体化、交流与合作""粤港澳大湾区基础教育交流与合作""粤港澳大湾区教师教育的交流与合作"等都成为重要的研究领域。又如"高质量发展"政策出台，"高质量高等教育体系建设""基础教育高质量课程体系建构""高质

---

① 莫兰. 方法：天然之天性[M]. 吴鸿渺，冯学俊，译. 北京：北京大学出版社，2002：416.

量作业设计优化"等就自然成为研究者研究的主题。

教育政策出台必然带来教育实践一系列的变化。政策落实过程中的监督、质量检测、实践活动评估，以及教师专业发展、师范院校课程教学改革、学生学业质量、学习负担等，都有必要通过研究来回答。如2022年新一轮基础教育课程改革方案出台，有关大概念教学、大单元教学、核心素养导向的课堂教学设计、劳动教育实施、跨学科教学胜任力等，都值得研究。

但是，从政策与实践层面"找到"的、"发现"的有价值的研究主题未必真正值得研究，需要回到文献中、回到学术史中去追问其学术价值。如果研究主题在已有研究中有了明确的研究结果和结论，则没有必要重复研究，除非这些研究成果需要进一步深化和发展。不同大学规定的学位论文格式不同，有的将"研究问题的提出"与"文献综述"或"研究现状"分别独立成章，有的将"文献综述"合并到"研究问题的提出"中，有的学校甚至还出现过没有专章讨论文献综述者不予通过答辩的典型事件，这说明学位论文中的文献综述不可小觑。只有在政策、实践和学术三方面都得到认可的研究主题，才是有理论意义、实践意义、有创新点的研究主题。学位论文对政策背景、实践背景和学术史梳理较之一般论文更加翔实。使用不同研究方法对政策的和已有研究的描述也不一样，实证研究往往是需要对教育政策，以及政策执行或落实过程中遇到问题的解决情况做比较细致的交代。

2. 公开研究目的、价值、意义与创新点。

研究目的是研究预期要达到的研究结果，也即研究到底要到哪里去。价值，在哲学上是指在实践基础上形成的主体和客体之间的一种意义关系，一般而言指事物在文化、社会等不同领域所具有的重要性和实用性。价值通常通过人的需求和评估决定，带有主观性，教育研究的价值主要体现为研究者在探索教育复杂问题解决时所作出的超越前人的努力与贡献。意义指事物在人类生活中的重要性，是内在的、主观的价值体验，因此，研究价值与研究意义有区别又有联系。研究意义进一步分为理论意义和实践意义，理论意义指研究者的研究对于理论发展的贡献，而实践意义在于研究发现对于教育实践问题的解决，包括政策优化所起到的作用。

创新点可以理解为预期的研究发现，减去已经在现有研究中形成的结果和结论后所剩下的那一部分。创新点对于确定研究主题的核心意义至关重要。如果一个研究主题缺乏创新点，可能就没有必要进行深入的研究。研究中的创新点可以包括多个方面，例如研究方法的创新，研究工具的创新，研究内容、对象或视角的创新，等等。当研究能够推翻已有研究的结论、提出新的教育理念或者建立全新的理论框架时，这就更属于创新。学位论文一定要注重知识的创新，严格意义上讲，没有知识创新，就不应该获得学位。"学位"的拉丁文意思——"因为你创新的知识，所以授予你证书"也与此一致。

（二）梳理学术史

梳理学术史是开启一项研究之前必须完成的基础性工作。前面已经讨论过文献阅读总结是研究主题确立的重要路径，主要强调从文献归纳与总结中"推出"可能有价值的研究主题。梳理学术史将研究主题的确立变得更加精准。但"有些人往往缺乏第一次就把事情做好的耐心和远见，却有无限的耐心和能力去一次又一次地返工"[①]。显然，研究者没有做好已有文献的学术史梳理就开始一项新的研究，是一件很不划算的事情。

1. 学术史梳理。

实际上就是做文献阅读与调查，其目的在于从学术知识纵向发展的历史脉络中，找准研究主题的价值定位。政策分析、教育现状调查可以视为研究主题确立的背景分析，真正的研究主题聚焦，需要回到已有文献的学术史，在同已有研究者的对话中，逐步缩小研究范围，发现价值增长点。最后透过系统思考、整体建构，获得有价值的研究主题。即使是来自现状调查、政策分析发现的研究主题，如果不回到学术史中检视，也无从判断这些研究主题到底有没有创新性。也即，如果已有研究者对来自现实与政策中的问题有明确的答案，那么现实变革者就可以直接采用，不需要重复做研究。从此意义上讲，回到学术史中审视来自教育政策与现实的研究主题，是一件严肃的事情，这直接关涉研究主题的创新性，十分重要。为此，研究生确定研究主题之前最好画出与研究主题相关的学术地图。

2. 研究问题的提出与学术史梳理密切关联。

梳理学术史的主要目的就是精准地发现研究问题的创新价值。研究生可以从社

---

① 马奇，麦克伊沃. 怎样做文献综述：六步走向成功[M]. 陈静，肖思汉，译. 上海：上海教育出版社，2011：1.

会背景（包括国际国内背景）、政策背景（包括与教育相关的各级各类政府宏观政策背景）、教育政策实施现实背景出发，发现有实践意义的研究问题。但是，如果已有学术研究对此研究问题有了明确的、可靠可行的答案，此研究问题的学术价值就不大了。所以，研究问题不等于政策问题，不等于实践问题，而是没有解决的学术问题，只有这样，所提出的研究问题才真正值得探究，具有独特的创新性。

所以从某种意义上说，"背景分析"实际上是研究问题提出的"情境""场域"或"土壤"，而不是研究问题的主题或内容。

一般论文由于字数限制不可能用一章的篇幅讨论研究问题的学术历史，但在"前言"中也需要对学术史有所交代。高水平的实证研究论文一般会将研究问题的提出和学术史（有的刊物直接要求写文献综述）作为独立的两部分，我国近年倡导实证研究的主导刊物《华东师范大学学报（教育科学版）》就是如此。非实证类一般论文，大都将二者合并作为"前言"。

熟手或高手研究者已经不再惧怕学术史梳理，但真正做出高质量的学术史研究依然不是一件容易的事情。其难点在学术评论，需要超越仅仅从"有没有"研究什么，研究方法、研究工具、研究对象这些角度做出的大同小异的探讨。如不应仅为"定性研究多、定量研究少"之类的描述，而应对已有研究的发现做出评论。

针对一般学术论文的学术史相对简短，尤其是一般性自圆其说的"理论文章"，大都离不开"是什么、为什么、怎么样"的探讨，用文献论述文献。问题的提出部分甚至单刀直入，或引述某名家的话就直接进入正题。相比之下，针对学位论文的学术史梳理，与研究内容、研究方法、研究创新点直接相关。研究内容是研究问题的具体化描述，研究主题的确定，一定是在梳理学术史之后才发现的，且新的研究内容一定是超越过去的，或者是过去的研究没有重视的、得出错误推论的、需要推翻重构的。没有系统性学术史梳理，很难回答这些关键问题。系统性学术史梳理，需要对已有研究者的观点进行结构化处理（见图1-4-1），回答"关于这个研究问题研究者已有哪些看法""这些看法之间的关系是这样的"之类的问题。

```
                        ┌──────────┐
                        │ 核心观点 │
                        └──────────┘
          ┌──────────┬──────┴──────┬──────────┐
     ┌────────┐ ┌────────┐  ┌────────┐  ┌────────┐
     │从属观点1│ │从属观点2│  │从属观点3│  │从属观点n│
     └────────┘ └────────┘  └────────┘  └────────┘
     ┌───┴──┐  ┌───┴──┐    ┌───┴──┐    ┌───┴──┐
┌────────┐┌────────┐┌────────┐┌────────┐┌────────┐┌────────┐
│支撑观点1││支撑观点2││支撑观点n││支撑观点1││支撑观点2││支撑观点n│
└────────┘└────────┘└────────┘└────────┘└────────┘└────────┘
```

图1-4-1　研究观点的结构化框架

（三）公开说明"如何研究"及"研究什么"

1. 如何研究：匹配研究方法。

如今，越来越多的研究需要综合运用多种方法。不同研究问题应匹配不同研究方法，正如不同人的脚适合不同尺码的鞋一样。

研究方法有不同的类型。刘良华在为教育硕士撰写的参考教材《教育研究方法专题与案例》中，将教育研究方法分为历史研究、调查研究、实验研究和理论研究。不同的研究主题需要对应相关的研究方法。如有关"培养策略"研究，多匹配行动研究方法，有关"调查研究""实证研究"匹配问卷调查、深度访谈方法，有关"案例研究"自然匹配个案研究方法。比较研究，不能变成外国教育研究，缺少比较的对象。"通过上文的分析可以发现，单一国别研究占据主导，比较研究所占比例过少。比较教育理论研究不够深入透彻导致'比较'操作难以把握，为避免比较的随意性与不科学性，大多比较教育学者舍弃了教育中比较成分，比较教育研究逐渐沦为外国教育研究。"[1]研究方法匹配还需要区别"主方法"和"辅方法"，主方法决定了研究的主要技术路线，而辅方法则是为主方法运作提供帮助。如果以行动研究作为研究的主方法，沿着问题—策略—实践—反思的循环递进，可以辅助调查研究、比较研究、观察研究等方法。由研究方法匹配，延伸出研究的技术路线。

2. 研究什么：建构内容框架。

确立了研究主题，并不等于明确了"研究什么"。针对有价值的研究主题，需要基于研究生实际的研究条件和研究基础，根据研究方法所涉及的研究程序和方式，分级制定具体的研究内容。即在研究主题之下，细分若干研究问题，每一研究

---

① 常媛媛，于佳雪. 2002～2011年中国比较教育学博士学位论文选题分析：以7个比较教育学博士点的244篇论文为样本[J]. 学位与研究生教育，2012（9）：19-23.

问题之下又做进一步的细分，由此构成多层次多类型的研究问题系列，形成系统性研究内容框架。如针对"地方优秀文化与综合实践活动课程深度融合研究"研究主题，可以设计一级研究内容：地方优秀文化与综合实践活动课程深度融合的现状与问题研究、地方优秀文化与综合实践活动课程深度融合的理论基础研究、地方优秀文化与综合实践活动课程深度融合的领域研究、地方优秀文化与综合实践活动课程深度融合的策略研究、地方优秀文化与综合实践活动课程深度融合的评价研究。每一个一级研究内容又需要具体细分若干二级内容。

（四）完善开题报告

完善开题报告需要精心准备、认真汇报、善于倾听、勤于记录，以便消化吸收有益的相关建议。

1. 开题报告的基本要求。

很多毕业研究生都有类似的体验，汇报研究报告时间总是不够，往往讲完文献综述就没有时间讲研究设计、研究创新点。实际上，研究生需要重点回答为什么研究？研究什么？怎样研究？即研究主题的价值和意义，研究要达到的目标，为了实现这个目标需要回答的具体的研究问题，选择哪些方法和工具做研究，研究过程可以细分为哪几个研究步骤，等等。参考华东师范大学研究生学位论文开题报告评价标准（见资料1-4-1），可以明确开题报告需要准备的若干要素。

资料1-4-1　华东师范大学研究生开题报告评价标准

1. 研究背景与价值

（1）是否清晰概述了该研究指向的问题背景（含理论/现实/历史/文化等）？

（2）是否清晰界定了问题域？

（3）是否对核心概念做出了明确定义？

（4）是否明确表述了该研究的理论/实践价值？

2. 文献述评

（1）该研究是否建立在当前的、有代表性的已有研究基础之上？

（2）是否对已有研究进行了综合性的梳理？

（3）这些梳理是否批判性地指出了已有研究的边界及发展方向？

（4）这些梳理是否为该研究的开展提供了明确的合理性？

---

3. 研究问题或假设

（1）该研究是否表述了明确的研究问题或假设？

（2）这些研究问题或假设是否足够具体、可操作？

（3）这些研究问题或假设是否与前述研究背景紧密联系？

（4）这些研究问题或假设的潜在答案是否指向前述的研究价值？

4. 研究设计与方法

（1）该研究是否明确描述了资料范围与收集方式？

（2）该研究是否明确描述了资料处理方法？

（3）该研究所运用的设计与方法是否与研究问题或假设相匹配？

（4）该研究是否提供了与研究方法相关的材料（如问卷初稿、访谈提纲初稿等）？

5. 规范与写作

（1）该报告是否遵循了一致的引文规范（如国家标准、APA、芝加哥格式等）？

（2）该报告是否遵循了基本的伦理规范（如AERA、APA规范）？

（3）该报告是否行文流畅、各章节之间有明确的承接和联系？

（4）该报告是否表述精炼、语言（含标点符号用法）准确？

2. 开题报告的评估。

专家评估，是学位论文开题报告评估的常用方法，常常由导师组共同评定。开题报告的主要目的是公开研究的主题、内容、思路、方法等，是研究生倾听研究建议的重要途径。[①]导师组充分讨论研究主题的价值，找出研究可能的创新点，考察研究的可行性，包括研究生可能的时间投入、已有研究基础、研究资料搜集的难度、研究工具开发的可能性等，使研究有价值，研究生也能够在规定的时段内高质量完成。导师组鉴定之后，会做出开题报告决议，如果已经符合学位授权点的要求，就可以直接建议学生进入论文研究阶段。如果基本符合开题报告要求，就需要进一步修改后由导师确认再进入论文研究阶段。如果未能够符合开题报告要求，则需要重新提交开题报告并再次进行公开论证。

---

① 朱旭东. 学位论文开题报告研究[J]. 学位与研究生教育，2010（1）：1—4.

本章小结

  研究主题确立是有效展开教育研究的起点。本章对教育研究主题确立的意义、过程、路径和方法进行了较为系统地分析和概括。第一，提出了教育研究过程的9个步骤及确立研究主题的基本要求；第二，系统地介绍了教育研究主题确立所包括的4个步骤（教育调查、学术交往、文献阅读与总结、经验叙事）及其相应的操作策略；第三，归纳总结了包括诞生教育研究灵感、形成模糊研究领域、逐渐厘清研究主题、明确研究问题、细化研究问题等步骤的教育研究主题确立；第四，总结公开研究主题的关键事项。

思考问题

  1. 教育研究过程一般包括哪几个基本环节，这些环节彼此之间的关系如何？

  2. 研究生在教育研究主题确立过程中需要注意哪些基本要求？如何落实好这些要求？

  3. 研究生在教育研究主题确立过程中需要把握好哪些路径？各个路径需要注意哪些事项？

  4. 公开研究主题需要做好哪些工作？

第二章
量化研究

内容提要

　　本章主要介绍了量化研究中数据收集和数据分析的基本方法及案例，并简要介绍结构方程模型这一高阶研究方法的基本原理与应用，旨在为有意应用量化研究方法进行科学研究的教育专业研究生提供基础的参考与引导。本章涉及的软件主要包括 SPSS 和 Amos。

本章重点

　　1. 量化研究的数据收集方法。

　　2. 推断性统计中的 T 检验与方差分析。

　　3. 相关系数和多元线性回归。

　　4. 信度与效度检验。

　　5. 探索性因子分析。

在科学研究中，对数据收集的最基本要求在于数据的有效性和可靠性。有效性体现在实际收集的数据信息与研究者的研究目的一致，即当研究者旨在研究学生学习愉悦感这一变量时，所使用的数据收集方法和工具能够测量并获得学生愉悦感相关的数据，而非获得诸如学习胜任感或生活幸福感等类似变量的数据。可靠性体现在实际收集的数据信息真实可信，即研究对象有意愿提供真实的信息且研究者为此尽可能小心谨慎地对待数据收集过程。

一、量化研究的数据收集

在量化研究中，为获取统计上有意义的分析结果，往往需要相对较大的数据量。下面，将重点介绍量化研究的数据收集方法类别，及问卷调查法、测验调查法、实验法这几种常用的数据收集方法。

（一）量化研究的数据收集方法分类

根据研究者对研究对象影响程度的高低，大体可以将这些方法分为三大类。

1. 观察类数据收集方法。

观察类数据收集方法既包括传统的参与式观察、非参与式观察、结构化观察、非结构化观察等直接观察方法，也包括随着科技的进步，研究者逐步开始使用的眼动仪、脑电图测试仪、瞳孔测试仪和录像机等机械设备辅助观察方法；观察的对象可以是人的语言、表情、体态、谈吐等，也可以是空间关系、时间模式和各类语言图画记录。

观察类数据收集方法的特点在于研究者和研究对象相对独立，研究者对研究对象的影响程度较低。研究者在观察时，既无须研究对象做出积极的回应，也希望尽可能减少自己在整个观察研究过程对研究对象真实生活、工作情景的影响，以获得最真实可靠的观察结果。尽管理论上观察类数据收集方法可以将数据收集过程对研究对象的可能影响降到最低，但是在多数观察过程中，这些影响始终存在。例如，当得知校长和其他同事将前来观课或课堂将被全程录像时，教师的教学行为、学生的课堂积极性与纪律性都会出现显而易见的、积极的改变。为此，当观察结果的真实性和可靠性对研究十分重要时，往往可以采用参与式观察。在参与式观察中，研究者并不暴露其作为研究者的真正身份，而是在实际深入参与研究对象日常生活情景的过程中进行隐蔽性的观察。

2. 询问类数据收集方法。

询问类数据收集方法既包括具体、深入且可以根据研究对象的回应不断调整询问策略与内容的面对面访谈和电话访谈等方法，也包括简要、明确且结构相对稳定的问卷法和测量法。询问类数据收集方法的特点在于研究者与研究对象之间存在一个"你问我答"的过程，研究对象需要针对研究者的问题或陈述做出口头或书面回应，研究者对研究对象的影响程度适中。与观察类数据收集方法不同，当研究者采用询问类数据收集方法时，研究对象往往可以预判研究者的提问意图，因而可能给出对其自身有利或为社会赞许的回应。例如，当有研究者在后排观课时，授课教师可能会更努力地表现自己，但教师始终都不确信研究者的真实意图，也不知道自身的教学表现是否能够让其满意；而当研究者直接向教师提问或要求其填写问卷时，多数教师会很快识破研究者的意图，并给出合适但也许并非真实的答案。

3. 实验类数据收集方法。

严格地说，实验类数据收集方法并非一套独立数据收集方法，在实验过程中，研究者依然主要使用观察类和询问类数据收集方法。实验类数据收集方法的特点在于在数据收集的过程中，研究者将根据实验需要对不同的实验对象进行一定的干预与控制。研究者通过有意识地影响和操纵实验环境或实验对象来探寻变量之间的因果关系，因此，这种方法中研究者对研究对象的影响程度最高。例如，当研究者要研究不同教学方法对学习成绩的影响时，则必须使不同组别的学生接受不同的教学方法，然后再测量比较接受各类教学方法前后学生学习成绩的变化。实验类数据收集方法对研究对象的影响可以是相伴一生的。例如，利用实验法研究童年情感忽视和暴力电子游戏暴露对孩子的影响时，实验的操纵过程本身（如忽视孩子、让孩子长时间面对暴力情境或电子游戏）将对孩子产生长期、重大不良影响。因此在设计实验时应当特别注意伦理道德方面的考量。[①]

（二）问卷调查法

1. 什么是问卷？

问卷是用来搜集调查数据的一种工具。调查者根据调查目的和要求进行设计，

---

① 刘占全，梁芳. 教育实验研究中的伦理问题探析：基于"罗森塔尔"式实验的反思[J]. 当代教育科学，2018（7）：17—20.

如一系列问题、备选答案、说明以及码表等。不同的调查问卷在具体结构、题型、措辞、版式等设计上会有所不同，但在结构上一般都由开头部分、甄别部分、主体部分和背景部分组成。[①]

根据研究的需要，问卷的开头部分可以包括问候语、填写说明和问卷的编号等。问候语（实例见下文本框）主要用于向研究对象介绍研究者的身份、调查目的以及进行保密性声明，具有引起其关注、鼓励其参与和消除其顾虑等功能。填写说明主要是告知研究对象问卷填写的要求。研究者还可以通过设置由字母和数字组成的问卷编号来记录问卷来源与问卷质量信息。例如，用PS1-PS10代表10所小学校名称，用G1-G6代表6个年级，则问卷PS7G2-Ⅱ代表在第7所小学2年级收集到的第二份问卷；用99或999标记空白问卷、无效问卷等。

> 尊敬的××同学/老师/校长：
>
> 　　您好！我是××学校/研究所/单位的老师/研究员/调查员，我们正在进行一项有关××××的调查，目的是了解××××××的现状和发展/人们对××××××的看法和意见，以便更好地促进××××××。您的回答无所谓对错，只要真实地反映了您的情况和看法，就达到了这次调查的目的。希望您能积极参与，我们对您的回答完全是保密的。调查要耽搁您一些时间，请您谅解。
>
> 　　谢谢您的支持与合作！
>
> ××××研究组

问卷的甄别部分主要用于筛选、过滤调查对象，以有针对性地对特定的合格对象进行调查。例如，针对15~18岁青年的调查可以通过询问对方年龄（实例见下文本框），针对教师跨学科教学的研究可以通过询问教师是否进行过跨学科教学，以将非目标研究对象过滤出去。

> 请问您的年龄是：
> 1. 14岁及以下……终止作答
> 2. 15~18岁
> 3. 19岁及以上……终止作答

问卷的主体部分包括所要调查的全部问题，主要由问题和备选答案组成，是问

---

① 贾俊平. 统计学[M]. 北京：清华大学出版社，2006：22.

卷的核心部分。

问卷的背景部分通常放在问卷的最后或最前，主要是有关调查对象的一些背景资料（如性别、年龄、受教育程度、职位等）。该部分所包含的各项问题，可使研究者根据背景资料对调查对象进行分类比较与分析。[①]

2. 问卷主体部分的基本设计要求。

主体部分的设计主要包括三个层次：一是具体题目的设计，二是备选答案的设置，三是问题的顺序与排版。

在具体题目的设计方面应注意以下几点：[②]

（1）题目的内容尽可能短，减轻调查对象的阅读理解负担，提高答题质量。

（2）题目用词要确切、通俗，表述完整，减少调查对象的理解偏差。例如："你是否经常熬夜批改作业？"可以具体改为"过去一周里你有几天在熬夜批改作业？"

（3）问卷设计要遵守单一性原则，一个题目只包含一项内容，避免出现复合性问题，否则该题目将失去调查重点，调查对象无法确定应该如何回答。例如"你觉得现有的教学知识与技能以及教学实践经验足以满足学校的教学要求"这一表述，当教师认为自身教学知识与技能足够，但教学实践经验还有欠缺时，则难以对该题目做出肯定或否定的回答。

（4）避免带有明显感情色彩、具有诱导性的提问。在提问中尽量采取中性意义的词语，例如，"你在和学生家长交往的过程中会隐藏或修饰自己的情绪表达吗？"这一表述，要优于"你在和学生家长交往的过程中会装模作样吗？"由于"装模作样"是一个贬义词，教师即使会在和学生家长交往的过程中伪装情绪，也会倾向于认为这并非"装模作样"。

（5）注意敏感性问题的提问技巧。在设计问题时需要考虑哪些问题可能是别人不愿意回答的？如何问别人会更愿意回答？可以考虑迂回式提问、投射式提问和假定式提问。

在备选答案的设置方面可以选择设置开放性或封闭性问题。开放性问题是指研究者对问题的回答未提供任何具体的答案，由调查对象根据自己的想法自由作答。

① 贾俊平. 统计学[M]. 北京：清华大学出版社，2006：23—27.
② 南纪稳. 现代教育科学研究方法[M]. 西安：西北大学出版社，2015：26—29.

开放性问题比较灵活，可以使调查对象充分表达自己的意见和想法、搜集更深层次的信息，适合用于质性分析。封闭性问题则事先设计出了各种可能的答案，供调查对象选择。答案的标准化程度提升，能提高问卷填写效率，也有利于调查后的资料整理。封闭性问题包括两项选择（二选一）、多项选择（多选多、多选一）、顺序选择（排序题）、评定尺度法和双向列联法等多种形式。其中，评定尺度法是指问题答案由表示不同等级的形容词组成，并按照一定的程度排序，由调查对象依次选择，例如从"从不""很少""有时""经常""总是"中选择提问事件的发生频率。双向列联法是指将具有类似答案的不同问题综合呈现，通常用表格来呈现：表格的行标题是一个个独立的问题，列标题是备选答案，主体是选答区域。如表2-1-1是一个双向列联法的应用实例。

表2-1-1　双向列联法实例

（请根据您展开工作的内容和时间在空格内打"√"）

工作内容	工作日	周末&节假日	寒暑假
备课			
批作业			
申报课题			
处理行政事务			
约见学生家长			
培优辅导			
帮学生补习			
组织校外活动			

在问题的顺序与排版方面应注意：（1）问题的安排应具有逻辑性；（2）问题的顺序应先易后难，先一般后特殊；（3）能引起调查对象兴趣的问题放在前面，开放性、敏感性问题放在后面；（4）问卷的结构安排要合理，问卷的主体部分要突出、醒目；（5）不要编排过密，各问题之间要留出一定的空间；（6）纸质问卷的外表及内容的印刷要美观。

3. 问卷调查的内容

根据调查问卷所调查变量的数学特征可以将问卷调查变量分为定名变量、定序变量、定距变量和定比变量。定名变量，也称类别变量，主要涉及对事物性质或类别的鉴别，如性别、民族和国籍等。定名变量中涉及的类别须具有互斥性和穷尽性，各类别在问卷中的次序没有意义，用于指代各类别的数值，仅具有符号意义而不具备数学意义，即仅具有符号的区分性，不能进行大小比较或进行加减乘除运算。定序变量，也称顺序变量，主要涉及对事物水平等级的鉴别，如文化水平、职级高低等。定序变量中涉及的各等级类别也须具有互斥性和穷尽性，且能代表不同的高低顺序。由于两两相邻的类别（如小学与初中学历、初中与高中学历）之间的差距大小无法定量，因此定序变量仅可以进行大小比较不能进行加减乘除运算。定距变量，也称等距变量，主要涉及对事物水平数量相对高低的鉴别，如智力水平。在定序变量的基础上，定距变量中各相邻类别直接的间隔距离是相等的，因此定距变量不仅可以进行大小比较也可以进行加减运算。定距变量没有绝对零点，只有人为规定的相对零点，如IQ测验得0分的人不能被视为没有智力，因此定距变量无法进行乘除运算。定比变量，也称等比变量，主要涉及对事物水平数量绝对水平的鉴别，如年龄、学习时间和结婚次数等。在定距变量的基础上，定比变量既有绝对零点，又有相等单位，因此，定比变量既可以进行大小比较也可以进行加减乘除等运算。

除所调查变量的数学特征外，问卷调查的内容和具体形式取决于研究目的与研究问题的复杂程度。当研究者意图了解诸如个体的性别、年龄、学历背景、收入状况等相对客观的指标时，可以通过简单地询问"您的性别是＿＿＿""您的年龄是＿＿＿"来获取确切数据。只要答题者出于良好的动机、愿意真实地回答问题，那么问卷调查得到的数据必然是对答题者性别、年龄的真实客观反映。当研究者意图了解复杂、抽象和相对主观的概念时（如个体的学习效能），靠单一的问题（如"您的学习效能如何？"）往往无法使得调查对象快速理解研究者意图并给出恰当的回应。因此，应通过询问调查对象一系列与该抽象概念（如个体的学习效能）相关的、具体的问题（如"您是否相信自己有能力在学习上取得好成绩""您是否有能力解决学习中遇到的问题""和班上其他同学相比，您的学习能力是否比较强"）来获取对抽象概念的各个反映指标。这一系列具体问题即组成用于测量该抽象概念的量表。

在教育研究的调查问卷中，量表是用来测量抽象概念的最有效的方式。研究者通常可以让调查对象就量表中的一系列问题做出主观态度的评价，评价的结果即为某一抽象概念的直接观测值。这些直接观测值亦被称为用于测量这一抽象概念的观测变量，而被测量的抽象概念由于无法被直接观测，也被称为潜变量。李克特（Likert）发明的李克特量表是最常用的一种量表形式。以李克特五点量表为例，每个李克特量表题项均为一个陈述句（如"我相信自己有能力在学习上取得好成绩"），而备选答案包括五个不同的评估等级（1=非常不同意，2=不同意，3=中立，4=同意，5=非常同意）。调查对象被要求根据自身情况，选择对该题目所陈述的认同程度。因此，李克特量表也称为态度量表，其所测量变量属于典型的定距变量。

值得注意的是，无论问卷设计多么精巧的问题、量表经过多少次测试，问卷最终收集得到的数据可能并不能真实反映相关构念，测量误差始终存在。量表信度与效度的优劣是判决量表质量高低的重要指标，这些内容将在后续章节进一步介绍。

4. 问卷调查的程序。

首先，确定调查目的，并基于调查目的确定调查对象与调查单位。例如，当调查目的是了解深圳粤海小学六年级4班学生（36人）的学习情况时，最好以4班学生总体作为研究对象，而非进行抽样调查；当调查目的是了解深圳市教师的计算机辅助教学情况时，最好利用抽样调查，而非总体调查。抽样的方式可选择简单随机、系统抽样、分层抽样和群组抽样等概率抽样方式，也可以采用方便抽样、滚雪球抽样、立意抽样、配额抽样等非概率抽样方式。

其次，基于调查目标确认问卷调查的基本结构，选取合适的量表，并基于前述问卷主体部分设计基本要求进一步完善调查问卷。在量表选择上，最好能够直接使用成熟中文量表或翻译使用成熟外文量表，尽量减少对量表的随意修改、增删与整合。如需自行开发量表，则应注意多次收集独立样本数据，通过探索性因子分析和验证性因子分析反复调试，以确定量表的最终使用版本。

最后，确定方案设计中的其他内容。例如，明确调查工作的时间范围、调查的组织与实施细则，以及对问卷调查的回收率进行大致估计。问卷实际回收率过低可能说明问卷涉及问题过于敏感、问卷填答难度太大；问卷实际回收率过高则说明调查对象问卷填答的自主性可能存在问题，影响回收问卷的质量。

（三）测验调查法

测验调查法指用一组标准化试题去测定某种现象的实际情况，对测定的结果进行评分、计量与解释，并基于收集的数据进行研究的一种方法。从形式和内容上看，测验调查法与问卷调查法非常一致，均是采用"提问+回答"的形式。从调查实质看，测验调查法与问卷调查法之间最大的不同在于问卷调查涉及的选项没有对错优劣之分，仅反映调查对象的个人基本情况、主观态度与倾向，最终无法通过简单的加总问卷结果获得对调查对象能力和水平的评价，更无法对调查对象能力和水平的优劣进行有意义的纵向比较。因此，测验调查法往往用于测量最佳行为，而问卷调查法往往用于测量典型行为。

测验调查旨在测量调查对象知识、技能的掌握程度或熟练程度的高低，智力的高低，各方面发展潜能的高低，等等。每一道测量题项对应着一个标准答案，被调查者只有选择标准答案或较优答案才能够得分。

测验调查法的优点在于科学性强、标准化程度强、定量化水平高。测验的编制、施测、评分、计分和对分数的解释等均有统一标准，容易控制、便于操作。不同调查对象的测试结果可以直接用于与标准化测验的常模分布结果进行对比，以便了解调查对象在可比人群中的相对水平高低。例如，IQ测试分数服从平均值为100分、标准差为15分的正态分布。因此，68.2%的人的智商在85~115之间（一个正负标准差之间），95.4%的人的智商在70~130之间（两个正负标准差之间），99.6%的人的智商在55~145之间（三个正负标准差之间）。某调查对象的IQ得分为131的概率低于2.1%，该调查对象的IQ得分高于97.7%的人。

测验调查法的缺点在于测验量表编制难度较大，费时、费力，灵活性较差。测验量表题目内容固定，必须按照测验程序严格进行，研究者无法根据研究的实际需要进行增删修改，否则可能影响结果的解读。

（四）实验法

1. 实验法的定义、流程与原则。

实验法是指研究者根据研究目的，控制和改变实验环境与条件，进而验证假设、探讨变量间因果关系的一种研究方法。观察类和询问类数据收集方法均可运用于实验数据的收集过程中。相比观察类和询问类数据收集方法，实验类数据收集方法往往对数据收集条件、收集对象和收集时间进行严格、科学的控制，其中控制、改变和影响实验环境与条件以探究研究对象认知、情感、态度、行为等方面的变化是实验类方法的必要特征。

实验中由研究者操纵、改变和影响的，可能引起其他变量变化的原因变量属于自变量，而研究者所关注的、可能受到自变量影响的结果变量是因变量。在一项实验中，自变量和因变量的数量可以是一个也可以是多个。研究者采用的实验处理方式可以是自变量出现与否（如是否参加课外培训），也可以是自变量水平高低（如每周参加课外培训的次数多少）。研究者通常需要让一组被试接受实验处理（实验组），让尽可能相似的一组被试不接受实验处理（对照组），通过对比实验组与对照组的差异（横向比较），确定实验处理的影响程度。随机分配被试是保障实验组和对照组的初始条件尽可能相似的重要手段。研究者也可以对因变量在实验处理前后进行两次近乎相同的测量，在实验处理前的测量称为前测，在实验处理后的测量称为后测，通过对比前测与后测的差异（纵向比较），确定实验处理对实验对象的影响程度。在真实验条件下，往往采用严格的随机抽样保证实验组和对照组之间除实验处理方式不同之外，在其他无关因素上无显著差异，通过同时比较实验组前后测之间的差异与对照组前后测之间的差异（即横向比较和纵向比较相结合）来判断实验处理（自变量）对因变量的影响程度（即"随机分配对照组前后测设计"）。

实验法的具体流程包括以下几个阶段：（1）研究设计阶段。在此阶段，研究者应明确实验目的和假设，制订明确的实验计划。实验计划的内容包括确定自变量的操作性定义和具体的实验处理方式以及因变量的操作性定义和具体评估、测量方式；确定是否需要设置对照组作为参照；考虑如何控制无关变量，决定是否采用随机抽样；确定招募实验组和对照组被试的具体途径与方法等。（2）实验实施阶段。在此阶段，研究者应招募被试并按照实验设计对实验组成员进行实验处理，同时收集、记录实验处理前后的各类资料与数据。（3）结果分析与评价阶段。利用在实验中取得的资料、数据进行处理分析，判断实验的可靠性，确定误差的范围，得出变量间因果关系的相关科学结论，并记录和撰写实验报告。（4）结果验证阶段。如果条件允许，研究者可以基于前次实验的经验与教训，对实验设计进行改进，并尝试重复实验或扩大实验，进一步验证实验结果的可靠性和有效性。

实验法的三大基本原则包括：（1）随机化原则。在教育研究等社会科学研究中，由于实验对象往往是社会中个性差异较大的人，无法像以物为研究对象的自然科学研究那样，严格保障实验组和对照组的各类条件完全一致，因此，在社会科学研究中，随机化是实验设计中控制无关变量的最重要、最有效的方法。随机化包括两个层面：一是被试样本从总体中随机抽取，二是随机抽取的被试进一步随机分配到实验组和对照组中。（2）可控性原则。指实验能够有效地控制除自变量与因变量之外的无关变量的影响。实验的主要目的在于得到自变量与因变量之间因果关系的结论，因此，控制无关变量的影响、通过随机化处理保证实验组和对照组在实验处理前的状态基本一致非常重要。（3）可靠性原则。实验处理设计的精准可靠、数据收集的可信有效是保证实验结果有效、可以重复的重要条件。

2. 实验法的基本类型。

根据对数据收集对象、收集条件的要求差异，可以将实验划分为前实验、准实验与真实验。[①]

前实验设计主要是对研究对象在某一实验条件改变后发生的变化进行自然描述。因此，前实验设计往往仅涉及实验组而无对照组。前实验设计仅对所研究的影响因素（自变量）进行操纵，而不对无关变量进行控制，只是简单地探索自变量对因变量结果的可能影响。为此，前实验的结果可信性很低，只能给研究者提供初步的参考信息。前实验的优势在于简便易行，对于初学者友好。

真实验需设置至少一个实验组和一个对照组，通过对比实验组与对照组的实验结果，探究所操纵实验条件（自变量）对研究者关注变量（因变量）的影响。真实验通过严格地、随机地将被试分配到实验组和对照组，一定程度上能排除其他无关变量的影响。真实验的结果可信性最高，但由于其设计要求最为严格，在教育研究中的适用情景较窄。在教育领域，真实验常用于日常教学之外的情景中。例如，针对部分参与校外培训的学生进行实验。此时，对该部分参与校外培训的学生进行随机分配、对比实验组与对照组的实验结果是易于实现的。

准实验介于前实验和真实验之间，指不能随机分配被试，也不能完全控制无关

① 南纪稳. 现代教育科学研究方法[M]. 西安：西北大学出版社，2015：56.

变量，只能尽可能予以控制的实验。①例如，研究者计划使用实验法探究参与式教学法对小学生成绩的影响，为了避免实验影响学校的正常教学工作，研究者从六年级随机选择了A班和B班作为实验组和对照组进行实验，并且发现采用参与式教学法的A班学生，实验后平均测试成绩（后测成绩）显著优于采用普通教学法的B班学生的平均成绩。然而，由于研究者无法确保A、B两个自然班的各方面条件在实验前是否完全一致，亦无法预知可能影响实验结果的差异因素。为此，为提升准实验实验结果的可信度，最好在实验开始前对A、B班学生的学习成绩进行测量（前测成绩）以确定初始成绩的基本情况和差异程度，并通过比较两班前测成绩和后测成绩之间的变化程度确定不同教学方法对学生成绩的影响。由于许多教育类的实验大多难以脱离原自然教学班而展开，实验组与对照组常以班级为单位，无法实现被试的随机分配。因此，准实验设计在教育实验中应用最为普遍。研究者在进行准实验设计时应尽可能控制无关变量。由于没有随机分配被试，实验组和对照组之间的差异可能很大，因此对前测结果数据进行收集在准实验中十分重要。

此外，根据实验进行的场所还可以将实验分为在教育教学的情境中进行的自然实验以及在专门的实验室中进行的实验。根据实验研究的性质和目的可以将实验分为以探索某种教育现象或规律为目标的探索性实验以及以验证已取得的实验结果为目标的验证性实验。

3. 实验法的具体设计策略。

前实验的具体设计策略包括"单组后测设计"和"单组前后测设计"。准实验的具体设计策略包括"非随机分配前后测设计"和"单组时间序列前后测设计"。真实验的具体设计策略包括"随机分配对照组后测设计""随机分配对照组前后测设计"和"所罗门四组法"。

在前实验研究中往往不设置对照组，因此无须考虑是否将被试随机分配到实验组和对照组中。"单组后测设计"和"单组前后测设计"的主要差别在于是否在实验处理前收集因变量的前测数据。收集前测数据有利于研究者了解因变量的初始状态。

---

① THYER B A. Pre-experimental and quasi-experimental research designs[M]//THYER B A. The handbook of social work research methods. London: SAGE Publications Inc., 2010: 183—204.

在真实验研究中至少需要设置一对实验组和对照组，因此需要将被试随机分配到实验组和对照组中。"随机分配对照组后测设计"和"随机分配对照组前后测设计"的主要差别也在于是否在实验处理前，收集因变量的前测数据。收集前测数据有利于研究者了解因变量的初始状态及组间差异。"所罗门四组法"则是指随机分配得到四个同质组（实验组A、B与对照组A、B），对实验组A和对照组A采用"随机分配对照组前后测设计"的同时，对实验组B和对照组B采用"随机分配对照组后测设计"[①]。利用实验组A和对照组A的前测结果的平均值，来估计实验组B和对照组B的前测得分（基准分），并比较实验组B和对照组B的后测与基准分的差异，判断实验处理对测试结果的影响。"所罗门四组法"可以有效降低被试前测经历对后测表现的影响。

准实验研究设计的严谨程度在前实验和真实验之间。准实验在设计上比前实验细致，但由于实验条件限制无法实现随机分配被试（如"非随机分配前后测设计"）或无法设置对照组（如"单组时间序列前后测设计"），因此不能被视为真实验。在"非随机分配前后测设计"策略中，由于未对被试进行随机化处理，实验组和对照组之间的差异可能很大，收集前测结果、判断组间差异是否在可控的范围内是必要的。换言之，前测数据是必选项而非可选项。在"单组时间序列前后测设计"策略中，由于控制组数据的缺失，实验可以通过在实验处理前后进行多次测量，通过时间序列数据保证实验结果的相对可靠性。

二、量化数据分析的基本方法

（一）SPSS 简介及描述性统计

1. SPSS简介。

SPSS（Statistical Package for the Social Science），即社会科学统计软件包，是国际上权威的统计软件之一。SPSS于2009年正式并入IBM公司后，更名为IBM SPSS版本系列，本书所运用的是IBM SPSS Statistics 26。由于友好的界面和易于上手的操作性，SPSS成为社会科学领域中一个最实用和最受欢迎的数据分析软件。

---

① SARKAR K, DASGUPTA A, SINBA M, et al. Effects of health empowerment intervention on resilience of adolescents in a tribal area: a study using the Solomon four-groups design[J]. Social Science & Medicine, 2017, 190: 265—274.

SPSS主要有三大窗口：

（1）数据编辑器，包含了需要分析的数据，分为以下两个视图：

数据视图：以表格的形式展示数据，每一行代表一个个案，每一列代表一个变量。

变量视图：展示变量的详细信息，即数据的元数据，每一行代表一个变量，每一列代表该变量的一个属性。

（2）结果输出窗口：展示了SPSS数据分析的结果，以图表的形式呈现。

（3）语法编辑器：包含了运行数据分析的代码，可以书写和保存语法指令。

SPSS的工作就是对已经被清晰定义的数据进行计算，并以图表的形式生成数据结果，以便研究者根据图表结果对数据进行阐释并获得研究结论。因此，在进行数据分析前最重要的一步就是对数据进行定义，也就是定义元数据（metadata）。元数据，指描述数据的数据，主要用于描述数据的基本属性，通过变量视窗可以看到，一个变量所包含的属性有：

名称（Name）：变量的名称，最好使用英文字符，便于后续导入其他软件进行数据分析。注意，在SPSS中，变量的名称不可以数字开头，也不可以有空格。

类型（Type）：变量的类型，默认是数字的形式。

宽度（Width）：变量能够输入的字符数，默认为8。

小数位数（Decimals）：变量的小数点位数，默认为2位。

标签（Label）：为变量提供较为详细的关键信息，假如你认为定义变量的名称就已经足够了，可以不对变量进行标签。

值（Values）：对变量中的每一个选项赋值，例如"性别"变量中有两个选项——男性和女性，将1赋值给"男性"选项，将2赋值给"女性"选项，通过清晰地定义每一个选项的值，可以帮助我们更好地理解分析的结果。

缺失（Missing）：如果一个数值变量没有值，就会被定义为系统缺失值，在数据视窗中会以一个点的形式来表示。缺失值的替代一般有两种方法：将缺失值替换为数据中不可能出现的数值，常用的标记数字为-999，999，-99和99；将缺失值替换为序列平均值。

列（Columns）：这一属性规定了变量所在列的宽度。

对齐（Align）：规定了数据在页面中的对齐方式，包括左对齐、居中和右对齐。

测量（Measure）：元数据中变量的测量类型包括以下三种：

①名义（Nominal）：变量的值表示的是特定类别，例如地区、性别和宗教信仰等。

②有序（Ordinal）：变量的值表示的是某种内在等级的类别，例如服务满意度水平和学业奖学金等级。

③刻度（Scale）：变量的值表示的是连续的值，例如身高、体重和收入等。

角色（Role）：变量的角色，一般情况保持默认即可，不需要处理。

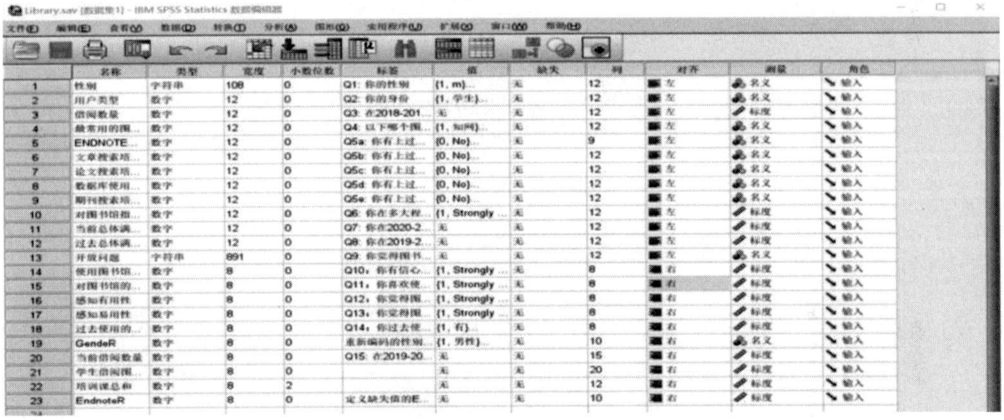

图2-2-1 变量视窗

2. 数据组织及SPSS实操。

在以下的SPSS实操练习中，我们将使用基于图书馆情境的问卷调查数据集来进行实操步骤的演练和展示，该数据集收集了100位深大图书馆用户的个人特征、图书馆使用行为、图书馆使用满意度等，旨在了解用户对图书馆的使用情况及感知态度。

当我们将原始数据导入SPSS之后，时常会发现数据中包含了一些错误或一些不便于进行分析的组织方式。为了解决这些问题，SPSS提供了一些组织和转换的功能来对数据进行修改，以使数据更加易于操作和读取，但不会丢失任何信息。以下我们逐一对这些功能进行详细介绍，包括个案排序、个案选择、拆分文件、重新编码、可视分箱、创建多重响应集和计算变量。

（1）个案排序。我们可能想要对个案（即每一行）按照想要的结果进行排序。

假如根据一个变量来进行排序，我们只需要在数据视窗中点击该变量名所在的列，右击并选择"升序排序"或"降序排序"就可以了。SPSS也可以根据两个或更多的变量来对个案进行排序。以下，我们对根据两个变量的值进行个案排序的例子进行介绍。在图书馆的情境下，我们想将个案按照"用户类型"和"借阅数量"进行排序，从而观察不同用户类型对图书馆书本的借阅数量。具体的操作过程如下：

第一，从菜单中选择"数据→个案排序"。这时会弹出"个案排序"窗口，数据集中的变量都会出现在左边框内。选择"用户类型"和"借阅数量"，依次点击箭头按钮（或直接拖拽变量），将变量移动至"排序依据（S）："的框内，结果如图2-2-2所示。保持系统默认的升序，即从小到大排序。

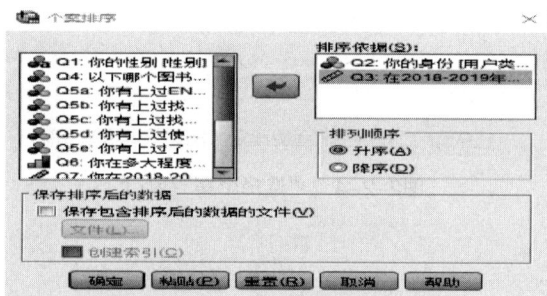

图2-2-2 "个案排序"窗口

第二，点击"确定"按钮，输出结果如图2-2-3所示。通过这样的方式，我们能够清晰地在数据视窗中观察到数据已经按照设置的依据进行排序了。

图2-2-3 "个案排序"输出结果

（2）选择个案。有时候我们只想选择其中一组数据，并只对该组数据进行分析，这时候我们可以使用SPSS中选择个案的功能。如在图书馆情境下，我们只想查看学生群组的相关信息，而屏蔽掉其他类型用户的信息，具体的操作过程如下：

第一，从菜单中选择"数据→选择个案"。这时候会弹出一个"选择个案"窗口，如图2-2-4所示。

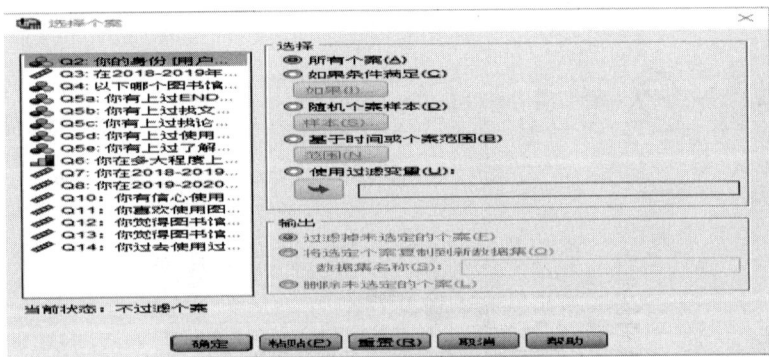

图2-2-4　"选择个案"窗口

第二，选择"如果条件满足"圆形按钮，然后点击"如果"按钮，"选择个案：If"的对话框就会弹出来，就可以对想要满足的条件进行设置了。

第三，选择"用户类型"变量，点击箭头（或直接拖拽变量），将选中的变量从左边的列表移动到右边的框中。

第四，"用户类型"变量中设置了三个选项，分别代表三种不同的用户类型。其中，选项1为学生类型，在SPSS中被赋值为1。因此，我们在表达式框内输入"=1"，完整表达为"用户类型 =1"，如图2-2-5所示。

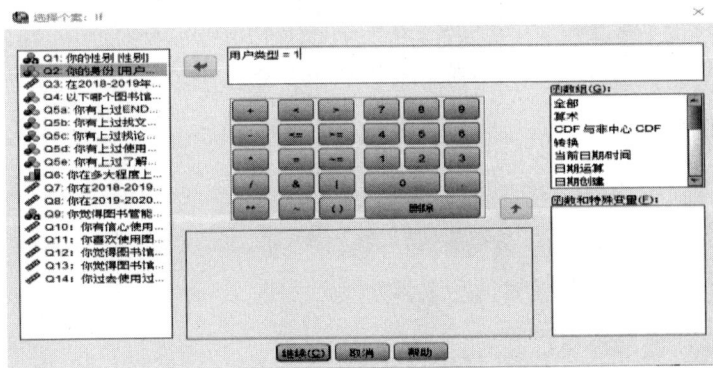

图2-2-5　计算变量

第五，点击"继续"按钮，然后点击"确定"按钮，这时候我们就只选择了数据中满足用户类型为学生的个案。如图2-2-6所示，行序号上画了斜线的个案意味着这些个案是被"屏蔽"的个案，即不满足条件的个案。在数据编辑器中，会生成一个新的变量"filter_$"，包含了0和1两个值，分别代表了没有被选择的个案和满足条件的个案。要注意的是，在完成该功能后，如果要再次对全部数据进行分析，需要在该功能中重新选择所有个案。

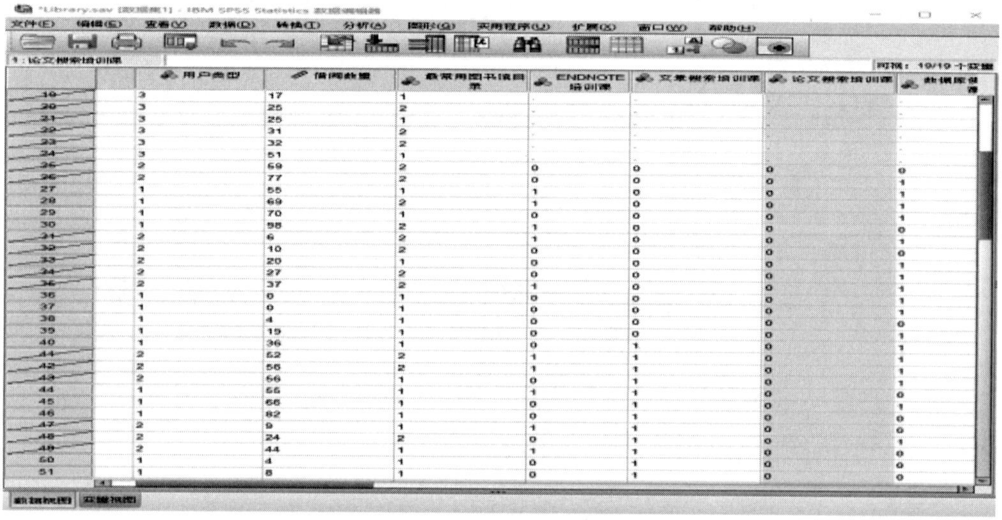

图2-2-6 "选择个案"输出结果

（3）拆分个案。SPSS中拆分文件的功能可以实现对不同的组别进行选择，然后分别对不同组别进行分析。如在图书馆情境下，我们只想查看不同用户类型在不同性别的分布，具体的操作过程如下：

第一，在菜单栏中选择"数据→拆分文件"，这时候会弹出一个"拆分文件"的窗口，如图2-2-7所示。默认情况为分析所有个案，不创建组。在本例子中，我们希望能够查看不同用户类型的相关信息。为了达到这个目的，我们需要创建组。

第二，点击"比较组"圆形按钮，选择"用户类型"变量，点击箭头（或直接拖拽），将变量输入到"分组依据（G）："的表达框中。

第三，点击"确定"按钮。和选择个案不同是，拆分文件不会在数据编辑器创建任何新的信息，只有在对数据进行分析的时候，才能够体现拆分文件的结果。

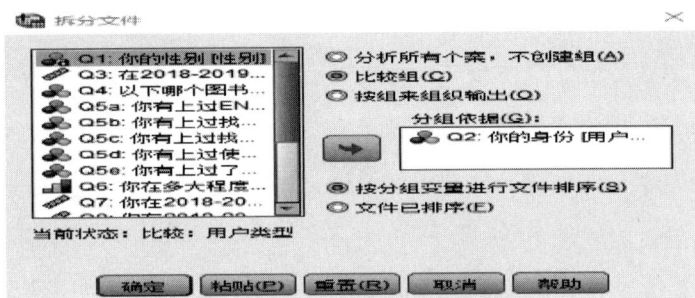

图2-2-7　"拆分文件"窗口

第四，在菜单栏中选择"选择分析→描述统计→频率"，会弹出"频率"窗口，如图2-2-8所示。选择"性别"，点击箭头（或直接拖拽），将变量输入到"变量（V）："框中。

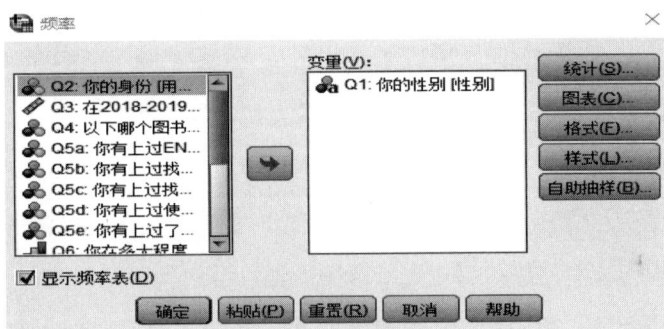

图2-2-8　"频率"窗口

第五，点击"确定"按钮，输出结果。如图2-2-9所示，结果按照用户类型进行了拆分，显示了不同类型的用户在不同性别上的频率。需要注意的是，在完成分析之后，如果需要再次对全部数据进行无组别分析，需要重新选择分析所有个案，不创建组。

Q1: 你的性别

Q2: 你的身份			频率	百分比	有效百分比	累积百分比
深大学生	有效	m	1	2.3	2.3	2.3
		f	19	43.2	43.2	45.5
		m	24	54.5	54.5	100.0
		总计	44	100.0	100.0	
深大职员	有效	f	19	59.4	59.4	59.4
		m	13	40.6	40.6	100.0
		总计	32	100.0	100.0	
校友	有效	f	13	54.2	54.2	54.2
		m	11	45.8	45.8	100.0
		总计	24	100.0	100.0	

图2-2-9　"频率"输出结果

（4）重新编码。SPSS可以帮助我们将变量的数值根据需求进行重新配置。换言之，我们可以将变量的值修改成任何我们想要的其他值。SPSS有两种类型的重新编码：重新编码为相同变量，即在不创建新变量的情况下对数值进行重新编码；重新编码为不同变量，即创建一个新的变量来记录重新编码的数值，但仍然保留原来的变量。

需要注意的是，"重新编码为相同变量"的操作是不可逆的，这意味着一旦操作失误，会对数据造成永久性的损坏。因此，一般情况下，我们不会选择将变量编码为相同变量。若确实需要在不创建新变量的情况下进行重新编码，应该确保数据或变量信息已有备份。

基于图书馆的例子，数据中的性别是一个二分变量，其中男性和女性两个答案分别被赋值为f和m，我们可以通过将性别这一变量重新编码为不同变量的方法将数值分别修改为1和2，具体的操作过程如下：

第一，在菜单栏中选择"转换→重新编码为不同变量"，会弹出"重新编码为不同变量"的窗口。

第二，在窗口的最左边，选择"性别"变量，点击箭头（或直接拖拽变量），将"性别"变量移动到"字符串变量→输出变量"框内。

第三，在最右边"输出变量"的输入框中，我们需要对新创建变量的名称和标签进行设置。在此，我们设置新变量的名称为"Gender"，标签为"重新编码的性别变量"。设置完成后，点击"变化量"按钮，就定义成功输出变量了，如图2-2-10所示。

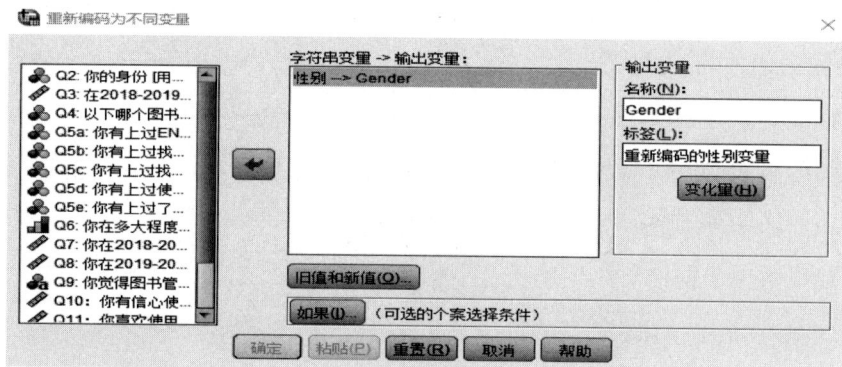

图2-2-10　"重新编码为不同变量"窗口

第四，点击"旧值和新值"按钮，会弹出"重新编码为不同变量：旧值和新值"的窗口，如图2-2-11所示。对性别变量的数值进行重新编码，在"旧值"的文本框内输入旧值，在"新值"的文本框内输入新值，点击"添加"按钮，设置好的数值修改就会添加到"旧→新（D）"框内。在此案例中，我们将旧值m赋予新值1，将旧值f赋予新值2。

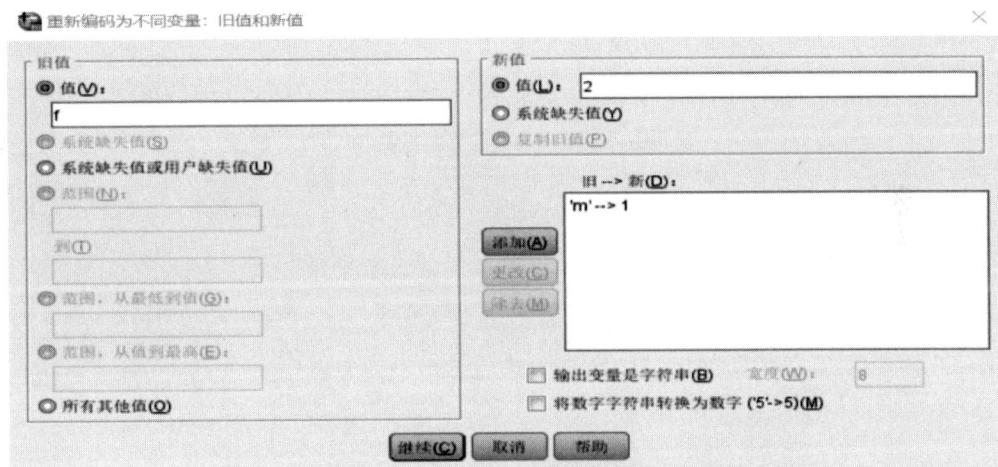

图2-2-11 "重新编码为不同变量：旧值和新值"窗口

第五，点击"继续"按钮，然后点击"确定"按钮。变量视窗中就会出现一个新的变量Gender，点击变量在数据视图中查看，可以发现新的变量包含了1和2两个数值。

在上文中我们提及，对缺失值的常用的处理方式是标记为-999，999，-99和99。手动操作可能非常费时，此时我们也可以使用"重新编码为相同变量"的方式来替换缺失值，其好处在于，我们仅需要对缺失值赋予新值，不需要改变其他的数值，也就不会发生因错误操作而覆盖其他数值的现象。基于图书馆的例子，数据中记录用户是否参加过不同培训课的变量均存在缺失值，且缺失值没有被定义，以点的形式呈现在数据视图中，如图2-2-12所示。

ENDNOTE 培训课	文章搜索培训课	论文搜索培训课	数据库使用培训课	期刊搜索培训课
-	-	-	-	-
-	-	-	-	-
-	-	-	-	-
-	-	-	-	-
0	0	0	1	0
0	0	0	1	1
0	1	0	0	0
0	0	0	1	1
0	1	1	0	1
0	1	0	0	1
0	0	1	1	0
0	1	0	1	1

图2-2-12　未被定义的缺失值

下面以变量"ENDNOTE培训课"为例，我们使用"重新编码为相同变量"的方式来替换缺失值，具体操作如下：

第一，菜单栏选择"转换→重新编码为不同变量"，会弹出"重新编码为不同变量"的窗口，如图2-2-13所示。

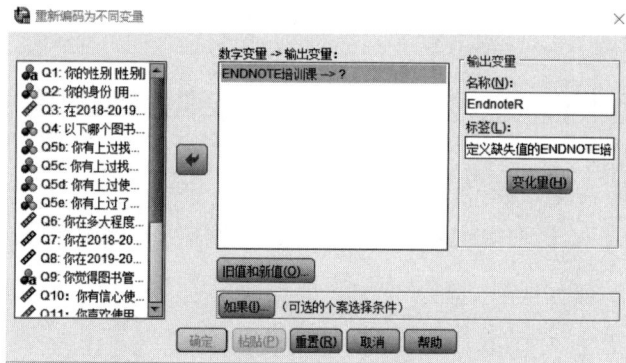

图2-2-13　"重新编码为不同变量"窗口

第二，选择"ENDNOTE培训课"变量，点击箭头，将变量移动到"数字变量→输出变量："框内。

第三，在"输出变量"的输入框中，设置新变量的名称为"EndnoteR"，标签为"定义缺失值的ENDNOTE培训课"。

第四，设置完成后，点击"变化量"按钮，就定义了输出变量。

第五，回到主对话框，点击"旧值和新值"按钮，弹出"重新编码为不同变量：旧值和新值"窗口。在此处对变量的缺失值进行重新编码，点击"系统缺失值"按钮，在"新值"的文本框内输入999，点击"添加"按钮，设置好的数值修改就会添加到"旧→新（D）："框内，如图2-2-14所示。

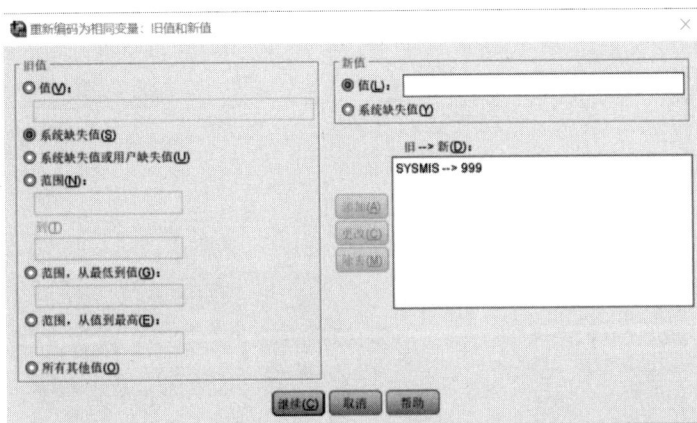

图2-2-14　"重新编码为相同变量：旧值和新值"窗口

第六，点击"继续"按钮，然后点击"确定"按钮。在数据视窗中查看变量"ENDNOTE培训课变量"，变量中的缺失值被替换为999，但其他的数值保持不变。

（5）可视分箱。假如我们想对一个有着连续数值的标度变量进行分组，并创建一个有着有序组别的新变量，就可以使用可视分箱功能。在图书馆情境下，我们想将用户借阅图书馆的数量按照20的区间进行平均分组，具体的操作过程如下：在菜单栏中选择"转换→可视分箱"，"可视分箱"窗口就会弹出。

第一，由于可视分箱功能只能针对连续变量来进行，因此在左边的框中只显示了数据集中所有的有序变量和标度变量。选择变量"借阅数量"，点击箭头，将变量移动到右边"要分箱的变量（B）："框内，如图2-2-15所示。

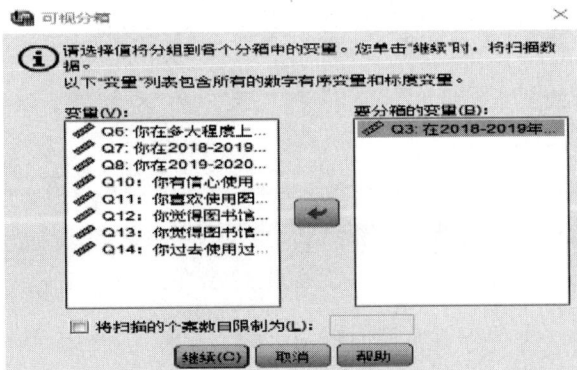

图2-2-15　"可视分箱"窗口

第二，点击"继续"按钮。一个有着柱形图的方框就弹了出来，如图2-2-16所示。

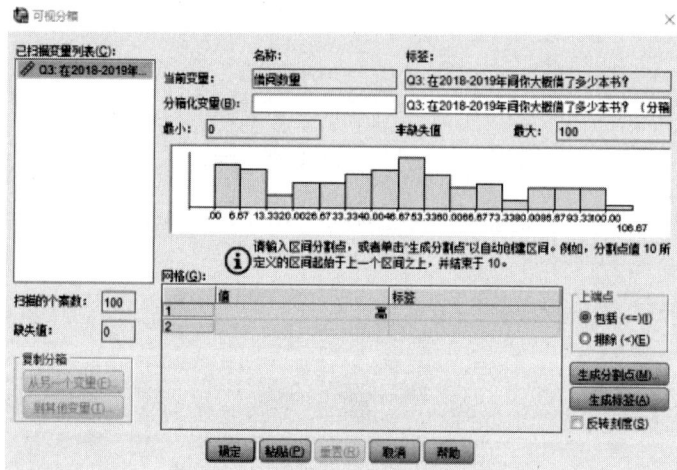

图2-2-16　"柱形图"窗口

第三，点击"生成分割点（M）："按钮，会弹出"生成分割点"窗口，如图2-2-17所示。在这个例子中，我们想要将数据按照相等百分位进行分割，在弹出的方框中选择"基于所扫描个案的相等百分位数（U）"，在"分割点数（N）"中输入4，此时自动显示每个分箱包含了20.00%的个案。

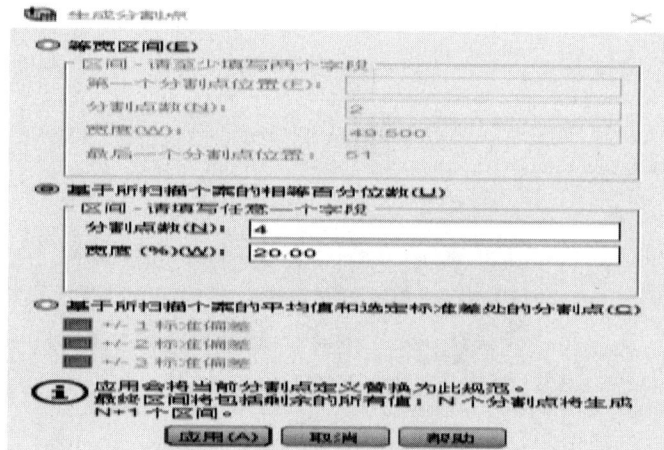

图2-2-17　"生成分割点"窗口

第四，点击"应用"按钮，回到主对话框，这时候在柱形图中就出现了四根竖线，如图2-2-18所示。我们也可以点击竖线对竖线进行移动，手动修改分割点，直到分箱的区间满足我们的要求。

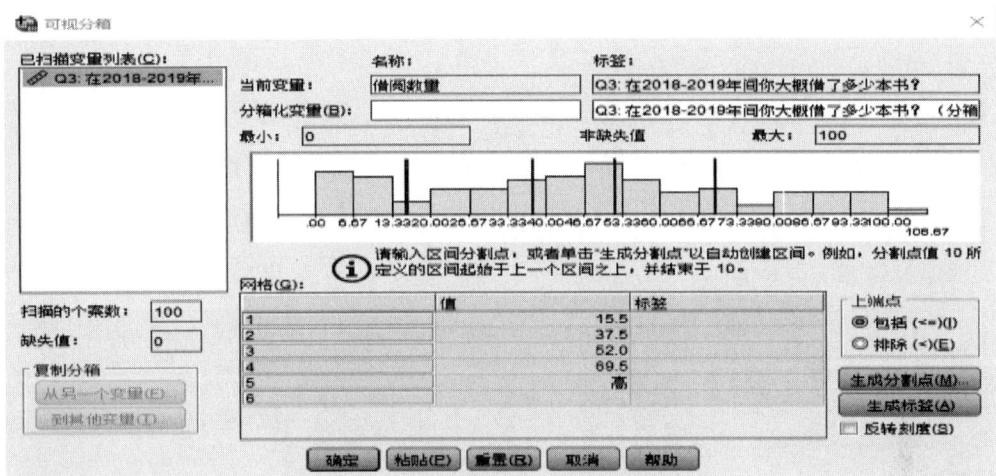

图2-2-18　分割点

第五，完成设置后，在"分箱化变量（B）："框中输入新变量的名称，即"借阅图书数量级"。

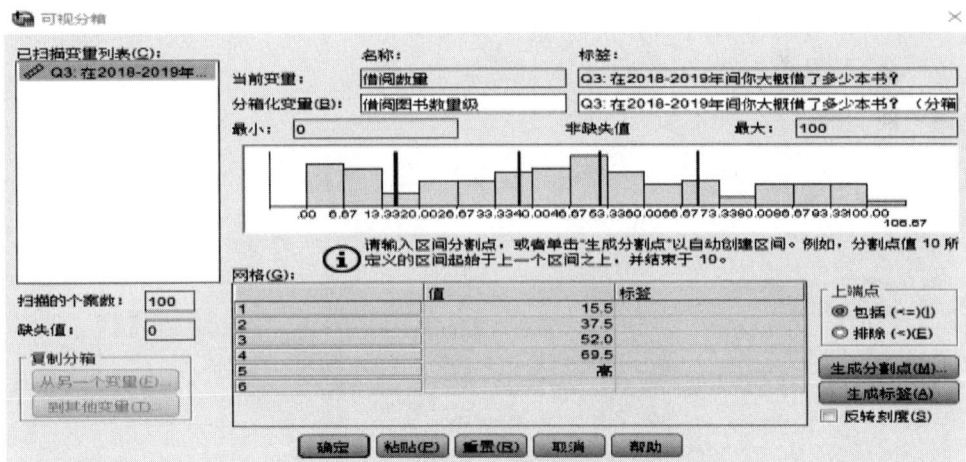

图2-2-19　输入分箱化变量新名称

第六，点击"确定"按钮，这时候会弹出一个方框显示"分箱指定项将创建1个变量"，点击"确定"按钮，变量视图中就会出现名为"借阅图书数量级"的变量，点击变量在数据视图中查看，可以发现新创建的变量实现了根据现有变量按照数值从小到大分成了五个组别。

（6）创建多重响应集。在大多数的问卷中，我们都会设计多选题，这类型的题目允许回答者提供多个答案。在这种情况下，SPSS往往会将每个选项为都作为一个单独的变量，每个变量都是一个二分变量，这种变量仅有两个值，例如"是"（赋值为1）和"否"（赋值为0）。假如我们想一次性统计回答者对该题目的回答情况，就可以采用"多重响应"的功能，通过定义多重响应变量集，对变量集进行统计分析。值得注意的是，不同于其他创建新变量的功能，新创建的变量集并不会在数据编辑器中显示。

在图书馆的例子中，题目5a至5e均是询问图书馆用户是否参加过培训课，学生根据自己的经验来进行5个答案的选择，选择"是"则赋值为1，选择"否"则赋值为0。为该题目创建一个简单的多重响应变量集的方法如下：

第一，菜单栏选择"分析→多重响应→定义变量集"，弹出"定义多重响应集"窗口，如图2-2-20所示。

第二，在"集合定义"框中选择5a至5e五个题目所对应的变量，点击箭头，将选择的变量移动到"集合中的变量（V）："框内。

第三，在"变量编码方式"中，选择"二分法（D）"圆形按钮，将"计数值（O）："设置为1。在此处，我们可以定义一个包含了所有选择了"是"的个案，或所有选择了"否"的个案。

第四，在"名称（N）："中设置多重相应集的名称，即"培训课"。

第五，点击"关闭"按钮。

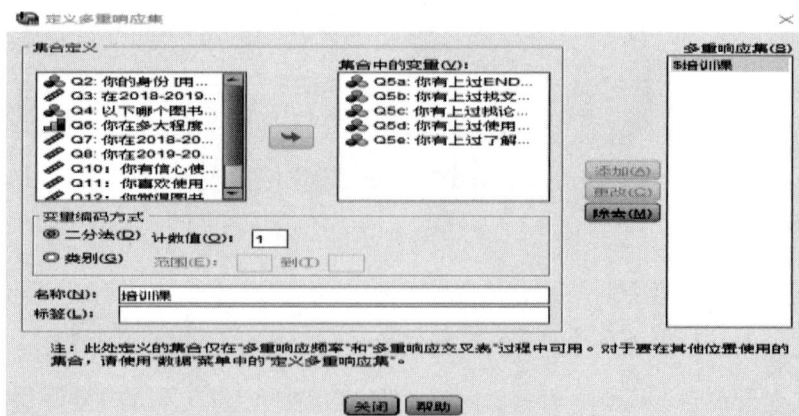

图2-2-20　"定义多重响应集"窗口

第六，由于新创建的变量集并不会在数据编辑器中显示，此处我们需要进一步进行描述性统计分析来验证变量集的功能。在菜单栏选择"分析→多重响应→频率"。这时候会弹出一个"多重响应频率"窗口，刚定义的变量会出现在"多重响应集（M）"的变量集中。

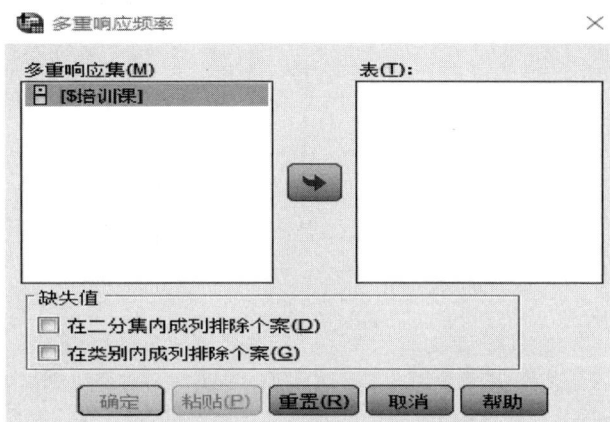

图2-2-21 "多重响应频率"窗口

第七，选择变量"$培训课"，点击箭头，将变量移动到右边"表（T）："框中。

第八，点击"确定"按钮。如图2-2-22所示，在输出窗口中，就会生成一个频率的表格，总结了该多选题各个选项所发生的频率。

$培训课 频率

		响应		个案百分比
		个案数	百分比	
$培训课[a]	Q5a: 你有上过ENDNOTE培训课吗？	35	17.2%	47.3%
	Q5b: 你有上过找文章的培训课吗？	32	15.8%	43.2%
	Q5c: 你有上过找论文的培训课吗？	46	22.7%	62.2%
	Q5d: 你有上过使用线上数据库的培训课吗？	45	22.2%	60.8%
	Q5e: 你有上过了解期刊影响因子的培训课吗？	45	22.2%	60.8%
总计		203	100.0%	274.3%

a. 使用了值1对二分组进行制表。

图2-2-22 "频率"表格

（7）计算变量。SPSS中"计算变量"的功能也是基于现有变量来创建新变量的常用功能。使用这个功能创建新变量需要用到一些基本的数字表达式或函数，与上述的变量修改和操作功能相比会略显困难。以下我们分别就如何使用数字表达式来计算新变量和使用函数组来计算新变量进行情境化的学习。

首先，我们来学习如何通过数字表达式来计算新变量。在图书馆情境下，我们想了解用户在连续的两年间借阅图书数量的变化，具体的操作过程如下：

第一，在菜单栏中选择"转换→计算变量"，计算变量窗口就会弹出来，如图2-2-23所示。

图2-2-23　"计算变量"窗口

第二，拖拽变量"当前借阅数量"到"数字表达式（E）："框中，点击"减号"按钮，添加减号至输入框中。然后再拖动变量"借阅数量"到"数字表达式（E）："框中。此时所呈现的数字表达式为"当前借阅图书数量-借阅数量"。

第三，在"目标变量（T）："的框中，输入"借阅图书量改变"，即新变量的名称。

第四，点击"类型和标签（L）…"按钮，选择"将表达式作为标签（U）"圆形按钮，此处也可以选择手动输入标签，如图2-2-24所示。

图2-2-24　类型和标签

第五，点击"继续"按钮，再点击"确定"按钮，变量视窗中就会出现一个新的变量"借阅图书量改变"。

其次，在上述例子中，我们通过数字表达式来计算了新变量，这时候创建的变量是所有个案在过去两年间借阅图书的数量变化。假如我们只想了解不同用户类型中的学生用户类型在过去两年间借阅图书的数量，这时候就需要用到条件语句，对类别进行选择，具体的操作过程如下：

第一，在菜单栏中选择"转换→计算变量"，"计算变量"窗口就会弹出来。

第二，如使用数字表达式来计算变量的步骤二所示，使得数字表达式为："当前借阅图书数量-借阅数量"。

第三，在"目标变量（T）"的框中，输入"学生借阅图书量改变"，即新变量的名称。

第四，点击"计算变量"对话框中的"如果"按钮，"计算变量：if个案"窗口会弹出来，如图2-2-25所示。点击"在个案满足条件时包括（F）："圆形按钮，拖拽变量"用户类型"到表达框内，添加等号的按钮，输入1。此时表达式应为："用户类型=1"。

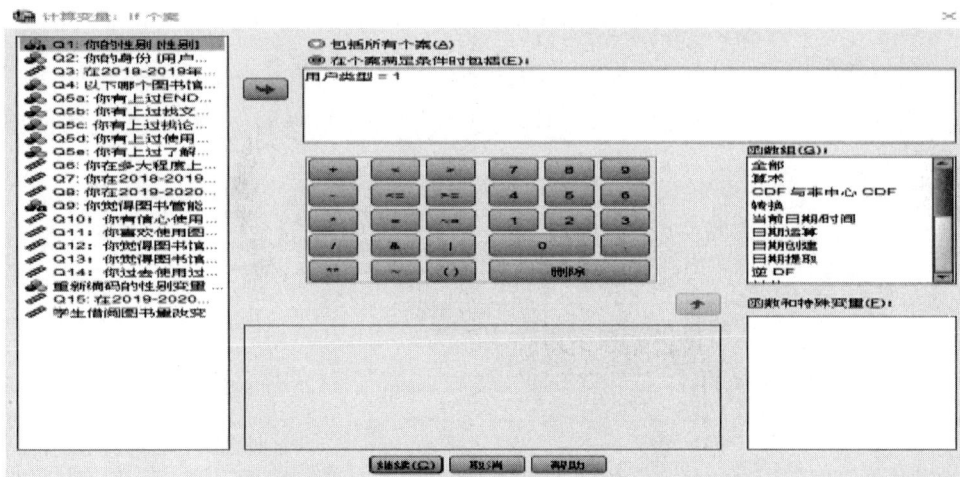

图2-2-25 "计算变量：if个案"窗口

第五，点击"继续"按钮，再点击"确定"按钮，变量视窗中就会出现一个新的变量"学生借阅图书量改变"。

此外，计算变量将各种各样的函数功能都组合成了函数组。在图书馆情境下，我们想了解个案参加图书馆培训课程的总数，我们可以用统计函数组中Sum的函数功能，将个案参与不同培训课程的数量相加，进而得到个案参与图书馆培训课的总数。

在菜单栏中选择"转换→计算变量"，"计算变量"窗口就会弹出来，如图2-2-26所示。

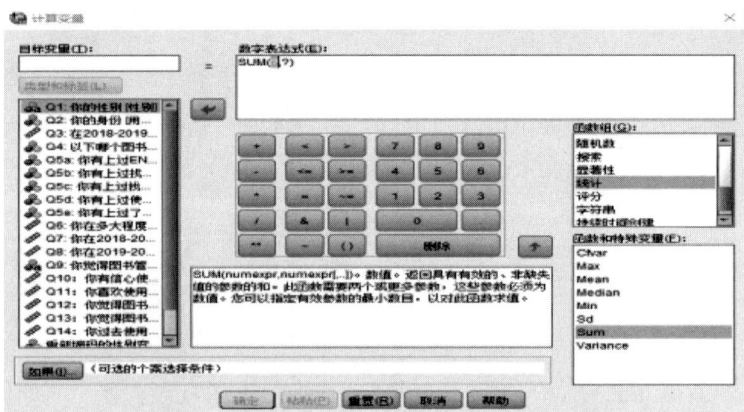

图2-2-26 "计算变量"窗口

第一，点击"函数组（G）："中的"统计"，下方就会出现统计相对应的函数和特殊变量，点击"Sum"，对话框下方就出现了对Sum函数的详细功能介绍。在使用函数组功能时，点击我们感兴趣的函数组，下方就会出现该函数组的函数和特殊变量，点击任意一个函数，对话框下方就会出现该函数的功能介绍，通过功能选择函数来进行数据分析。

第二，双击函数名称或拖动函数到"数字表达式（E）："框中，函数就会出现在数字表达式中。

第三，此时，SUM函数的数字表达式为SUM（?，?），问号是需要用目标变量来替换的。在本例子中，我们需要将5a至5e都输入到SUM函数的括号内。将鼠标定位在问号的位置，点击变量"ENDNOTE培训课"，再点击箭头按钮，将变量添加到表达式内，删除问号，这就完成了一个目标变量的添加了。按照这种方式依次将5a至5e所指向的五个变量输入到表达式。但是，当我们需要进行计算的变量多于两个，手动输入每个变量就显得比较麻烦，这时候我们也可以使用to语句，来计算在连续位置的几个变量的和，如图2-2-27所示。

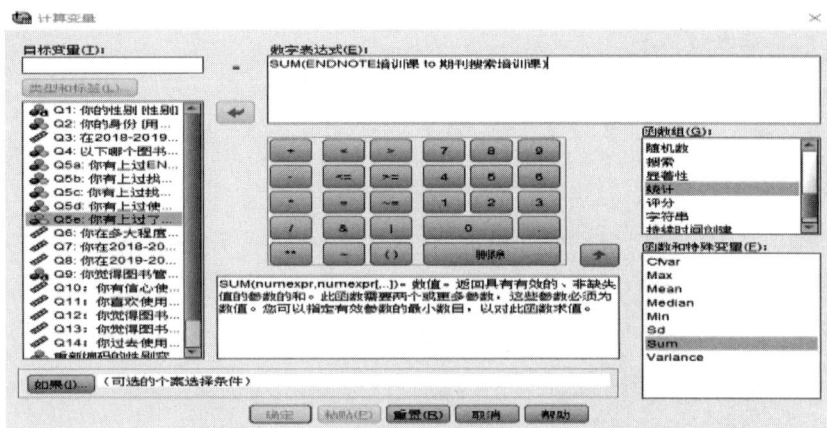

图2-2-27 "计算变量"to语句

第四，在"目标变量（T）："的框中输入"培训课总和"，点击"确定"按钮。变量视窗中就会出现一个新的变量"培训课总和"。

3. 描述性统计及SPSS实操。

（1）测量集中趋势和离散趋势的指标。对变量进行描述性统计是进行更复杂分析的基础。不同变量类型适合不同的统计分析，而变量的类型取决于它的测量类型。我们需要了解变量的测量类型，从而对变量展开有意义的统计分析。换言之，对于不同的测量类型，并不是所有的统计分析都是有意义的。例如，对于性别变量而言，求其均值是毫无意义的，我们应该描述不同性别的频数或比例。按照测量类型，变量可划分为名义、有序、等尺和比率。

名义变量包含了一套有着不同姓名的类别，变量中的每一个数值代表了一种类别，但是不同数值之间不能通过数量来进行本质的区分，也不存在任何顺序。例如，性别变量就是名义变量，我们将不同类别编码为1（男性）和2（女性），但不同类别之间不能通过数值的大小来进行区分多少和优劣，这些数值只能告诉我们一些特定的类别。在图书馆的例子中，用户类型就是名义变量，我们将不同类别编码为1（学生）、2（职员）和3（校友）。

有序变量包含了一套可以按照顺序来进行组织的类别，有序变量的不同类别之间可以依据观测值的大小或幅度进行排序。例如，等级就是有序变量，我们将不同的等级类别编码为1（一等）、2（二等）和3（三等）。另外一种典型的有序变量是李克特量表中的选项。在图书馆的例子中，我们询问用户对图书馆的满意度，并将用户的满意度按照大小进行排序，分别编码为1（强烈不同意）、2（不同意）、3（中立）、4（同意）、5（强烈同意）。

等尺变量包括了有序变量的所有特性，但不同之处在于，不同类别之间在数值上的间隔是相同。

比率变量包含了有序变量的所有特性，不同之处在于，比率变量中存在绝对零值，即变量的值为0时，代表了所测量的属性是缺失。例如，我们一般用等尺变量来测量温度，因为0并不代表测量上的缺失，而是指温度上的0度；但假如使用比率变量来测量温度，0就代表了缺失值，指的是没有测得任何温度。

以上的四种测量类型通常可以归纳为两种主要变量类型，即分类变量和连续变量。分类变量指的是包含了独立和不可分割的类别的变量，此类变量中不同数值之间有着质的差异，通常包括了名义类型和有序类型。连续变量指的是有着无数个可能的值落在任何两个观测值之间的变量，此类变量中不同的数值只是有着量的分别，通常包括了等尺类型和比率类型。

从数据分析的角度来看，对等尺和比率类型的变量开展的统计分析没有区别，因此，SPSS并不区分这两种变量。所以，SPSS将变量的测量类型分为名义、有序和标尺三种，其中标尺类型包含了等尺和比率类型。

在深入了解SPSS中变量的测量类型的内涵后，我们就可以进一步学习用什么指标来评价数据的集中趋势和离散趋势。描述变量最常见的方式就是测量集中趋势和离散趋势。测量集中趋势常用的三种方式如下：

平均数：在数学意义上，平均数是将所有个案加起来的总值除以个案总数。平均值是测量集中趋势最常见的指标。

中位数：在数学意义上，中位数指的是数值分布的中间点。如果将一个变量所有的个案按照从最低到最高来进行排序，中位数就是将数据分割成数量相同的两个组的数值。中位数最适用于存在较多极端值的情况，例如分析城市收入和房屋销售价格。

众数：在数学意义上，众数指的是出现次数最多的数值，也就是一个变量中最常见的数值。这种测量方式通常用于类别变量，也就是名义或有序两种类型的变量。

测量离散趋势的方式通常包括以下五种：

最小值：个案的数值分布中最小的数值。

最大值：个案的数值分布中最大的数值。

四分位数：将个案的所有数值按照大小顺序排列并分成四等份，即第25百分位数、第50百分位数、第75百分位数和最后25百分位数。通常通过计算第75百分位数和第25百分位数的差来测量数值的变异程度。这种测量分数不会受到离散值的影响。

方差：在数学意义上，方差的计算方式就是将每个值和均值之差的平方相加，然后再除以总数减一。因此，方差提供个案中的数值和平均值的离散程度的信息。方差越大，说明数据的分布越大，数据的离散程度越高；方差越小，说明数据的分布就在均值附近，数据的离散程度越低。

标准差：在数学意义上，标准差就是方差的平方根。对标准差数值的理解和方差相同。

根据变量的不同测量类型，SPSS中所适用的集中趋势和离散趋势的指标总结如表2-2-1所示：

表2-2-1　集中趋势和离散趋势指标总结

变量类型	名义	有序	标度
定义	没有排序的类别	有排序的类别	数值
例子	性别、地理位置、工作类型、宗教信仰	满意度评价、有用性排序、学业等级	年龄、收入、数量和血糖值
测量集中趋势的方式	众数	中位数、众数	平均数、中位数、众数
测量离散程度的方式	不适用	最大值、最小值和四分位数	最大值、最小值、方差和标准差

（2）对分类变量进行描述性统计。以下我们来学习如何通过SPSS来对分类变量进行描述性统计。描述分类变量最常用的方法就是通过SPSS中的"频率"功能来描述和总结变量中每一个类别的数量与百分比。在"频率"功能中，我们也可以选择一些额外的统计量，例如反映集中趋势和离散程度的指标。在图书馆情境下，我们想了解性别和用户类型这两个变量的统计信息，具体的操作过程如下：

第一，在菜单栏选择"分析→描述统计→频率"，"频率"窗口就会弹出来。拖拽变量"Gender"（重新编码后的性别变量）和"用户类型"到"变量

（Ⅴ）："框内，如图2-2-28所示。默认显示频率表。

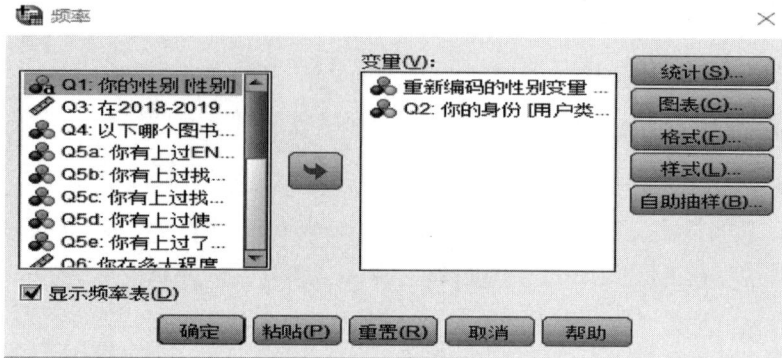

图2-2-28　"频率"变量

第二，点击"统计"按钮，"频率：统计"窗口会弹出来，在"集中趋势"的勾选框中选择"众数"。框中还提供了许多描述性统计数据的输出，我们需要根据变量的测量类型来选择合适的统计数据。对于名义变量来说，只有众数是合适的。

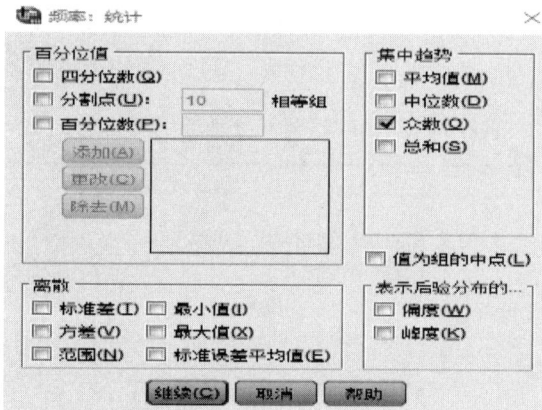

图2-2-29　"频率：统计"窗口

第三，点击"继续"按钮，再点击"图表"按钮，"频率：图表"窗口就会弹出，如图2-2-30所示。在"图表类型"的选项中选择"条形图"的圆形按钮，在"图表值"的选项中选择"百分比"的圆形按钮。

第四，点击"继续"按钮，再点击"确定"按钮，SPSS就会在输出窗口中分别输出所选择

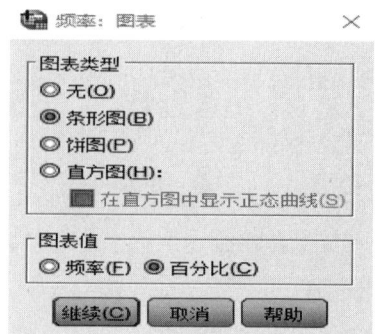

图2-2-30　"频率：图表"窗口

的每个名义变量的频率表和条形图。如图2-2-31所示。在"统计"的表格中展示了"Gender"和"用户类型"变量的有效个案数和缺失个案数，结果显示个案总数为100，没有缺失值。SPSS也可以在统计表中输出额外要求的统计量，如众数。从统计表可知，用户中大多为男性及学生类型。在"频率表"中，展示了所选择变量中不同类别的频数、百分比、有效百分比和累计百分比。以性别变量为例，图书馆用户中男性的频数为49，占总数的百分比为49%，有效百分比也为49%，即个案中不存在缺失值。

统计

		重新编码的性别变量	Q2: 你的身份
个案数	有效	100	100
	缺失	0	0
众数		2	1

频率表

重新编码的性别变量

		频率	百分比	有效百分比	累积百分比
有效	男性	49	49.0	49.0	49.0
	女性	51	51.0	51.0	100.0
	总计	100	100.0	100.0	

Q2: 你的身份

		频率	百分比	有效百分比	累积百分比
有效	深大学生	44	44.0	44.0	44.0
	深大职员	32	32.0	32.0	76.0
	校友	24	24.0	24.0	100.0
	总计	100	100.0	100.0	

图2-2-31　"频率"结果

（3）对连续变量进行描述性统计。在上述的例子中，展示了名义变量中每个类别的频数和百分比，这对了解名义变量的统计信息非常重要。但连续变量含有非常多的数值，所以输出的频率表中也包含了不一样数值的频数，这时候频率表所能够反映的信息就不是那么有用了。例如在图书馆情境下，我们想要了解"借阅数量"这个变量，知道某一个用户在该年度借了6本书而另一个用户借了7本书这一信息并不是很有用。因此，如果一个变量是连续变量，使用"频率"功能获得需求额外产生的统计信息就非常有用。在图书馆情境下，我们想了解"借阅数量"这个连续变量的统计信息，具体的操作过程如下：

第一，在菜单栏选择"分析→描述统计→频率"，"频率"窗口就会弹出来。拖拽变量"借阅数量"到"变量（V）："框内。

第二，点击"显示频率表"勾选框，去除勾选，选择不输出频率表。此时，一个警告弹窗会出现，显示："您已关闭所有输出。除非选择了任意输出选项，否则此过程将不再运行。"点击"确定"按钮，如图2-2-32所示。

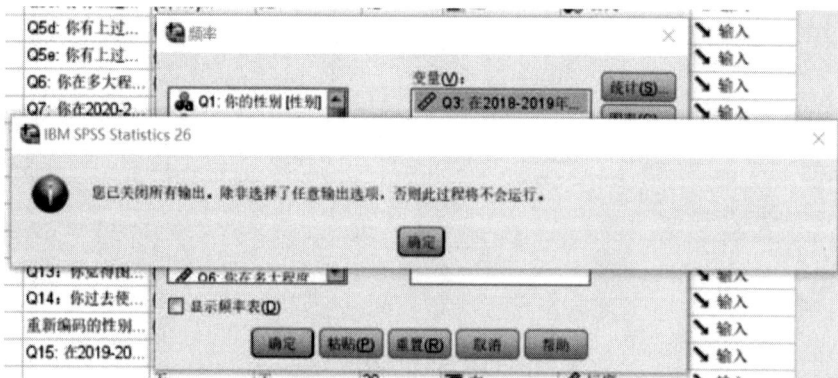

图2-2-32　警告弹窗

第三，点"统计"按钮，"频率：统计"窗口会弹出来。在"集中趋势"的勾选框中选择"平均数""中位数"和"众数"。在左下方"离散"的勾选框中选择"标准差""最小值"和"最大值"，如图2-2-33所示。

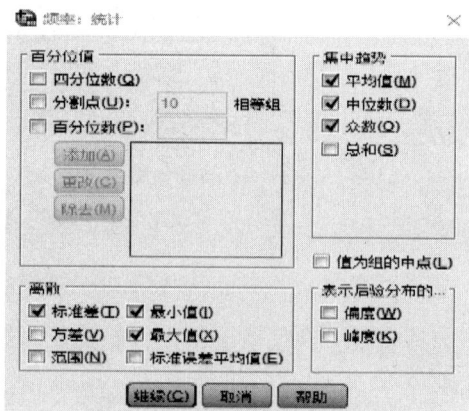

图2-2-33　"频率：统计"窗口

第四，回到"频率"的主对话框后，点击"继续"按钮，再点击"图表"按钮。在"频率：图表"的对话框中选择"直方图"的圆形按钮，并在下方选择"在直方图中显示正态曲线”的勾选框，如图2-2-34所示。

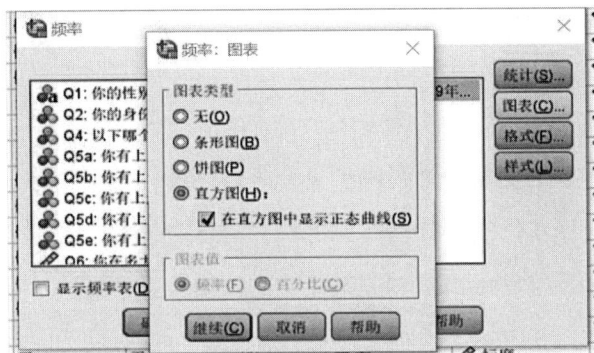

图2-2-34　选择"直方图（H）"

第五，点击"继续"按钮，再点击"确定"按钮，SPSS就会在输出窗口中分别

输出连续变量的统计表和直方图，如图2-2-35所示，在"统计"的表格中展示了所选择变量的有效个案数、缺失个案数和额外要求的统计数据。从图表可知，用户借阅图书数量的平均数和中位数较为接近，由于存在多个众数，图表中显示的众数为最小的值。我们也可以通过直方图来查看数据的分布情况，如图2-2-35所示，数据呈正态分布。

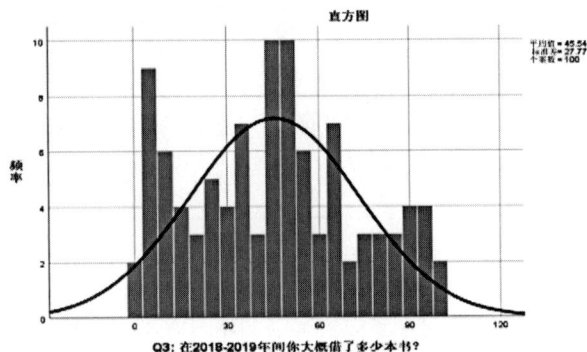

图2-2-35　统计表与直方图

（二）推断性统计

1. 推断性统计的关键概念。

在描述性统计中，我们使用一些统计数据来描述和总结所收集样本中变量的统计信息。但在大多数情况下，我们不仅仅是想了解所收集的样本，也想通过样本来了解它所代表的群体，这就需要用到推断性统计。推断性统计是在收集了有代表性的样本数据之后，使用样本数据来检验变量之间的关系是否存在显著差异，并将得

出的结论从已有样本推广到群体的方法。推断性统计和一些量化研究方法中的关键概念息息相关，接下来我们先对这些关键概念进行了解，如群体、抽样框架、样本、抽样、研究假设、概率、显著水平和正态分布。

（1）群体、抽样框架、样本和抽样。群体指的是具有相同特征的个体所组成的人群，这些相同的特征使得他们有别于其他人群。抽样框架指的是实际上从群体中选择样本的总体。样本指的是计划研究的目标群体中的一个子群体，目的是通过对样本进行研究，可以针对目标群体的某个问题得出一般性结论。换言之，群体包含了抽样框架，而抽样框架包含了样本。

那如何从群体中选择有代表性的样本呢？如果想要研究的群体很小，我们可以直接对整个群体收集信息。但在一般情况下，我们没办法对每一个目标群体都展开数据收集，这就需要我们用到科学的抽样方式。在量化研究中，我们采用随机抽样的方式来选择有代表性的样本，具体可以分为概率抽样和非概率抽样。概率抽样指的是从一个目标群体中随机选择一个相对较大的单位，使其成为该群体的代表，主要包括简单随机抽样、分层抽样、系统抽样和整群抽样。但很多时候，我们没有足够的资源和能力展开概率抽样，这时也可以采取非概率抽样，即直接对方便或体现了我们想要的特征的目标群体进行抽样，主要包括便利抽样和滚雪球抽样。表2-2-2中总结了不同抽样方式的内涵及其在真实研究情境中的例子。

表2-2-2　不同抽样方式总结

抽样方法		内涵	例子
概率抽样	简单随机抽样	从抽样框架中选择一个样本，使抽样框架中的所有人都有相等的机会被选中，而且在抽样取走一个个体之后总体的成分不变	为探究某学校学生的学习满意度，将学生学号录入EXCEL中，使用函数随机抽取满足需求的样本量，然后对抽取的样本进行问卷调查
	分层抽样	将抽样框架分层为若干层次，这些层次由特征相对一致的人群组成，然后从每个层次中随机抽样	为探究某学校学生的学习满意度，将学生群体分成男生和女生样本，并在不同性别的样本中随机抽取满足需求的样本量，然后对抽取的样本进行问卷调查
	系统抽样	将抽样框架的总体按照一定的顺序排列，随机确定起点，然后以相同的间隔选择一个样本，直到达到所需的样本量	某博物馆举办了一个专题讲座，为了解观众对讲座的感受，在每一场讲座中都按照座位号，每隔三个座位选择一位听众进行问卷调查

（续表）

抽样方法		内涵	例子
概率抽样	整群抽样	将抽样框架划分为若干群，以群为单位从中随机抽取一些群，对抽取的群中所有单位进行调查	为探究某学校学生的学习满意度，以班级为单位，在学校随机抽取若干个班级，对抽中班级的全部学生进行问卷调查
非概率抽样	便利抽样	通过个人关系或社交网络直接选择能够满足研究目的、意愿和有时间参与研究的样本	为探究青少年如何使用社交媒体进行非正式学习，在大街上直接访问愿意填写问卷的青少年
	滚雪球抽样	通过最初样本的社交网络来邀请符合要求的其他样本加入研究中，直到满足样本需求	为探究退休老人的健康素养，通过自己和身边的朋友将问卷传播给符合要求的老人

（2）研究假设、概率、显著水平和正态分布。当我们尝试通过样本来对目标群体的某个信息进行预测的时候，就是对研究假设进行检验。在研究假设的检验中，我们会提出一对假设来进行检验，包括：

虚无假设（Null Hypothesis，H_0）。虚无假设的潜台词就是"没有任何事情发生"，即所假设的变量之间不存在显著的差别或显著的关系。即使变量之间的数值有所不同，但这些不同是由于随机变化而发生的，并不具备统计学上的意义。例如，我们想知道不同用户类型在借阅图书数量的平均值上是否存在差别，这个问题中所检验的虚无假设为：不同组别之间在平均值上没有显著差异。

对立假设（Alternative Hypothesis，H_A）。对立假设，即研究假设，我们真正感兴趣的假设。其潜台词是"有事情发生"，即所假设的变量之间存在显著的差别或显著的关系，这些不同不是由于随机变化而发生的，具备了统计学上的意义。如在上述情境中，和虚无假设所成对的对立假设为：不同组别之间在平均值上存在显著差异。

由于我们使用的是样本而不是总体，因此所有的统计推断都是概率性的。除非我们能够从整个群体中收集到数据，否则我们无法确定所检验的假设是否100%能够成立。概率是一个介于0和1之间的数值（按百分比，就是在0和100%之间），用来描述某事发生的可能性，可以用于检验任何差别是否由于随机的因素而发生的。例如，抛一枚硬币，正面或反面的概率均为50%，这时候获得正反面的机会就是随机的。

虚无假设所检验的是变量之间没有差别或没有关系，只有虚无假设发生的概率非常低时，我们才可能拒绝虚无假设，从而接受对立假设。那么，需要多大的概率才能够判断一个虚无假设是否应该被拒绝，或一个对立假设应该被接受呢？一般以5%的概率作为判断标准。假如一个虚无假设发生的概率小于5%，即虚无假设是真的的概率小于5%，也就是说拒绝虚无假设只有小于 5%的概率是一个错误。换言之，大于95%的概率接受对立假设是正确的，这时候我们会拒绝虚无假设，接受对立假设。在统计学上使用p值来检验假设的关系，p值越小，发生错误的概率就越小，对推断的结果就越有信心，常用的指标包括5%、1%和0.01%。SPSS中使用*Sig.*（2-tailed）来表示p值，对应三种指标在SPSS中显示为 5%（.05*），1%（.01**）和0.01%（.001***）。

　　需要注意的是，使用连续变量进行推断性统计的前提是确定连续变量服从正态分布。变量的分布指的是变量中每一个结果发生的次数，正态分布是最常见的一种数据分布的形式。正态分布的概率密度曲线呈钟形，也称为钟形曲线，其中平均值、中位数和众数的分布较为接近，且曲线是对称和均匀的。在SPSS的描述性统计功能中，峰度和偏度帮助我们判断变量是否服从正态分布。一般认为，如果连续变量的峰度的绝对值不超过8.00，偏度的绝对值不超过3.00，则连续变量服从正态分布。

　　2. T检验和方差分析及SPSS实操。

　　推断性统计适用于不同测量类型的变量，确切来说，我们根据变量的测量类型和研究问题来选择合适的推断性统计方法。以下结合具体研究情境和SPSS实操对三大类最常用的推断性统计进行介绍，包括基于比较平均值的分析、基于比较比例的卡方检验、基于变量之间相关性的相关和回归分析。

　　如图2-2-36所示，SPSS中提供了基于比较平均值的统计分析，包括以下6种程序：

　　平均值：根据一个或多个自变量的类别来计算一个或多个因变量在每个类别的平均值和相关的统计数据。

　　单样本T检验：检验一个变量的平均值是否和一个特定的数值存在差异，例如样本的均值和总体的均值是否存在差异。

　　独立样本T检验：检验两个不同组别在一个因变量的平均值上是否存在差异，

因变量应为连续变量，例如不同性别的学生在数学学习成绩上是否存在差异。

摘要独立样本T检验：通过统计数据来检验两个不同组别在一个因变量的平均值上是否存在差异，例如不同性别的学生在数学学习成绩上是否存在差异。

成对样本T检验：检验同一组别的平均值在两个条件或时间点上是否存在差异，例如对同一组学生在学期开始和学期结束时对同一套测试题的表现是否存在差异。

单因素ANOVA检验：检验两组或更多组别的用户在一个因变量的平均值上是否存在差异，因变量应为连续变量，例如使用三种不同的教具对学生数学成绩的影响是否存在差异。

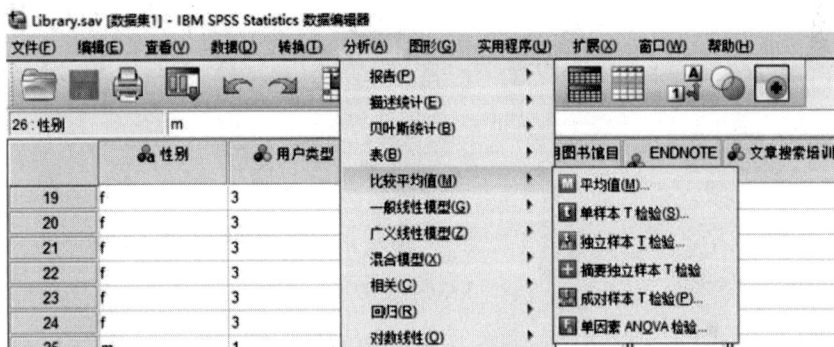

图2-2-36 基于比较平均值的统计分析

（1）单样本T检验及SPSS实操。在运行单样本T检验时，我们所提出的一对假设为：

虚无假设：一个组别的平均值和群体的平均值没有差异。

对立假设：一个组别的平均值和群体的平均值存在差异。

在图书馆情境下，已知学术图书馆的基准满意度是7.5分，那么某大学图书馆的满意度是否能达到这个标准（7.5）呢？运行单样本T检验的具体操作过程如下：

第一，在菜单栏中选择"分析→比较平均值→单样本T检验"。单样本T检验的对话框就会弹出来，如图2-2-37所示。拖拽变量"总体满意度"到"检验变量（T）："框内。需要注意拖入检验变量框中的变量应该为连续变量。

第二，在"检验值（V）："输入框中输入总体学术图书馆的基准满意度，即7.5。

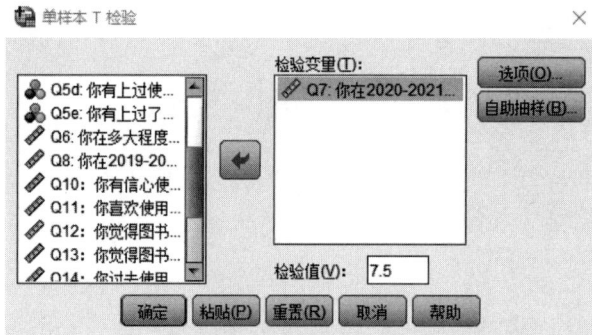

图2-2-37　基于比较平均值的统计分析

第三，点击"确定"按钮。如图2-2-38所示，输出窗口中会出现"单样本统计"和"单样本检验"两个表格。在"单样本统计"的表格出现了选择变量的个案数、平均值、标准偏差和标准误差平均值。我们可以看到样本对于图书馆的总体满意度为7.03，小于总体学术图书馆的基准满意度7.5。"单样本检验"的表格展示了单样本T检验的结果，t代表的是T检验的结果，自由度和观察的样本数有关，$Sig.$（双尾）代表了虚无假设被接受的概率。$Sig.$（双尾）的结果为.035，说明虚无假设被接受的概率为0.035，小于0.05，可以得出结论为：样本的满意度和总体的满意度有显著差异。

单样本统计

	个案数	平均值	标准 偏差	标准 误差平均值
Q7: 总体而言，从2018-2019，你对图书馆的满意程度如何？0=非常不满意 - 10= 非常满意	100	7.03	2.195	.219

单样本检验

			检验值 = 7.5			
					差值 95% 置信区间	
	t	自由度	Sig.（双尾）	平均值差值	下限	上限
Q7: 总体而言，从2018-2019，你对图书馆的满意程度如何？0=非常不满意 - 10= 非常满意	-2.141	99	.035	-.470	-.91	-.03

图2-2-38　"单样本T检验"结果

（2）独立样本T检验及SPSS实操。独立样本T检验能够帮助我们比较两个不同的组别在一个为连续变量的因变量上是否存在差异，例如不同性别的收入是否存在差异。运行独立样本T检验需要满足以下四个条件：

①因变量是连续变量。

②自变量只有两个类别。

③不同类别的数据均服从正态分布。

④不同类别的数据均满足方差齐性。

在独立样本T检验中我们所提出的一对假设为：

虚无假设：两组数据的平均值没有差异。

对立假设：两组数据的平均值存在差异。

在图书馆情境下，我们想了解不同性别的图书馆用户在图书借阅数量上是否存在差异，具体操作如下：

第一，菜单栏选择"分析→比较平均值→独立样本T检验"。"独立样本T检验"的对话框就会弹出来。拖拽变量"借阅数量"到"检验变量（T）："框内。在独立样本T检验中，"检验变量（T）："中所输入的是测试中的因变量，应为连续变量，独立样本T检验中可以有多个因变量。

第二，将变量"Gender"拖拽到"分组变量（G）："框内，如图2-2-39所示。在独立样本T检验中，分组变量中所放置的是测试中的自变量，应为分类变量，独立样本T检验中只允许输入一个具有两个组别的自变量。

图2-2-39　分组变量

第三，点击"定义组（D）..."按钮，会弹出"定义组"的对话框，对性别的两个组别的数值进行定义。在"组1："的框内输入1，在"组2："的框内输入2，如图2-2-40所示。

图2-2-40 定义组

第四，点击"继续"按钮，回到独立样本T检验的对话框中。最后点击"确定"按钮，数据分析的结果就会在输出视窗中出现，如图2-2-41所示。在"组统计"的表格中展示了因变量在不同组别中的样本数、平均值、标准偏差和标准误差平均值。从统计数据中可以看出不同性别的用户在数量上非常接近，但是女性用户在借阅图书上的平均值（66.86）远远高于男性用户（23.08）。在"独立样本检验"的表格中展示了莱文方差等同性检验和平均值等同性t检验。

莱文方差等同性检验所检验的是方差齐性，即不同组别数据的方差是否相似，展示了以下的结果：F，是实际测试的结果，用于计算显著性；显著性，判断方差齐性是否满足的标准，如果结果大于0.05，则假定等方差，数据能够满足运行独立样本T检验的条件。如图2-2-41所示，莱文检验的结果不显著（显著性=0.501），即假定等方差，能够运用常规的独立样本T检验和使用假定等方差情况下的T检验的结果。

在确定了数据满足方差齐性之后，就可以看看不同组别的平均值之间是否存在显著差异了。平均值等同性T检验所检验的是不同均值之间是否存在显著差异，展示了以下的结果：t和自由度，反映了T检验的结果和如何决定t统计量的概率；$Sig.$（双尾），反映了虚无假设为正确的概率，假如概率小于0.05，则说明虚无假设被接受的概率小于0.05，因此我们拒绝虚无假设，接受对立假设，得出结论为两组之间的平均值存在显著性差异；平均值差值及标准误差差值，即两组数据平均值的差值和标准误差的差值，可用于计算差值95%置信区间；差值95%置信区间，两组数据平均值差值的结果在95%的区间之内上下变化的数值，通过平均值差值+/-标准误差差值×1.96得出。如图2-2-41所示，T检验中*Sig.*（双尾）的值为0.000，小于0.05，则我们可以得出结论为：男性和女性在该年度借阅图书的数量存在显著差异，女性在借阅图书的数量上要显著高于男性借阅图书的数量。

T-检验

组统计

	最新编码的性别变量	个案数	平均值	标准 偏差	标准 误差平均值
Q3: 在2018-2019年闲你大概借了多少本书?	m	48	23.08	15.986	2.307
	f	51	66.86	18.359	2.571

独立样本检验

		莱文方差等同性检验		平均值等同性t检验					差值 95% 置信区间	
		F	显著性	t	自由度	Sig. (双尾)	平均值差值	标准误差差值	下限	上限
Q3: 在2018-2019年闲你大概借了多少本书?	假定等方差	.456	.501	-12.620	97	.000	-43.779	3.469	-50.664	-36.894
	不假定等方差			-12.673	96.432	.000	-43.779	3.454	-50.636	-36.923

图2-2-41　独立样本T检验结果

（3）摘要独立样本T检验及SPSS实操。摘要独立样本T检验的运行结果基本上和独立样本T检验一样，但不同之处在于，摘要样本T检验要求我们将具体的数据输入以进行T检验。这种方法在我们发现录入所有的数据非常麻烦的时候就非常有用，因为我们可以通过快速的输入摘要数据来进行独立样本T检验。在图书馆情境下，我们已经将数据完善地录入了SPSS中，所以直接使用独立样本T检验就可以了。摘要独立样本T检验需要满足的前提条件和独立样本T检验相同。在本例子中，我们以上述"独立样本T检验及SPSS实操"小节的结果为数据，来对摘要独立样本T检验进行实操练习。

第一，在菜单栏中选择"分析→比较平均值→摘要独立样本T检验"，"根据摘要数据计算T检验"窗口就会弹出来，以上述独立样本T检验中组统计的结果为参考，在个案数、平均值和标准差的输入框内输入数值，其他内容保持默认，如图2-2-42所示。

图2-2-42　"根据摘要数据计算T检验"窗口

第二，点击"确定"按钮，数据分析的结果就会在输出窗口中出现，如图2-2-43所示。在"摘要数据"的表格中显示了数据的统计量，在"独立样本T检验"的表格中显示了独立样本T检验的结果。值得注意的是，摘要独立样本T检验判断方差齐性的数值和独立样本T检验不同，是通过"Hartley 等方差检验"来判断的，假如*Sig.*的值大于0.05则说明数据满足方差齐性。

如下图所示，在表格的下方显示了一个"Hartley 等方差检验"的结果，*Sig.* 为0.1679，大于0.05，因此满足方差齐性，应该读取"假定等方差"所在行的数值。在"差值的95.0%置信区间"的表格中，摘要独立样本T检验提供了渐进和精确两种结果，本例子的情况可以读取在"精确（等方差）"所在行的数值作为参考，对结果的读取和理解请参考"独立样本T检验及SPSS实操"小节。

摘要数据

	N	平均值	标准差	标准误差平均值
Sample 1	48.000	23.080	15.986	2.307
Sample 2	51.000	55.850	18.359	2.571

独立样本检验

	平均值差值	标准误差差值	t	自由度	显著性（双尾）
假定等方差	-32.770	3.469	-9.447	97.000	.000
不假定等方差	-32.770	3.454	-9.486	96.431	.000

Hartley 等方差检验：F = 1.319，显著性 = 0.1679

差值的95.0% 置信区间

	下限	上限
渐近（等方差）	-39.569	-25.971
渐近（不等方差）	-39.541	-25.999
精确（等方差）	-39.655	-25.885
精确（不等方差）	-39.627	-25.913

图2-2-43　"摘要独立样本T检验"结果

（4）成对样本T检验及SPSS实操。成对样本T检验测试的是同一组数据在一个连续变量（因变量）的平均值是否会因为两个不同的条件或两个不同的时间点而不同，其目的是比较从一个条件到另一个条件或从一个时间点到另一个时间点时，因变量的数值是否存在显著差异。在成对样本T检验中所提出的一对假设为：

虚无假设：不同条件或不同时间点的平均值没有差异。

对立假设：不同条件或不同时间点的平均值有差异。

运行成对样本T检验需要满足三个条件：

因变量是连续变量。

不同时间点或条件是就同一个因变量进行比较。因变量所测量的内容和格式应该是一致的，例如对因变量在不同时间点的测量都是采用五点量表的形式，而不是第一个时间点采用了五点量表，第二个时间点采用了七点量表。

不同时间点或不同条件下的数据均服从正态分布。

那么在图书馆情境下，我们想比较同一组用户在连续两年间对图书馆总体满意度是否存在差异，可以使用成对样本T检验的方法，具体操作如下：

第一，在菜单栏选择"分析→比较平均值→成对样本T检验"，"成对样本T检验"窗口就会弹出来。在"配对变量（V）："的框中，拖拽变量"当前总体满意度"到"变量1"，拖拽变量"过去总体满意度"到"变量2"，如图2-2-44所示。假如有另外的成对样本需要进行T检验，可以继续在"配对变量（V）："中输入第1对配对的变量。

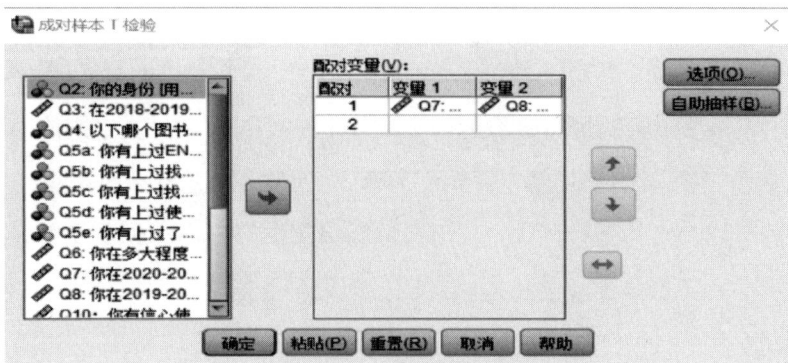

图2-2-44 成对样本T检验

第二，点击"确定"按钮，数据分析的结果就会在输出视窗中出现，如图2-2-45所示。在"配对样本统计"表格中展示了连续两年间在因变量的平均值、个案数、标准偏差和标准误差平均值。我们可以看到用户的样本数为100人，在2019—2020年对图书馆的满意度评分为4.89，在2020—2021年对图书馆的满意度评分为7.03。在"配对样本相关性"的表格中展示了样本数和两个自变量之间的相关性，相关性越高，平均值存在差异的可能性就越高。在本例子中，自变量之间的相关性较低。在"配对样本T检验"的表格中所展示的值和上述T检验的类似，此处可以参考独立样本T检验及SPSS实操小节结果的讲解。此处，*Sig.*（双尾）的结果0.000（小于0.05）表明因变量在不同时间点的平均值存在显著差异，我们可以得出结论为：用户对图书馆的总体满意度在连续两年间有了显著的提升。

配对样本统计

		平均值	个案数	标准 偏差	标准 误差平均值
配对 1	Q7: 你在2020-2021图书馆的满意程度如何？0=非常不满意 - 10= 非常满意	7.03	100	2.195	.219
	Q8: 你在2019-2020年间对图书馆的满意度如何？0=非常不满意 - 10= 非常满意	4.89	100	3.165	.317

配对样本相关性

		个案数	相关性	显著性
配对 1	Q7: 你在2020-2021图书馆的满意程度如何？0=非常不满意 - 10= 非常满意 & Q8: 你在2019-2020年间对图书馆的满意度如何？0=非常不满意 - 10= 非常满意	100	-.042	.680

配对样本检验

		配对差值							
		平均值	标准 偏差	标准 误差平均值	差值 95% 置信区间 下限	差值 95% 置信区间 上限	t	自由度	Sig.（双尾）
配对 1	Q7: 你在2020-2021图书馆的满意程度如何？0=非常不满意 - 10= 非常满意 - Q8: 你在2019-2020年间对图书馆的满意度如何？0=非常不满意 - 10= 非常满意	2.140	3.926	.393	1.361	2.919	5.451	99	.000

图2-2-45 "成对样本T检验"结果

3. 单因素方差分析及SPSS实操。

在上述基于平均值的推断性统计分析中，我们深入地学习了各种不同类型的T检验。单因素方差分析（one-way analysis of variance, one-way ANOVA），本质上是独立样本T检验的进阶版，能够允许我们检验两组或更多组别的用户在一个因变量（连续变量）的平均值上是否存在差异，即自变量可以有两个或以上的类别。换言之，独立样本T检验只能应用在最简单的情形之下（即自变量只有两个类别的情况），而单因素方差分析能够应用在更复杂的情境（即自变量有三个或以上类别的情况）。

在上述推断性统计的关键概念中，我们可以了解推断性统计一般采用随机抽样的方法，即从目标群体中随机抽取样本来进行数据收集。由于抽样的随机性，这时候每个类别之内样本中的数据会呈现不同的离散程度，不同类别之间的数据也会呈现不同的离散程度，这时候我们应该在方差分析的基础上再进行多个样本平均值的两两比较，这样得到的结果更为准确。

方差分析将同一组别中数据的差异称为组内变异，将不同组别之间数据的差异称为组间变异。换言之，方差分析中的总变异包括了组间变异和组内变异两个部分。因此，我们可以用两种方式对群体的平均值进行预测，一个是基于样本的组内变异，一个是基于样本的组间变异。

和独立样本T检验类似，运行单因素方差分析需要满足以下四个条件：

①因变量是连续变量。

②自变量有两个或以上的类别。

③不同类别的数据均服从正态分布。

④每一组类别内的样本数据满足方差齐性。

在单因素方差分析中我们所提出的一对假设为：

虚无假设：不同组别数据的平均值没有差异。

对立假设：不同组别数据的平均值存在差异。

在方差分析中，我们希望组内变异越小越好，组间变异越大越好。方差分析将这两种变异的比率，即组间变异/组内变异的比率称为F统计量。如果方差分析的结果接受虚无假设，就说明多个组别间样本的平均值没有差异，那么样本的均值变异就只能来源于组内个体观察值的差异。因此，如果这两种变异的比率为1，则意味着不同组别间连续变量的平均值没有差异。如果F统计量大于1，则说明组间变异远远大于组内变异，说明不同组别之间在连续变量上的平均值存在差异。因此，假如在单因素方差分析中F的值大于1，则拒绝虚无假设。

以下我们结合案例对单因素方差分析的运行步骤进行讲解。在图书馆情境下，我们想了解不同类型的用户在图书的借阅数量上是否存在差异，由于变量"用户类型"中具有三个组别，因此需要运用单因素方差分析来对不同组别之间的均值进行比较。具体操作如下：

第一，在菜单栏中选择"分析→比较平均值→单因素ANOVA检验"，"单因素ANOVA检验"窗口就会弹出来。拖拽变量"借阅数量"到"因变量列表（E）："框内。在单因素方差分析中，"因变量列表（E）："中所放置的是测试中的因变量，应为连续变量，但可以有多个因变量。

第二，将变量"用户类型"拖拽到"因子（F）："框中，如图2-2-46所示。在单因素ANOVA检验中，"因子（F）："中所放置的是测试中的自变量，应为分类变量，可以是一个具有两个或以上组别的自变量。在本例子中，用户类型包括了三个组别，即学生、职员和校友。

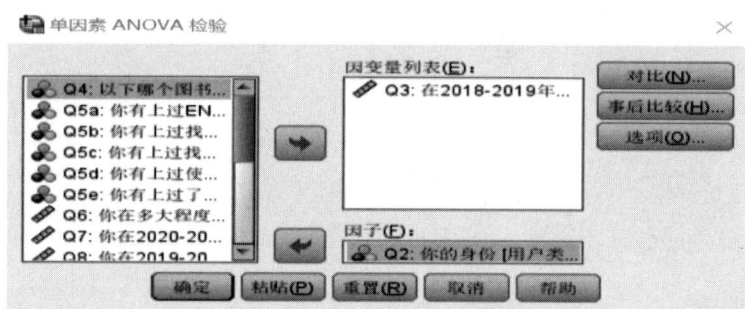

图2-2-46　"单因素ANOVA检验"窗口

第三，点击"事后比较（H）"按钮，"单因素ANOVA检验：事后多重比较"窗口就会弹出来。在"假定等方差"中勾选"邦弗伦尼（B）"，在"不假定等方差"中勾选"盖姆斯-豪厄尔（A）"。然后点击"继续"按钮。

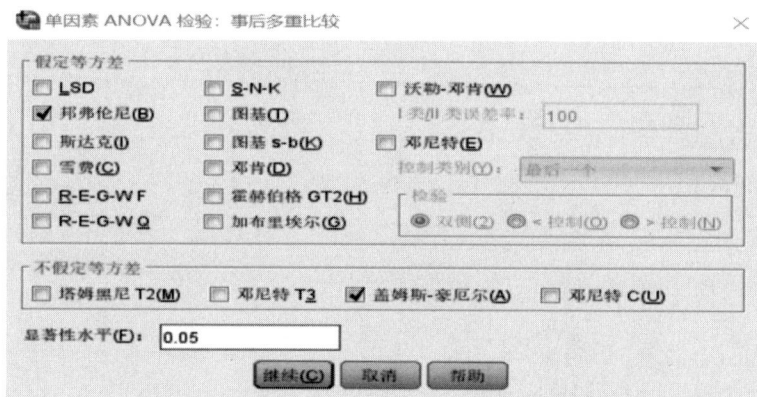

图2-2-47　"单因素ANOVA检验：事后多重比较"窗口

第四，回到主对话框中，点击"选项"按钮，选择"描述（D）""布朗-福塞斯（B）""方差齐性检验（H）"和"韦尔奇（W）"，如图2-2-48所示。

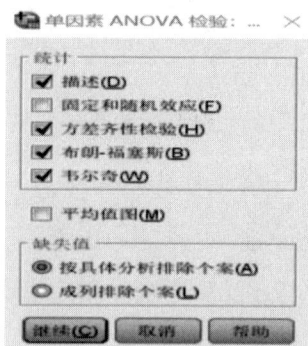

图2-2-48　"单因素ANOVA检验：事后多重比较"选项

第五，点击"继续"按钮，最后点击"确定"按钮，数据分析的结果就会在输出视窗中出现，如图2-2-49所示。"描述"的表格中展示了不同组别样本的样本数、平均值、标准偏差和标准误差、平均值的95%置信区间、最大值和最小值。从图2-2-49可知，校友借阅图书的平均值高于其他组别。

在"方差齐性检验"的表格中展示了莱文统计、自由度1、自由度2和显著性。这四个统计量分别基于四种情况进行计算，即基于平均值、基于中位数、基于中位数并具有调整后自由度及基于剪除后平均值。在大多数情况下，我们只要看基于平均值的统计量就可以了。从中可知，数据能够满足方差齐性，因为显著性的值为0.057，大于0.05。

描述

Q3: 在2018—2019年间你大概借了多少本书？

	个案数	平均值	标准 偏差	标准 错误	平均值的 95% 置信区间 下限	平均值的 95% 置信区间 上限	最小值	最大值
深大学生	44	44.25	29.327	4.421	35.33	53.17	0	100
深大职员	32	45.59	22.806	4.032	37.37	53.82	6	94
校友	24	47.83	31.653	6.461	34.47	61.20	3	97
总计	100	45.54	27.770	2.777	40.03	51.05	0	100

方差齐性检验

		莱文统计	自由度 1	自由度 2	显著性
Q3: 在2018—2019年间你大概借了多少本书？	基于平均值	2.957	2	97	.057
	基于中位数	2.951	2	97	.057
	基于中位数并具有调整后自由度	2.951	2	94.890	.057
	基于剪除后平均值	2.968	2	97	.056

ANOVA

Q3: 在2018—2019年间你大概借了多少本书？

	平方和	自由度	均方	F	显著性
组间	199.538	2	99.769	.127	.881
组内	76149.302	97	785.044		
总计	76348.840	99			

平均值相等性稳健检验

Q3: 在2018—2019年间你大概借了多少本书？

	统计[a]	自由度 1	自由度 2	显著性
韦尔奇	.104	2	55.074	.901
布朗-福塞斯	.125	2	73.608	.883

a. 渐近 F 分布。

图2-2-49 "单因素ANOVA检验"结果

在"ANOVA"的表格中展示了平方和、自由度、均方、F和显著性。第一列平方和的值展示了组间、组内和总计的变异量，总计的变异量就是将组间和组内的变异量相加。第二列自由度的值展示了组间的数量和组内的数量。第三列均方的值是由平方和除以自由度所得到的。表格中前三列的值其实并不需要过多的解读，它们所反映的只是一些用于计算F统计量的信息，即第四列的数值。F统计量的值是由组间变异除以组内变异，假如F等于1，则接受虚无假设。在单因素ANOVA检验中，F的值越大，说明不同组别之间的变异就越大，拒绝虚无假设的可能性就越高。由表格可知，F的值为0.127，小于1，说明样本中的变异大多来源于组内变异。我们能看到第五列显著性的值为0.881，大于0.05，结果不显著，可以得出结论为：不同类型用户在借阅图书数量上没有显著的差异。

由于样本服从方差齐性，因此我们不需要参考平均值相等性稳健检验的表格中的统计量。韦尔奇和布朗—福塞斯检验通常用于当数据不满足方差齐性的情况下，进一步对结果进行测试。从表格中可知，两种不同的测试方式均反映了结果不显著。

在单因素ANOVA检验中，假如F检验的结果显示不同组别之间在因变量的均值存在显著差异，我们还可以继续查看事后多重比较的结果。"多重比较"的表格展示了分别在邦弗伦尼测试和盖姆斯—豪厄尔测试下组别之间均值成对多重比较的结果。邦弗伦尼测试是在假定样本数据满足方差齐性的情况下，组别之间成对均值比较的结果，显著性小于0.05，则说明两个组别之间在因变量的均值存在显著差异。大多数情况下事后比较都假设数据满足方差齐性和正态分布。盖姆斯—豪厄尔测试也提供了假如数据不满足方差齐性情况下的均值成对多重比较，同样通过显著性是否小于0.05来判断是否接受虚无假设。

多重比较

因变量：Q3: 在2018-2019年间你大概借了多少本书：

	(I) Q2: 你的身份	(J) Q2: 你的身份	平均值差值 (I-J)	标准 错误	显著性	95% 置信区间 下限	上限
邦弗伦尼	深大学生	深大职员	-1.344	6.510	1.000	-17.20	14.51
		校友	-3.583	7.110	1.000	-20.90	13.74
	深大职员	深大学生	1.344	6.510	1.000	-14.51	17.20
		校友	-2.240	7.566	1.000	-20.67	16.19
	校友	深大学生	3.583	7.110	1.000	-13.74	20.90
		深大职员	2.240	7.566	1.000	-16.19	20.67
盖姆斯-豪厄尔	深大学生	深大职员	-1.344	5.983	.973	-15.66	12.97
		校友	-3.583	7.829	.891	-22.57	15.40
	深大职员	深大学生	1.344	5.983	.973	-12.97	15.66
		校友	-2.240	7.616	.954	-20.78	16.30
	校友	深大学生	3.583	7.829	.891	-15.40	22.57
		深大职员	2.240	7.616	.954	-16.30	20.78

图2-2-50 "事后多重比较"结果

4．卡方检验及SPSS实操。

在上述例子中，我们对研究问题中的因变量是连续变量的情境下进行了深入学习和SPSS实操练习。但在一些量化研究中，我们想要进行分析的变量均为分类变量，这时候我们就不能采用基于平均值的推断性统计了。卡方检验为这种类型的研究问题提供了合适的数据分析方法，允许我们基于频数或比例之间的差异来了解分类变量之间的关系，主要包括两种类型：

卡方拟合性检验：检验一个分类变量中不同类别的实际观测值的分布是否与理论推断值存在差异，是基于单样本的卡方检验。

卡方独立性检验：检验两个或以上的分类变量之间的关联性。

（1）卡方拟合性检验。卡方拟合性检验的目的是帮助我们判断一个分类变量中不同类别的分布是否和群体中相应类别的分布相似或有所差异。假设我们知道群体中男女性别的分布为相等，即约50%的人为男性，约50%的人为女性。这时候我们就可以采用基于单样本的卡方检验。在基于单样本的卡方检验中所提出的一对假设为：

虚无假设：样本中一个分类变量所有类别的数值和群体中的期望值没有差异，即样本中类别的数值能够恰当反映群体的数值。

对立假设：样本中一个分类变量所有类别的数值和群体中的期望值存在差异，即样本中类别的数值不能够恰当反映群体的数值。

以下我们结合具体的研究情境来了解卡方拟合性检验。在图书馆的例子中，我们想看看样本中不同性别的分布是否和群体中不同性别的分布有所差异，具体操作如下：

第一，在菜单栏中选择"分析→非参数检验→就对话框→卡方"，"卡方检验"窗口就会弹出来，如图2-2-51所示。

第二，拖拽变量"Gender"到"检验变量列表（Ｔ）："框内。该框中放置的是需要和群体分布进行比较的变量，应为分类变量，此处只允许输入一个变量。

第三，在下方期望值的区域，点击"所有类别相等（Ｉ）"的选择框，由于群体中不同性别的分布相等，因此选择"所有类别相等（Ｉ）"的圆形按钮即可。假如所选择的分类变量中不同类别在群体中的比例并不相等，此处应该选择"值（Ｖ）"

的圆形按钮，并按照群体中的比例依次输入数值。

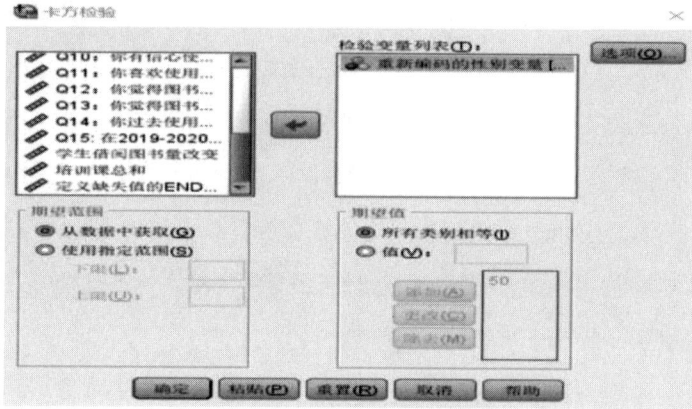

图2-2-51　"卡方检验"窗口

第四，点击"确定"按钮，数据分析的结果就会在输出视窗中出现，如图2-2-52所示。在"重新编码的性别变量"（即变量Gender的标签）所在的表格中展示了不同性别样本的实测个案数、期望个案数和残差。由表格可知：男性和女性实际测量的个案数分别为49和51，而根据群体的性别分布个案数（即期望个案数）均为50。第三列残差所展示的是实测个案数和期望个案数的不同，即差值；样本中不同性别的分布和实际群体中不同性别的分布情况是基本一致的，仅有1个个案数的差别。

在"检验统计"的表格中只有一列，展示了分类变量的卡方、自由度和渐进显著性。卡方的统计量是通过期望个案数和实测个案数来计算的，此处可以理解为卡方的数值越大，则实测个案数和期望个案数的差异越大。性别比例与群体中性别比例是否有显著性差异，则应根据渐进显著性的结果进行判断，假如渐进显著性的值越低，则说明样本中的观测值和期望值的差异越大，与上述的推断性统计相同，此处以0.05为标准来拒绝虚无假设。

重新编码的性别变量

	实测个案数	期望个案数	残差
男性	49	50.0	-1.0
女性	51	50.0	1.0
总计	100		

检验统计

	重新编码的性别变量
卡方	.040[a]
自由度	1
渐近显著性	.841

a.0 个单元格 (0.0%) 的期望频率低于 5。期望的最低单元格频率为50.0。

图2-2-52　"卡方检验"结果

（2）卡方独立性检验。卡方独立性检验的目的是检验两个或以上的分类变量之间的关联性。具体来说，就是一个分类变量中的一个类别是否会与另一个分类变量中的一个类别有关联。假如两个变量之间存在关联，则说明二者有交互关系，不相互独立；假如两个变量之间不存在关联，则说明二者不存在交互关系，相互独立。在卡方独立性检验中我们所提出的一对假设为：

虚无假设：变量之间不是相互关联的，即变量之间是相互独立的。

对立假设：变量之间是相互关联的，即变量之间不是相互独立的。

在图书馆的例子中，我们想看看用户类型和最常使用的图书馆目录之间是否存在关联，这时候我们就可以采用卡方独立性检验，具体操作如下：

第一，在菜单栏中选择"分析→描述统计→交叉表"，"交叉表"窗口就会弹出来，如图2-2-53所示。

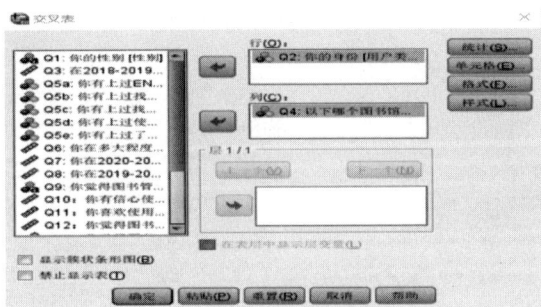

图2-2-53 "交叉表"窗口

第二，拖拽变量"用户类型"到"行（O）："框内，拖拽变量"最常用的图书馆目录"到"列（C）："框内。

第三，点击"统计"按钮，"交叉表：统计"窗口就会弹出来，如图2-2-54所示。对话框中有着许多的勾选框，选择最顶端的勾选框"卡方（H）"，也就是检验两个分类变量之间是否存在显著关系的方法。

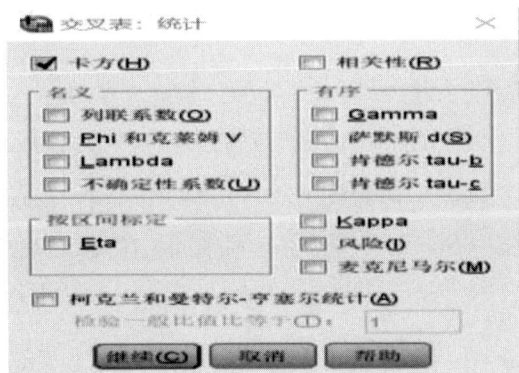

图2-2-54 "交叉表：统计"窗口

　　第四，点击"继续"按钮，最后点击"确定"按钮，数据分析的结果就会在输出视窗中出现，如图2-2-55所示。在"个案处理摘要"的表格中总结了有效个案、缺失个案以及总计的个案数目和百分比，可见样本中不存在缺失数据。在"交叉表"的表格中展示了用户类型中每一种用户类型（即学生、职员和校友）所对应的每一类图书馆最常用目录（即知网和SCI）的具体数目，可见学生最常用的图书馆目录是知网，而职员和校友最常用的图书馆目录是SCI。在"卡方检验"的表格中展示了卡方检验的结果，我们需要读取的是"皮尔逊卡方"这一行所在的统计量。第一列是卡方实际的数值，即42.848；第二列是自由度，即2；第三列是渐进显著性（双侧），即0.000，小于0.05，拒绝虚无假设，可以得出结论为：用户类型和用户最常用的图书馆目录有显著的关联。

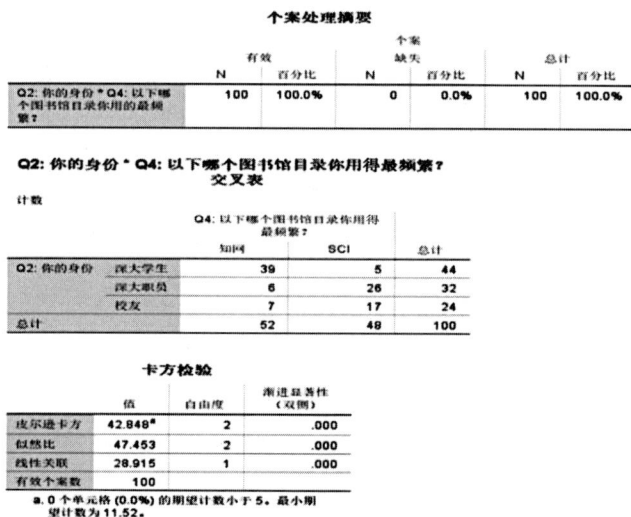

个案处理摘要

	个案					
	有效		缺失		总计	
	N	百分比	N	百分比	N	百分比
Q2: 你的身份 * Q4: 以下哪个图书馆目录你用的最频繁？	100	100.0%	0	0.0%	100	100.0%

Q2: 你的身份 * Q4: 以下哪个图书馆目录你用得最频繁？ 交叉表

计数

		Q4: 以下哪个图书馆目录你用得最频繁？		
		知网	SCI	总计
Q2: 你的身份	深大学生	39	5	44
	深大职员	6	26	32
	校友	7	17	24
总计		52	48	100

卡方检验

	值	自由度	渐进显著性（双侧）
皮尔逊卡方	42.848[a]	2	.000
似然比	47.453	2	.000
线性关联	28.915	1	.000
有效个案数	100		

a. 0 个单元格 (0.0%) 的期望计数小于 5。最小期望计数为 11.52。

图2-2-55　"交叉表"结果

（三）双变量相关

　　在上述的例子中，我们针对基于平均值的推断性统计和基于比例的推断性统计进行了深入的学习。假如我们的研究问题是需要了解连续变量在不同类别中是否存在差异，我们可以采用T检验或方差分析；假如我们的研究问题是需要了解分类变量之间是否存在关联，我们可以采用卡方检验。那么如果我们想要探究的问题是连续变量之间的关系呢？用于分析连续变量之间关系最常用的统计方法就是相关和线性回归。

运行相关和回归分析需要满足以下四个条件：

①变量都是连续变量。

②变量之间是线性相关的。

③数据均服从正态分布。

④数据满足方差齐性。

一般而言，当我们提到相关，会包含两重含义：一个是变量之间是否相关，一个是名为"相关"的统计方法。前者指的是两个连续变量之间是否存在相关关系，后者指的是SPSS中检验连续变量之间是否存在相关关系的分析方法。例如，我们发现随着体重的增加，肺活量也有所增加，体重和肺活量之间可能存在相关关系，体重的改变会影响肺活量。针对这样的推测，我们可能想进一步了解健康成人的体重和肺活量的相关关系，SPSS中的相关这个分析方法就可以帮助我们具体了解体重和肺活量之间相关的程度。

以下我们结合具体的情境来学习相关分析中的双变量相关性分析。在使用双变量相关分析的研究中探索的是两个连续变量之间的关系，目的是检验一个变量是否会随着另一个变量的增加而增加或减少。在双变量相关性分析中我们所提出的一对假设为：

虚无假设：变量之间没有相互关联，即变量之间相互独立。

对立假设：变量之间相互关联，即变量之间不相互独立。

在图书馆的例子中，我们想看看感知有用性、感知易用性和用户的总体满意度之间是否相互关联，这时候我们就可以采用相关分析中的双变量相关分析，具体操作如下：

第一，在菜单栏中选择"分析→相关→双变量"，"双变量相关性"窗口就会弹出来，如图2-2-56所示。

第二，拖拽变量"感知有用性"到"变量（V）："框内，

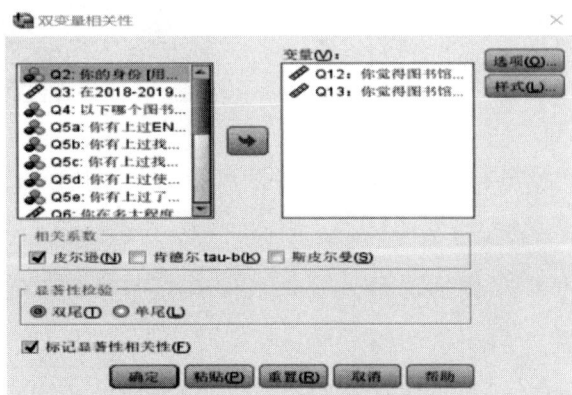

图2-2-56　"双变量相关性"窗口

其他选项保持默认。

第三，点击"选项"按钮，在统计的复选框中选择"平均值和标准差"，在缺失值的复选框中保持默认处理缺失值的方式"成对排除个案"。

第四，点击"继续"按钮，最后点击"确定"按钮，数据分析的结果就会在输出视窗中出现，如图2-2-57所示。在"描述统计"的表格中总结了两个连续变量的平均值、标准偏差和个案数。在"相关性"的表格中展示了三个关键信息：皮尔逊相关性系数（即"皮尔逊相关性"所在行的数值）、$Sig.$（双尾）和个案数。

皮尔逊相关系数是测量两个变量之间相关性强弱的标准，数值在-1到+1之间变动，绝对值越大，则说明两个变量之间的关系越强。若系数是在-1到0区间，则说明两个变量之间呈负相关，例如感知有用性越强，则满意度越低；若系数在0到1区间，则说明两个变量之间呈现正相关，例如感知有用性越强，则满意度越强。若系数为0则说明两个变量完全不相关，若系为+/-1则说明变量之间完全相关。相关系数和相应关联强度如表2-2-3所示：

表2-2-3　相关系数和相应关联强度

关联的强度	正向相关系数值	负向相关系数值
小	.1至.3	−0.1至−0.3
中	.3至.5	−0.3至−0.5
大	.5至1.0	−0.5至−1.0

$Sig.$（双尾）是判断是否接受虚无假设的标准。如图2-2-57所示，变量之间的皮尔逊相关系数为-0.04，$Sig.$（双尾）的值为0.970，大于0.05，因此可以得出结论为：用户的感知有用性和用户的满意度之间相互独立，不存在显著的相关性。

描述统计

	平均值	标准 偏差	个案数
Q7: 你在2020-2021图书馆的满意程度如何？0=非常不满意 - 10= 非常满意	7.03	2.195	100
Q12: 你觉得图书馆对你的学习有帮助吗？	3.41	.767	100

相关性

		Q7: 你在2020-2021年对图书馆的满意程度如何？0=非常不满意 - 10= 非常满意	Q12: 你觉得图书馆对你的学习有帮助吗？
Q7: 你在2020-2021年对图书馆的满意程度如何？0=非常不满意 - 10= 非常满意	皮尔逊相关性	1	-.004
	Sig.（双尾）		.970
	个案数	100	100
Q12: 你觉得图书馆对你的学习有帮助吗？	皮尔逊相关性	-.004	1
	Sig.（双尾）	.970	
	个案数	100	100

图2-2-57　"双变量"结果

（四）一元线性回归

1. 一元线性回归的基本概念和原理。

线性关系是两个连续变量之间相互关系的最基本、最常见的形式。当 x、y 两个变量存在线性关系时，以变量 x 为横轴、变量 y 为纵轴，将每一个样本的（x，y）绘制在坐标轴内得到的散点图分布将呈现出一条直线。当两个变量存在显著的线性关系时，可以利用线性方程 $y'=kx+b$，并基于每个解释变量 x 值的大小预测被解释变量 y 的预测值 y'。预测值 y' 也是一个变量，预测值 y' 的均值等于被解释变量 y 的均值 $\bar{y}$。线性方程中的斜率 k 和截距 b 为常量：当 x 等于 0 时，y 的预测值 y' 等于 b；当 k 显著不等于零时，x 每变动一个单位，y 的预测值 y' 将变动 k 个单位。被解释变量 y 与其预测值 y' 之间的差异（$y-y'$）为残差项 e。e 也是一个变量，而且服从正太分布 $N(0，\sigma^2)$。

如图2-2-58所示，当变量 x 与 y 具有一定相关性但不完全相关（$r \neq \pm 1$）时，代表每一个样本的点呈现出一定的聚集性，样本点不能完全落在某一条直线上，而是形成一条近似直线的散点带，如图2-2-58（a）。如果用直线大致描述散点带的走势，可以得到无数种可能性，如图2-2-58（b）。在这无数种可能的情形中，存在一条与所有样本点最接近的直线 $y'=kx+b$，如图2-2-58（c）。代表每一个样本的点（x，y）将上下散落在直线 $y'=kx+b$ 附近，直线 $y'=kx+b$ 散点带的最优拟合直线，也被称为回归线。每个样本的 y 值与预测值 y' 之间的距离即是误差项 e。误差项 e 也被称为残差，是一个随着 y 值变动而变动的变量，其均值为零。因此，样本 y 值及其预测值均为 $\bar{y}$。

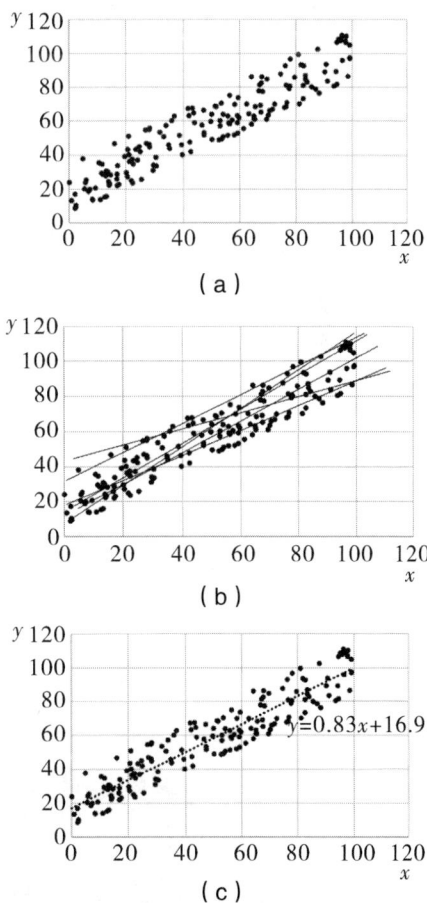

（a）

（b）

$y=0.83x+16.9$

（c）

图2-2-58　双变量相关散点图及其趋势表述

如图2-2-59所示，当变量 x 与 y 完全相关（$r = \pm 1$）时，可以利用 x 的变化完全预测 y 的变化，代表每一个样本的点（x，y）将完全落在直线 $y' = kx + b$ 上，此时，y 与其预测值 y' 完全重合，误差项 e 等于0。

在一元线性回归分析中，常用公式 $y = b_0 + b_1 x + e$ 代表变量 x 和 y 之间的预测关系。

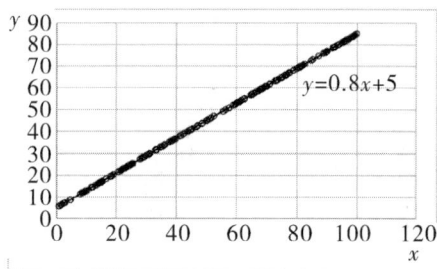

图2-2-59　x与y完全相关时的散点图

其中，b_0 为截距，即直线 $y' = b_0 + b_1 x$ 与 y 轴的交点（即截距）；b_1 为直线 $y' = b_0 + b_1 x$ 的斜率，也被称为非标准化回归系数。b_1 的绝对值越大，直线越陡峭；b_1 的绝对值越趋近于0，直线越趋于平缓。当 b_1 等于0时，$y = b_0 + b_1 x + e = y = b_0 + e$，回归直线为一条水平直线。换言之，$y$ 不随着 x 的变化而变化，可以认为 x 和 y 之间不存在线性关系。为此，只有当回归系数显著不等于0时，通过拟合回归直线来描述 x 和 y 之间的关系才具有实际意义。因此，判断回归系数是否显著不等于0是回归分析中的重要内容。

变量 y 中的全部待解释变异等于 y 的离均差平方和，即 $\sum (y - \bar{y})^2$，用 SS_{total} 表示，其中能被回归直线 $y' = b_0 + b_1 x$ 解释的变异等于 y' 的离均差平方和，即 $\sum (y' - \bar{y})^2$，用 SS_{reg} 表示，其中未能被回归直线 $y' = b_0 + b_1 x$ 解释的变异等于误差项 e 的平方和，即 $\sum e^2 = \sum (y - y')^2$，用 SS_e 表示。未能被回归直线解释的变异 SS_e 越少，说明回归直线能够解释越多 y 的变异，回归曲线的拟合度越高。换言之，已由回归直线解释的变异 SS_{reg} 在全部待解释变异 SS_{total} 中的占比 R^2（SS_{reg}/SS_{Total}）越大，回归直线的解释力越大。R^2 开方后得到的 R 即是 y 和 y' 之间的相关系数 R。当 $R^2 = 1$ 时，变量 y 中的全部待解释变异可以100%被回归直线解释，y 和 y' 的相关系数为1。由于一元回归模型中仅有 x 一个解释变量，因此，R^2 亦反映自变量 x 对 y 解释力的大小。

b_1 经标准化处理（将 b_1 乘以 x 的标准差 σ_x 再除以 y 的标准差 σ_y）得到的标准化回归系数 β_1，也被称为 β 系数。一元线性回归分析中仅存在唯一的 β 系数（β_1），因此其中值恰好等于变量 x 和 y 的相关系数。

2. 一元线性回归的SPSS的操作过程和结果解释。

以图书馆数据为例，将学生对图书馆的当前总体满意度作为被解释变量（因变量）y，将学生对图书馆指引的感受作为解释变量（自变量）x。在SPSS中的基本操作步骤为依次单击"分析→回归→线性"（如图2-2-60）。如图2-2-61，从弹出的交互界面左侧的变量合集中选中"总体满意度_当前"并将其加入"因变量（D）"框中，再选中"对图书馆指引的感受"并将其加入自变量框中，单击"确定"，得到一元线性回归的分析结果。

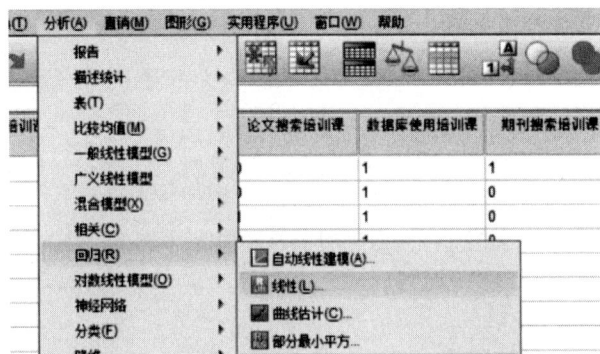

图2-2-60　单击"分析→回归→线性"

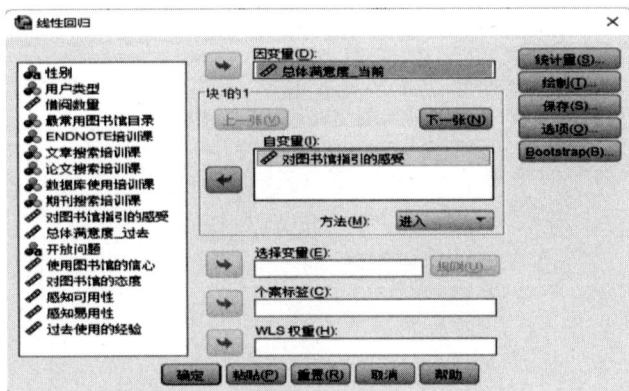

图2-2-61　选择"因变量""自变量"

在分析结果的部分，需重点查看"模型汇总""模型显著性检验（Anova）"和"系数"的结果，分别见表2-2-4、表2-2-5和表2-2-6。

由表2-2-4可知，$R=0.099$，即学生当前总体满意度y与其预测值y'之间的相关系数为0.099，$R^2=0.01$，说明学生当前总体满意度y的变异中仅有1%能被学生对图书馆指引的感受x所解释，x的解释力有限。

表2-2-4　模型汇总

模型	R	R方	调整R方	标准估计的误差
1	0.099[a]	0.010	0.000	2.195

a. 预测变量：（常量），Q6：你在多大程度上同意以下的陈述？图书馆的指引是清晰的。

由表2-2-5可知，F=0.978，p（$Sig.$）=0.325>0.05。因此F检验不显著，模型拟合效果不显著。说明该线性模型并不能良好地刻画变量x和y之间的关系。

由表2-2-6可知，截距项b_0=6.946，说明当学生感知到的图书馆指引清晰度为0，即极度不满意图书馆的指引清晰度时，学生对图书馆当前总体满意度依然有将近7分。回归系数b_1=0.01，显著性（$Sig.$）p=0.325>0.05，说明回归系数不显著，学生感知到的图书馆指引清晰度和学生当前总体满意度之间关系不显著，学生感知到的图书馆指引清晰度（x）的变化基本不影响学生当前总体满意度（y）。此外，回归模型的标准化回归系数β_1=0.099。

表2-2-5　模型显著性检验（Anova）

模型		平方和	df	均方	F	$Sig.$
	回归	4.713	1	4.713	0.978	0.325[b]
1	残差	472.197	98	4.818		
	总计	476.910	99			

a. 因变量：Q7：你在2018—2019年对图书馆的满意程度如何？0=非常不满意；10=非常满意
b. 预测变量：（常量），Q6：你在多大程度上同意以下的陈述？图书馆的指引是清晰的。

表2-2-6　系数[a]

模型		非标准化系数		标准系数	t	$Sig.$
		b_0	标准误差	试用版		
	（常量）	6.946	0.235		29.522	0.000
1	Q6：你在多大程度上同意以下的陈述？图书馆的指引是清晰的	0.010	0.010	0.099	0.989	0.325

a. 因变量：Q7：你在2018—2019年对图书馆的满意程度如何？0=非常不满意；10=非常满意

（五）多元线性回归

在回归分析中，当研究者利用一个单一解释变量x预测被解释变量y时，研究者进行的是一元回归分析，当研究者利用一个多个解释变量x_1，x_2，…，x_i预测被解释变量y时，研究者进行的是多元回归分析。除解释变量（即自变量）的数量多于1

个之外，多元线性回归的基本概念和原理与一元线性回归的基本概念和原理基本
一致。

然而，由于多元回归分析中存在多个解释变量，因此如何理解各个解释变量的
解释力、如何决定将不同解释变量纳入多元回归模型中的顺序以及如何实现多元回
归模型的最优化是多元线性回归基本概念与原理这一部分需要重点回答的问题。

1. 多元自变量的解释力与共线性。

对各个解释变量的解释力的理解，可以从以下两种不同回归分析思路的对比开
始。假设研究者希望了解自变量x_1和自变量x_2对因变量y的预测能力（即解释力）。
一种回归分析思路为分别拟合x_1与y之间以及x_2与y之间的一元线性回归，得到两个独
立的一元线性回归方程$y=b_{01}+b_{11}x_1+e$和$y=b_{02}+b_{12}x_2+e$及其方程/自变量解释力R_1^2和R_2^2。
另一种回归分析思路为利用多元线性回归分析同时拟合x_1、x_2与y之间的线性关系，
得到一个多元线性回归方程$y=b_0+b_1x_1+b_2x_2+e$及其方程解释力R^2。由于在该多元回归
中包括x_1和x_2两个解释变量，因此多元回归方程的解释力R^2为自变量x_1和x_2的共同解
释力。那么，x_1、x_2各自的解释力之和（$R_1^2+R_2^2$）与两者的共同解释力R^2之间的关系
如何？两者是否相等？这可能是初学者的困惑所在。

我们通过图形进行解释。如图2-2-62（a）所示，利用两个圆形表示变量x_1和y的
变异范围，两个圆形重合的部分代表x_1和y之间的共同变异，即y的变异中可被x_1所解
释的部分，反映x_1解释力R_1^2的大小。两个圆形重合的部分也代表x_1、y之间的相关程
度，x_1、y的相关程度越高，重合的面积越大，x_1对y的解释能力也越大。类似地，如
图2-2-62（b）所示，利用两个圆形表示变量x_2和y的变异范围，两个圆形重合的部
分代表x_2和y之间的共同变异，即y的变异中可被x_2所解释的部分，反映x_2解释力R_2^2的
大小。

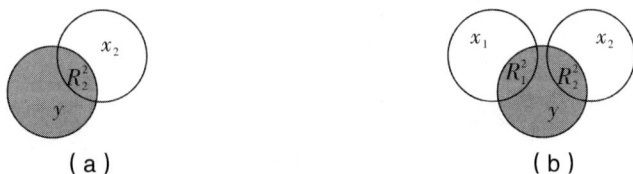

（a）   （b）

图2-2-62 双变量共变示意图

当利用三个圆形表示变量x_1、x_2和y的变异范围及其重合情况时，则存在多种可能性，如图2-2-63所示。

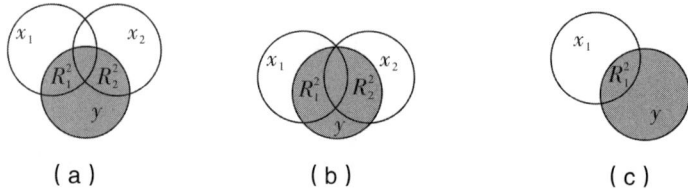

（a）　　　　　　　　（b）　　　　　　　　（c）

图2-2-63　三变量共变示意图

如图2-2-63（a）所示，当x_1、x_2不重合，即x_1和x_2不相关、不存在共线性时，x_1与y的重合部分R_1^2和x_2与y的重合部分R_2^2的面积等于x_1和x_2的合集与y的重合部分（即R^2）。多元回归模型的解释力$R^2=R_1^2+R_2^2$。如图2-2-63（b）所示，当x_1、x_2稍有重合时，R_1^2和R_2^2存在少量重合的部分，因此x_1和x_2的合集与y的重合部分（即R^2）的面积略小于$R_1^2+R_2^2$的面积，即多元回归模型的解释力R^2略小于$R_1^2+R_2^2$。如图2-2-63（c）所示，当R_1^2和R_2^2之间重合的部分较大，R^2的面积明显小于$R_1^2+R_2^2$的面积，即多元回归模型的解释力R^2远小于$R_1^2+R_2^2$。此时，若将x_1先纳入回归模型中，将x_2后纳入回归模型中时，则x_1的解释力等于R_1^2，而x_2提供的边际解释力$\Delta R^2=R^2-R_1^2<R_2^2$。换言之，$x_2$的解释力被低估了。图2-2-63（a）展示的情况是最理想的情况，此时无论采用哪种多元线性回归分析程序，得到的结果均一致。图2-2-63（b）展示的情况最常见。因此，在教育学等社会学研究中，变量或多或少都存在相关性，只要x_1和x_2之间的共线性不大，则对最终结果的影响也可以不予考虑。图2-2-63（c）展示的情况说明x_1和x_2之间的共线性较大，使得最终的结果不可信。自变量间的共线性大小需要通过方差膨胀因子（variance inflation factor，VIF）计算。$VIF=1/（1-R_{x_i}^2）$，其中$R_{x_i}^2$代表以多元回归模型自变量中的x_i作为新回归模型的因变量，以除x_i以外的其他自变量作为新回归模型的自变量时，得到的x_i被其他自变量解释的比例。$R_{x_i}^2$越大、越趋近于1，说明自变量之间的共线性越大，得到的方差膨胀因子VIF的值越趋近于无穷大。一般当$VIF=5$时，自变量之间的共线性已经比较明显，当$VIF=10$时，自变量之间的共线性足以影响多元回归分析的参数估计结果。当自变量之间共线性强时，可以考虑删除其中的个别自变量。被删除自变量对因变量的解释力可以由其他留存自变量替代。根据上述分析可知，尤其在多元线性回归模型中的自变量存在较大的共

线性时，自变量被纳入回归分析模型的顺序对多元线性回归分析的影响非常重要。

2. 多元线性回归分析程序的三种类型。

根据所有自变量是否被纳入多元线性回归分析以及如何被纳入回归分析之中，可以将多元线性回归分析程序分为三大类。第一类分析程序是同步式回归（simultaneous regression）分析程序。在同步式回归分析程序中，所有自变量均可被纳入最终的回归分析结果中，纳入的顺序由研究者规定的顺序决定。无论自变量对因变量的边际解释能力是高是低，所有自变量均保留在多元线性回归分析模型中。

第二类分析程序是逐步式回归（stepwise regression）。在逐步式回归分析程序中，只有具有足够解释力、与因变量相关性高的自变量才能被纳入最终的回归分析结果中。与因变量相关性高的自变量可以被优先纳入回归分析模型中，而解释力低的自变量也可以被优先排除于回归分析模型中。逐步式回归包括3种具体的分析方式：向前法（forward）、向后法（backward）和逐步法（stepwise）。向前法优先将与因变量相关性高的自变量纳入，然后将剩余自变量中具有最高边际解释力的自变量纳入，直到再无能达到显著性水平的自变量可以被纳入时，变量选取结束，可能存在部分研究者设定的自变量最终未能纳入回归中。向后法先将所有变量纳入回归模型中（与同步式的初始纳入方法相同），然后将自变量中解释能力最弱的自变量逐步剔除，最终得到简化后的最优模型。逐步法是向前法和向后法的结合，首先基于向前法，逐步将与因变量相关性高、边际解释力强的自变量纳入其中，但是不同于向前法仅仅不纳入最后几个解释力差的自变量，逐步法还会在不断将新自变量纳入回归的同时，检查之前已纳入变量的解释力是否降低，并将未达到显著性水平的已纳入的自变量重新剔除出回归模型。如此不断地迭代，最终获得最优模型。

第三类分析程序是阶层式回归（hierarchical regression）。阶层式回归的基本原理与同步式回归的基本原理类似，但所有自变量并非一次性同时纳入回归模型中，研究者可以根据研究需要，将自变量分为多个区块（blocks）。例如，研究者可以将自变量x_1—x_9分为三个区块：x_1—x_4，x_5—x_6，x_7—x_9。先分析x_1—x_4对y的回归模型，然后分析加入x_5—x_6后，x_1—x_6对y的回归模型，最后分析加入x_7—x_9后，x_1—x_9

对y的回归模型。最终得到的x_1—x_9对y的回归模型与采用同步式回归得到的结果一致。

3. 多元回归模型的最优化。

最优多元回归模型意味着该回归模型利用最少的自变量解释了最多因变量变异。根据前述讨论，多元回归模型的最优化的方法包括两种：一是计算各个自变量的方差膨胀因子VIF，将共线性强的自变量剔除，然后利用简单的同步式回归拟合剩余的自变量与因变量的回归模型。二是尽可能考虑所有可能影响因变量的自变量，然后利用逐步式回归将自变量中解释力好的变量提取保留在最终的回归模型中。多元回归模型的最优化旨在用最少、最优的自变量解释因变量，在最低的成本条件下实现最大的效用。

4. 线性回归SPSS的操作过程和结果解释。

（1）不同多元线性回归分析程序的选择。

仍然以图书馆数据为例，将学生对图书馆的态度（即是否喜欢图书馆）作为被解释变量（因变量）y，将学生对图书馆的过去的总体满意度（x_1）、学生对图书馆指引的感受（x_2）、学生使用图书馆的信心（x_3）、学生感知到的图书馆可用性（x_4）和易用性（x_5）作为解释变量（自变量）。在SPSS中的基本操作步骤为单击"分析→回归→线性"。

如果希望采用同步式和逐步式回归分析方法，则从弹出的交互界面左侧的变量合集中选中"对图书馆的态度"并将其加入因变量框中，再选中"图书馆满意度_过去"（x_1）、"对图书馆指引的感受"（x_2）、"使用图书馆的信心"（x_3）、"感知可用性"（x_4）和"感知易用性"（x_5）等五个自变量，并将其依次加入自变量框中，在自变量框下方的"方法（M）"下拉框中选择合适的方法，单击"确定"，得到多元线性回归的分析结果。"方法（M）"下拉框列示的五种方法（如图2-2-64）可以在不同类型的多元线性回归分析程序中运用。同步式回归主要运用进入法，逐步式回归主要运用向前法、向后法和逐步法，阶层式回归主要运用进入法和删除法。

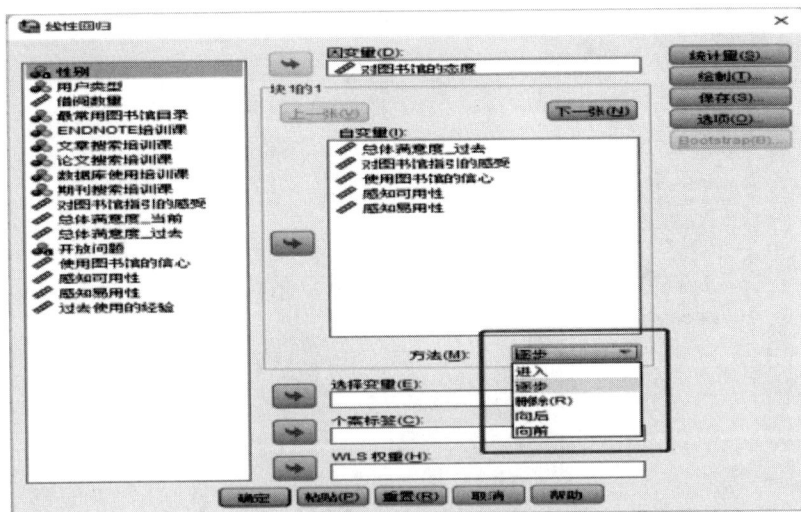

图2-2-64　多元线性回归分析的五种方法

如果希望采用阶层式回归分析方法，则需要先确定x_1—x_5的区块划分，例如，第一区块包括变量x_1"总体满意度_过去"，第二区块包括变量x_2—x_5。确定区块划分后，从弹出的交互界面左侧的变量合集中选中"对图书馆的态度"并将其加入因变量框中，选中"总体满意度_过去"并将其加入当前区块页的自变量框中，"方法（M）"选系统默认的进入法，然后单击自变量框上方的"下一张（N）"切换到下一个区块页（如图2-2-65），在新的区块界面选中"对图书馆指引的感受""使用图书馆的信心""感知可用性"和"感知易用性"等剩余四个自变量并将其依次加入自变量框中，在自变量框下方的"方法（M）"下拉框选择进入法，单击"确定"（如图2-2-66），得到自变量数递增（进入法）的阶层式多元线性回归的分析结果。此时，第一个区块仅拟合x_1与y的回归模型，第二个区块将x_2—x_5纳入，拟合x_1—x_5与y的回归模型，回归系数结果详见表2-2-7。又例如，在第一个区块页中纳入所有自变量x_1—x_5（如图2-2-67），"方法（M）"选系统默认的进入法；在第二个区块页选择希望被移除的变量（如"总体满意度_过去"），在自变量框下方的"方法（M）"下拉框选择删除法（如图2-2-68）。单击"确定"，得到自变量数递减（删除法）的阶层式多元线性回归的分析结果。此时，第一个区块拟合x_1—x_5与y的回归模型，第二个区块将x_1移除，仅拟合x_2—x_5与y的回归模型，回归系数结果详见表2-2-8。

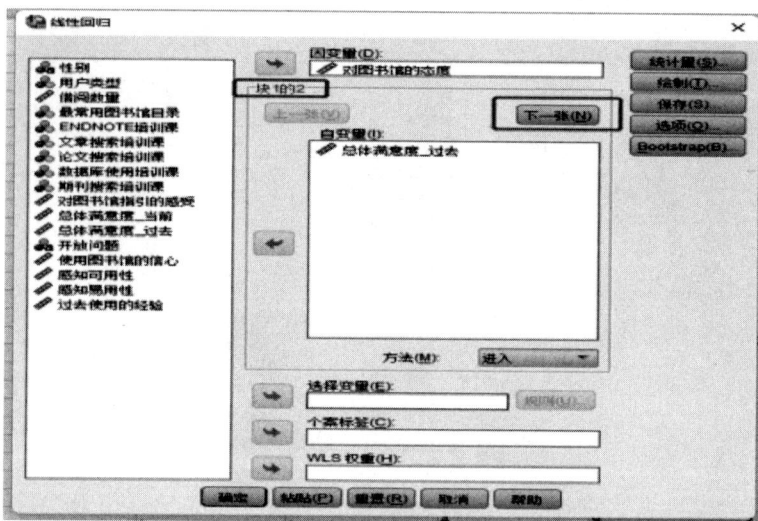

图2-2-65　自变量数递增（进入法）的阶层式多元线性回归（区块1）

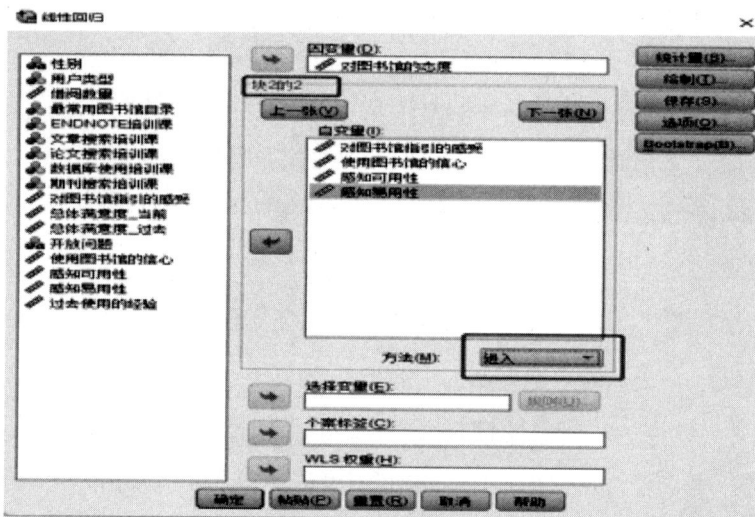

图2-2-66　自变量数递增（进入法）的阶层式多元线性回归（区块2）

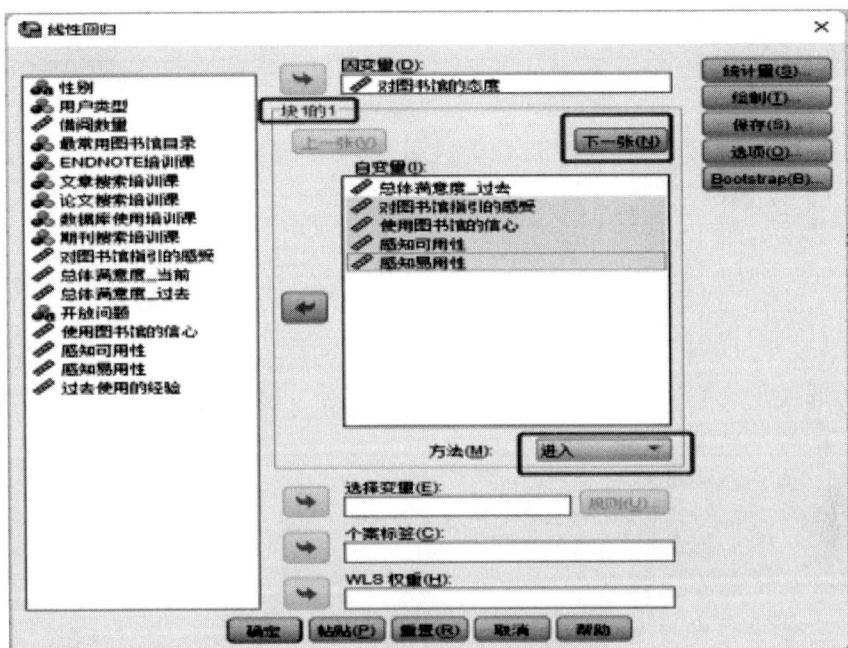

图2-2-67 自变量数递减（删除法）的阶层式多元线性回归（区块1）

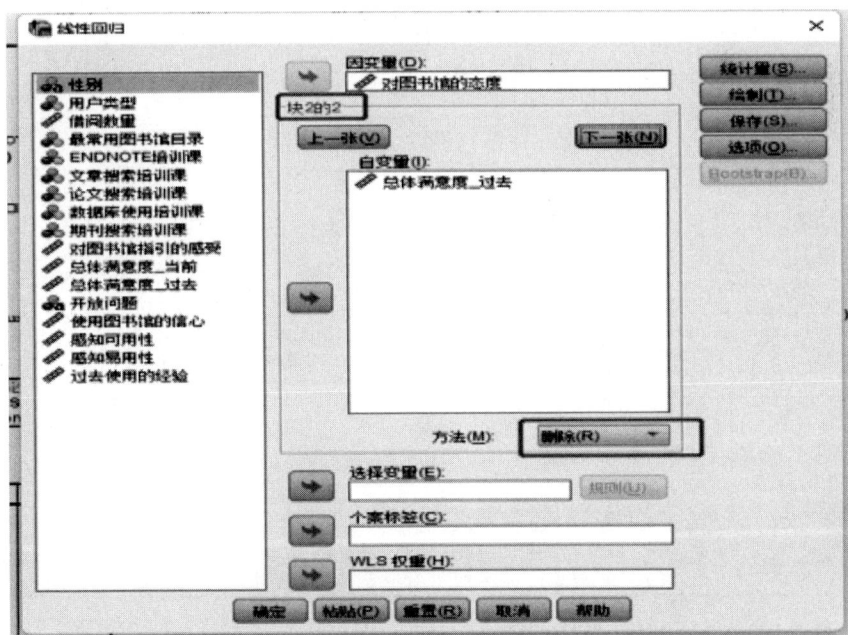

图2-2-68 自变量数递减（删除法）的阶层式多元线性回归（区块2）

表2-2-7　自变量数递增（进入法）的阶层式多元线性回归的系数结果

模型		非标准化系数		标准系数	t	Sig.	共线性统计量	
		b_0	标准误差	试用版			容差	VIF
1	（常量）	0.105	0.137		0.764	0.447		
	Q8：你在2019—2020年对图书馆的满意度如何？0=非常不满意；10=非常满意	−0.001	0.009	−0.006	−0.171	0.864	0.972	1.028
	Q6：你在多大程度上同意以下的陈述？图书馆的指引是清晰的。	−2.469E−005	0.001	−0.001	−0.021	0.983	0.987	1.013
	Q10：你有信心使用图书馆吗？	0.244	0.098	0.211	2.483	0.015	0.161	6.208
	Q12：你觉得图书馆对你的学习有帮助吗？	0.990	0.131	0.963	7.577	0.000	0.072	13.899
	Q13：你觉得图书馆容易用吗？	−0.245	0.093	−0.239	−2.639	0.010	0.141	7.073
2	（常量）	0.099	0.133		0.748	0.456		
	Q6：你在多大程度上同意以下的陈述？图书馆的指引是清晰的。	−1.549E−005	0.001	0.000	−0.013	0.989	0.989	1.011
	Q10：你有信心使用图书馆吗？	0.242	0.097	0.209	2.494	0.014	0.164	6.113
	Q12：你觉得图书馆对你的学习有帮助吗？	0.990	0.130	0.963	7.618	0.000	0.072	13.897
	Q13：你觉得图书馆容易用吗？	−0.244	0.092	−0.238	−2.647	0.010	0.142	7.037

a. 因变量：Q11：你喜欢使用图书馆吗？

注：区块2中，x_2—x_5（即Q6，Q10—Q13）被纳入。

表2-2-8　自变量数递减（删除法）的阶层式多元线性回归的系数结果

模型		非标准化系数		标准系数	t	Sig.	共线性统计量	
		b_0	标准误差	试用版			容差	VIF
1	（常量）	0.105	0.137		0.764	0.447		
	Q8：你在2019—2020年对图书馆的满意度如何？0=非常不满意；10=非常满意	−0.001	0.009	−0.006	−0.171	0.864	0.972	1.028
	Q6：你在多大程度上同意以下的陈述？图书馆的指引是清晰的。	−2.469E-005	0.001	−0.001	−0.021	0.983	0.987	1.013
	Q10：你有信心使用图书馆吗？	0.244	0.098	0.211	2.483	0.015	0.161	6.208
	Q12：你觉得图书馆对你的学习有帮助吗？	0.990	0.131	0.963	7.577	0.000	0.072	13.899
	Q13：你觉得图书馆容易用吗？	−0.245	0.093	−0.239	−2.639	0.010	0.141	7.073
2	（常量）	0.099	0.133		0.748	0.456		
	Q6：你在多大程度上同意以下的陈述？图书馆的指引是清晰的。	−1.549E-005	0.001	0.000	−0.013	0.989	0.989	1.011
	Q10：你有信心使用图书馆吗？	0.242	0.097	0.209	2.494	0.014	0.164	6.113
	Q12：你觉得图书馆对你的学习有帮助吗？	0.990	0.130	0.963	7.618	0.000	0.072	13.897
	Q13：你觉得图书馆容易用吗？	−0.244	0.092	−0.238	−2.647	0.010	0.142	7.037

a. 因变量：Q11：你喜欢使用图书馆吗？

注：区块2中，x_1（即Q8）被移除。

（2）多元线性回归分析的具体过程与结果解释。

下面以逐步式回归中的向前法为例，解释数据分析的具体过程和结果解读。仍然采用上述图书馆数据拟合x_1—x_5与y之间的线性关系。在SPSS中单击"分析→回归→线性"，从弹出的交互界面左侧的变量合集中选中"对图书馆的态度"（y）并将其加入因变量框中，再选中"总体满意度_过去""对图书馆指引的感受""使用图书馆的信心""感知可用性"和"感知易用性"等五个自变量并将其依次加入自变量框中，在自变量框下方的"方法（M）"下拉框选择逐步法，进入"统计量（S）"交互框选择合适的统计量，并点击"继续"回到主交互界面。案例中重点勾选了"R方变化（S）"和"共线性诊断（L）"。最后，单击"确定"（如图2-2-69），得到逐步法多元线性回归分析的结果。

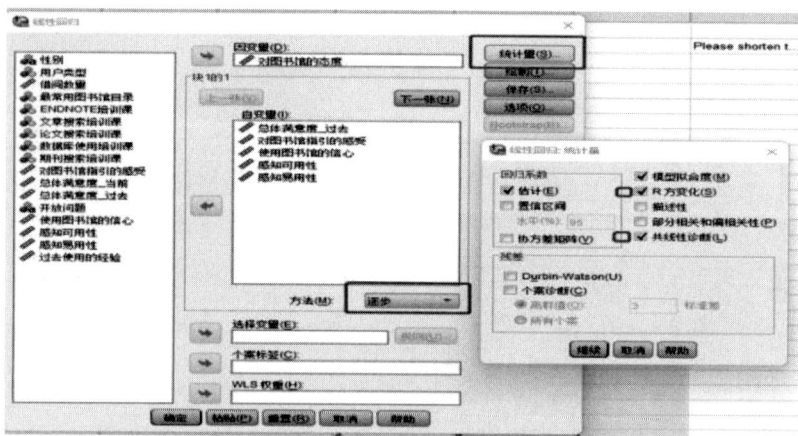

图2-2-69　逐步法多元线性回归分析

分析结果的部分，需重点查看"模型汇总""模型显著性检验（Anova）"和"系数"的结果分别见表2-2-9、表2-2-10和表2-2-11。

表2-2-9　逐步法多元线性回归分析模型汇总

模型	R	R^2	调整 R^2	标准 估计的误差	更改统计量				
					R^2更改	F更改	df_1	df_2	$Sig. F$更改
1	0.934ª	0.872	0.871	0.283	0.872	670.482	1	98	0.000
2	0.940ᵇ	0.884	0.881	0.272	0.011	9.202	1	97	0.003
3	0.944ᶜ	0.891	0.887	0.265	0.007	6.289	1	96	0.014

a. 预测变量：（常量），Q12：你觉得图书馆对你的学习有帮助吗？

b. 预测变量：（常量），Q12：你觉得图书馆对你的学习有帮助吗？ Q13：你觉得图书馆容易用吗？

c. 预测变量：（常量），Q12：你觉得图书馆对你的学习有帮助吗？ Q13：你觉得图书馆容易用吗？ Q10：你有信心使用图书馆吗？

由表2-2-9可知，采用逐步法前后一共拟合了三个模型。根据模型汇总注释可知，模型1中的自变量为感知可用性（x_4），即对学习是否有帮助；模型2中的自变量为感知可用性（x_4）和感知易用性（x_5）；模型3的自变量为感知可用性（x_4）、感知易用性（x_5）和使用图书馆的信心（x_3）。根据逐步法的原理可知，自变量x_4与因变量y的相关性最大，随后加入的x_5、x_3的边际解释力逐步下降，而由于自变量x_1（总体满意度_过去）和x_2（对图书馆指引的感受）的边际解释力太弱，始终未被纳入回归模型中。

模型1、模型2和模型3的解释力R^2（1）、R^2（2）和R^2（3）分别为0.872，0.884和0.891。由于模型1是初始模型，模型1的边际解释力ΔR^2（1）（即模型1的R^2更改）等于R^2（1）。模型2相较模型1所增加的边际解释力ΔR^2（2）等于模型2的解释力减去模型1的解释力，即R^2（2）$-R^2$（1）=0.884-0.872=0.012。受四舍五入的影响，表2-2-9中模型2的R^2更改=0.011。类似地，模型3的边际解释力ΔR^2（3）=R^2（3）$-R^2$（2）=0.891-0.884=0.07。可见，从模型1到模型3，模型的边际解释力明显下降。然而，三个模型F更改（即ΔF）的显著性水平分别为0.000，0.003和0.014，均小于0.05，所以三个模型边际拟合效果显著。

由表2-2-10可知，三个模型的F值（670.482、367.901和260.738）对应的p值均为0.000，小于0.05。因此，F检验显著，三个模型拟合效果量化。多元线性模型可以良好地刻画相关自变量和因变量y之间的关系。

表2-2-10 逐步法多元线性回归分析ANOVA结果

模型		平方和	df	均方	F	$Sig.$
1	回归	53.710	1	53.710	670.482	0.000[b]
	残差	7.850	98	0.080		
	总计	61.560	99			
2	回归	54.390	2	27.195	367.901	0.000[c]
	残差	7.170	97	0.074		
	总计	61.560	99			

（续表）

模型		平方和	df	均方	F	Sig.
3	回归	54.831	3	18.277	260.738	0.000[d]
	残差	6.729	96	0.070		
	总计	61.560	99			

a. 因变量：Q11：你喜欢使用图书馆吗？

b. 预测变量：（常量），Q12：你觉得图书馆对你的学习有帮助吗？

c. 预测变量：（常量），Q12：你觉得图书馆对你的学习有帮助吗？Q13：你觉得图书馆容易用吗？

d. 预测变量：（常量），Q12：你觉得图书馆对你的学习有帮助吗？Q13：你觉得图书馆容易用吗？Q10：你有信心使用图书馆吗？

由表2-2-11可知，自变量感知可用性、感知易用性和使用图书馆的信心的回归系数均到达显著性水平。模型3的结果显示，x_4与y显著正相关（β_1=0.963，p=0.000），x_5与y显著负相关（β_2=-0.238，p=0.009），而x_3与y显著正相关（β_3=0.209，p=0.014）。得到显著的回归系数结果似乎是一个好消息，但仔细分析相关结果可能发现回归模型仍存在不少问题。

表2-2-11　逐步法多元线性回归分析的回归系数结果

模型		非标准化系数		标准系数	t	Sig.	共线性统计量	
		b_0	标准误差	试用版			容差	VIF
1	（常量）	0.174	0.130		1.341	0.183		
	Q12：你觉得图书馆对你的学习有帮助吗？	0.960	0.037	0.934	25.894	0.000	1.000	1.000
2	（常量）	0.224	0.126		1.784	0.077		
	Q12：你觉得图书馆对你的学习有帮助吗？	1.221	0.093	1.188	13.115	0.000	0.146	6.833
	Q13：你觉得图书馆容易用吗？	-0.282	0.093	-0.275	-3.034	0.003	0.146	6.833

（续表）

模型		非标准化系数		标准系数	t	Sig.	共线性统计量	
		b_0	标准误差	试用版			容差	VIF
3	（常量）	0.099	0.132		0.752	0.454		
	Q12：你觉得图书馆对你的学习有帮助吗？	0.990	0.129	0.963	7.663	0.000	0.072	13.879
	Q13：你觉得图书馆容易用吗？	−0.244	0.092	−0.238	−2.663	0.009	0.142	7.021
	Q10：你有信心使用图书馆吗？	0.242	0.097	0.209	2.508	0.014	0.164	6.108

a. 因变量：Q11：你喜欢使用图书馆吗？

　　首先，标准化回归系数的取值范围在−1到1之间，而x_4在模型1中的标准化系数为0.934，接近1，因此，感知可用性对学生对图书馆的态度具有高度解释力，学生对图书馆的喜爱程度主要取决于学生感知的图书馆有用性。这种高度的解释力往往是由于自变量与因变量在概念上的高度一致性，即可能存在用与某概念相同或近似相同的概念解释该构念的问题。在本例中，对图书馆的态度与感知可用性在概念上的差异较大，因此同概念相互解释的问题可能不大。其次，在模型2中，x_4的标准化系数为1.188，大于1，而x_5的标准化系数为负数（−0.275）。标准化系数超过其取值范围[−1, 1]，提示自变量间共线性的存在。而x_4和x_5方差膨胀系数VIF为6.833，更证实了共线性问题的存在。因此，在后续模型改进中，可以考虑将x_5删除（修正Ⅰ）。最后，在模型3中，变量x_4、x_5和x_3的VIF均大于5，其中x_4的VIF甚至大于10，共线性问题严重。在纳入新变量x_3后，x_4的VIF增量了一倍，而x_5的VIF增幅不明显。因此，在后续模型改进中，也可以考虑将x_4删除，同时保留x_3和x_5（修正Ⅱ）。

　　根据上述讨论进行修正后的第二轮数据分析。第一种修正模型（修正Ⅰ）将x_5删除，则使用逐步法分析得到的自变量感知可用性（x_4）和使用图书馆的信心（x_3）对因变量学生对图书馆的态度（y）的回归系数结果见表2-2-12。第二种修正模型（修正Ⅱ）将x_4删除，并同时保留x_3和x_5，则使用逐步法分析得到的自变量感知易用性（x_5）和使用图书馆的信心（x_3）对因变量学生对图书馆的态度（y）的回归系数结果见表2-2-13。

对比表2-2-12和表2-2-13的结果可知，第一个修正模型中模型2的解释力（R^2=0.883）略高于第二个修正模型中模型2的解释力（R^2=0.824），但是第一个修正模型存在明显的共线性，VIF=5.945，第二个修正模型未发现明显共线性的存在，VIF=3.007。换言之，两个修正模型的解释力差距不大，但第二种修正模型不存在多重共线性，为此，第二种修正模型由于第一种修正模型，利用自变量感知易用性（x_5）和使用图书馆的信心（x_3）对因变量学生对图书馆的态度（y）进行回归较为合理。

表2-2-12　逐步法多元线性回归分析的回归系数结果（修正Ⅰ）

模型		非标准化系数		标准系数	t	Sig.	共线性统计量		R^2与F检验
		b_0	标准误差	试用版			容差	VIF	
1	（常量）	0.174	0.130		1.341	0.183			R^2=0.872 F=670***
	Q12：你觉得图书馆对你的学习有帮助吗？	0.960	0.037	0.934	25.894	0.000	1.000	1.000	
2	（常量）	0.035	0.134		0.263	0.793			R^2=0.883 F=365***
	Q12：你觉得图书馆对你的学习有帮助吗？	0.730	0.087	0.710	8.373	0.000	0.168	5.945	
	Q10：你有信心使用图书馆吗？	0.284	0.098	0.245	2.894	0.005	0.168	5.945	

a. 因变量：Q11：你喜欢使用图书馆吗？

***表示$p < 0.01$.

表2-2-13　逐步法多元线性回归分析的回归系数结果（修正Ⅱ）

模型		非标准化系数		标准系数	t	Sig.	共线性统计量		R^2与F检验
		b_0	标准误差	试用版			容差	VIF	
1	（常量）	0.088	0.174		0.506	0.614			R^2=0.798 F=387***
	Q10：你有信心使用图书馆吗？	1.034	0.053	0.893	19.662	0.000	1.000	1.000	
2	（常量）	-0.009	0.166		-0.056	0.955			R^2=0.824 F=227***
	Q10：你有信心使用图书馆吗？	0.770	0.086	0.664	8.991	0.000	0.333	3.007	
	Q13：你觉得图书馆容易用吗？	0.287	0.076	0.280	3.788	0.000	0.333	3.007	

a. 因变量：Q11：你喜欢使用图书馆吗？

***代表$p < 0.01$.

三、结构方程模型在量化数据分析中的应用

结构方程模型（Structural equation modelling，SEM）是高等统计学范畴中的一种多变量统计方法，它整合了因子分析（factor analysis）和路径分析（path analysis）两种分析方法。作为一种重要的定量数据分析技术，结构方程模型在教育机构内外的研究人员中获得了广泛的认可。越来越多的量化教育研究采用研究学校背景下的学校/校长层面、班级/教师层面、个体/学生层面相关变量之间的关系。一个典型的结构方程模型中包括测量模型（measurement model）和结构模型（structural model）两个部分，其中测量模型是因子分析方法在结构方程模型中的体现，而结构模型则是路径分析方法在结构方程模型中的体现。在传统的回归分析中，自变量的测量误差被完全忽略了，而在结构方程模型中，通过量表工具的引入和测量模型的拟合，我们能够比较准确地估计测量误差，判断误差是否在可接受的范围内以及结果是否可信、可靠，并在考虑测量误差的前提下，对潜在构念进行

测量。在传统的回归分析中，自变量和因变量的测量误差被完全忽略了，而结构方程模型能够在一次分析中测试具有多个因变量和自变量之间的复杂关系和效应链。

从数理统计的角度来看，本节介绍的结构方程模型要比之前介绍的一元线性回归和多元线性回归复杂得多。因此，作为应用导向的方法介绍，我们关注的重点是核心概念的理解、研究设计的原则以及相关软件的应用，而尽量减少复杂公式的介绍和讨论。在进一步讨论结构方程模型的理解与运用前，我们必须先了解什么是量表，为什么需要使用量表以及如何选择量表。

（一）量表及信效度检验

在回归分析中，我们了解了因变量、自变量、截距、回归系数和残差等概念，并通过代入因变量和自变量的实证数据来拟合计算回归模型的截距、回归系数和残差。在这样的拟合过程中，有一个潜在的假设，即研究收集的实证数据是对自变量真实无偏的反映，基本不受测量误差的影响。这一潜在假设并非永远成立。例如，当我们想要了解个体的性别（或年龄、学历背景、收入状况等）时，我们可以简单地运用一个题项——"您的性别是＿＿？"来获得相对可靠、客观和真实的数据。当我们想要了解更为复杂、潜在的构念（如教师的教学效能）时，我们还能利用一个简单的题项，如"您的教学效能有多高？"来获得无偏数据吗？答案是否定的。由于"教学效能"的概念较为抽象，不同被调查者对"教学效能"的理解可能存在不同程度的偏差，为此研究者应从不同侧面设计多个题项来测量被调查者的"教学效能"，这些题项便组成了"教学效能"这个概念的量表。值得注意的是，即便研究者精巧地设计了多个题项来减小对"教学效能"这一概念的测量误差，测量误差始终存在。事实上，在任何科学研究中都必须接受测量误差的存在，但研究者必须能大致判断误差的大小和方向。

在量化数据收集方法——问卷调查法部分，我们已经简要介绍了量表的基本概念。此部分我们将进一步介绍量表及其信度与效度检验，主要包括构念和测量、形成型指标和反映型指标以及量表的信度与效度。

在教育研究的调查问卷中，量表是用来测量潜在构念的最有效方式。研究者通常可以让被调查者就量表中的一系列问题做出主观态度的评价，评价的结果即为潜在构念的直接观测值。这些直接观测值亦被称为潜在构念的观测变量，可以直接用于统计分析。

1. 构念和测量。

构念（construct）是为了特定的科学目的，有意识地采用或建构的概念（concept）或属性（attribute）；测量（measurement）则是以数字或者分类的形式来描述和呈现构念。换言之，构念反映了研究者从理论层面对其关注现象或概念的内涵和外延进行界定，而测量反映了研究者从操作层面对其关注现象或概念的具体评估，以及对量化方法的确定。在上述例子中，教师的"性别"和"教学效能"就属于一个构念，而"您的性别是＿＿？1=男，2=女"题项和"教学效能"的量表则属于构念的一个具体测量方法。

同一构念可以采用不同的测量方法。例如，针对"学历背景"这一构念，研究者可以按照学历的高低层级进行描述，例如小学学历、初中学历、高中学历、本科学历和研究生学历等；也可以按照就读学校的类型进行划分，例如985高校、211高校、普通一本院校、普通二本院校和高职院校等。这两种划分方式的侧重有所不同，前一种强调接受教育的程度高低，后一种强调高等教育阶段就读学校的品牌和声望。两种测量方法并无优劣之分，应当结合调查目的和调查对象本身的特点确定使用的方法。例如，当研究对象是学校家长时，我们往往采用第一种方法；当研究对象是在校大学生时，我们更多采用第二种方法；而当研究对象是中小学教师时，我们则可以结合两种方法以了解教师的学历背景。

不同的测量方法其可靠性也有所不同。例如，针对"醉酒程度"这一构念，研究者可以使用以下四种测量方法：通过血检或使用呼出气体酒精含量检测仪测量酒精浓度；计算个体饮用各类酒品的数量和度数计算饮用酒精量；直接询问被调查对象是否喝醉以及醉酒程度；观察某些常见的醉酒表现和行为（例如是否脸红？是否脚步轻浮？是否语无伦次、过度兴奋？等等）。这四种"醉酒程度"的测量方法各有优劣。前两种方法属于相对客观的测量方法，能够较为客观准确地计算酒精浓度或者酒精饮用量，但对仪器有一定的要求或者酒精量计算过程比较复杂。后两种方法属于相对主观的测量方法，其优势在于简单、操作性强，但往往受到调查对象或观察人主观因素的影响。

此外，虽然酒精数量和浓度与醉酒程度高度相关，但"酒精浓度"或"酒精量"未必等同于"醉酒程度"。例如，在饮用相同数量的酒后，有些人毫无知觉，而有些人却出现呕吐、脸红等醉酒反应。不同个体对"醉"的定义持有不同的标准，很多人喝醉的时候也往往不愿意承认自己喝醉了。为此，对酒精量的客观测量并非是反映"醉酒程度"这一构念的唯一指标，人对醉酒的主观认知和意识也值得关注。就社会科学研究领域而言，利用绝对客观的标准测量相关构念既非其所能，亦非其所愿。如何确保主观性测量有效性是包括教学研究者在内的社会科学研究人员的关注重点。

2. 形成型指标和反映型指标。

利用量表测量构念有助于减轻答题者思维负担、减少出题人和答题者之间存在的认知差异、避免所答非所问、减少测量误差。需要利用量表而不能直接观测的构念被称为潜在变量（latent variable），而量表中的每个题项（items）是潜在变量的测量指标（indicators），也被称为观测变量（observed variable）。根据量表中各个题项（指标）与潜在构念之间、题项与题项之间关系的特点，可以将题项划分为形成型指标（formative indicators）和反映型指标（reflective indicators）。仅包含形成型指标的量表属于形成型测量量表，仅包含反映型指标的量表属于反映型测量量表。

如图2-3-1（a）所示，当观测指标是潜在构念的原因，潜在构念是观测指标的结果时，这些观测变量属于形成型指标。换言之，形成型指标所述因素的存在导致了其测量构念的出现。例如，利用饮用红酒数量、饮用啤酒数量和饮用白酒数量等三个指标测量"醉酒程度"。不同酒品的饮用量与其"醉酒程度"之间存在因果关系：饮酒为因，而醉酒为果。因此，这三个"醉酒程度"的观测变量属于形成型指标。

如图2-3-1（b）所示，当潜在构念是观测指标的原因，观测变量是潜在构念的结果时，则这些观测变量属于反映型指标。换言之，构念的存在导致了反映型指标所测量现象的出现，反映型指标反映了构念的存在。例如，利用脸红程度、头晕程度、脚步轻浮程度以及是否呕吐等四个指标测量"醉酒程度"。不同醉酒表现与其所测构念"醉酒程度"之间也存在因果关系：醉酒为因，而醉酒表现为果。

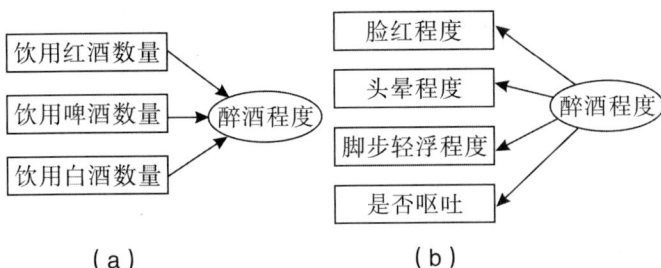

（a）　　　　　　　　　　（b）

图2-3-1　形成型指标与反映型指标的比对

在应用时，反映型指标要优于形成型指标。例如，当饮酒者因饮用了大量米酒而酩酊大醉时，利用醉酒程度的三个形成型指标进行测量将错误地得到饮酒者没有喝醉的结论。虽然我们可以优化量表使其包括更多品种的酒，但是这种方式既繁琐又存在遗漏的风险。研究者常常难以将其关注潜在变量的所有可能的影响因素都清楚列明。相反，除了脸红、头晕、脚步轻浮和呕吐外，醉酒者还可能因为醉酒而说胡话。虽然"说胡话"并未被纳入四个反映型指标之中，但是与"说胡话"相伴出现的脸红、头晕、呕吐等生理反应已经足以证明饮酒者的醉酒程度。是否测量饮酒者"说胡话"的程度对结果的影响并不大，因为当饮酒者开始说胡话时，他大概率也已经出现脸红、头晕、脚步轻浮和呕吐等症状。换言之，因为形成型指标之间往往不存在较高的相关性，所以关键指标的遗漏可能导致错误的测量结论，而反映型指标之间具有较高的相关性，因此遗漏一两项指标对潜在变量的测量结论的影响并不太大。由于反映型指标的上述特点和优势，在选择或开发量表时，研究者应尽量采用反映型指标而非形成型指标。反映型指标之间的高度相关也能够保证量表的内部一致性，这一点我们会在量表的信度和效度检验部分展开讨论。

下面，利用公式对比分析形成型和反映型测量量表中，题项与测量构念之间、题项与题项之间关系的特点相关性。

如图2-3-1（a）所示，假设研究所需测量的构念为y，而x_1、x_2、x_3为构念y的三个形成型指标，x_1、x_2和x_3为因（自变量），而y为果（因变量）。其关系表示为：

$$y = \beta_0 + \beta_1 \times x_1 + \beta_2 \times x_2 + \beta_3 \times x_3 + e \qquad （1）$$

在回归分析中，为避免多重共线性的存在，选取的自变量之间原则上应不存在相关性。因此，x_1、x_2和x_3作为独立的自变量，彼此之间的相关性较弱且不受到所测构念y的影响。

如图2-3-1（b）所示，假设研究所需测量的构念为γ，而z_1、z_2、z_3为构念γ的三个反映型指标，γ为因（自变量），而z_1、z_2和z_3为果（因变量）。其关系表示为：

$$z_1 = \beta_{01} + \beta_{11}{}^* \gamma + e_1 \qquad （2a）$$

$$z_2 = \beta_{02} + \beta_{12}{}^* \gamma + e_2 \qquad （2b）$$

$$z_3 = \beta_{03} + \beta_{13}{}^* \gamma + e_3 \qquad （2c）$$

此时，z_1、z_2和z_3作为因变量均随着γ的变化而变化，彼此之间存在一定的相关性。例如，由（2a）和（2b）可得到$z_2 = \beta_{02} + \beta_{12}/\beta_{11} \times （z_1 - \beta_{01} - e_1） + e_2$。由上列公式可见，$z_2$与$z_1$之间的相关系数为$\beta_{12}/\beta_{11}$，$z_1$每变动一个单位，$z_2$变动$\beta_{12}/\beta_{11}$个单位。类似地可得到，$z_1$每变动一个单位，$z_3$变动$\beta_{13}/\beta_{11}$个单位；$z_2$每变动一个单位，$z_3$变动$\beta_{13}/\beta_{12}$个单位。

在实际的研究过程中，许多构念也不得不使用形成型指标进行测量。例如，研究者常从收入水平、教育背景、家庭条件三个方面描述个体社会经济地位，个体在这三个方面的总分越高，其社会经济地位越高。然而我们并不能本末倒置地说因为社会经济地位高，所以个体的收入水平高、教育和家庭背景好，因此，收入水平、教育背景、家庭条件属于个体社会经济地位的形成型指标。

3. 信度与效度检验。

利用量表测量的潜在变量结果与所测量构念的真实值之间的差异反映了量表的测量误差。测量误差包括系统误差和随机误差。系统误差是指由于量表设计的局限甚至是错误，导致每次的测量结果稳定地出现失真和偏差（偏高或偏低）。例如，用未调零的天平称量物体，所得的数据会偏高或偏低。又例如，用智力水平测试题测量个体的情商显然是无效的。随机误差是指由于一系列不确定因素和无法控制的测量条件的随机波动而引起的分析误差。随机误差必然出现，但通过对多次测量的结果取均值可以减少随机误差。

为保障量表质量、确保结果的真实可靠，我们采取信度指标和效度指标分别衡量量表的随机误差和系统误差。量表效度越高说明量表设计越合理、系统误差越小、越能够准确有效地测量目标构念，而量表的信度越高则说明量表使用过程中产生的随机误差越小。

（1）量表的效度检验。

量表的效度是指测量过程能够真实准确测量目标构念的程度，反映了理论构念和变量测量之间的一致性程度。量表效度的种类包括内容效度（content validity）、构念效度（construct validity）和效标效度（criterion validity）。[①]

内容效度很大程度上取决于专家判断，即由专家判断量表开发者选取的指标是否能够与目标构念在概念上具有一致性。例如，对于"学生学习动机"的测量，选用学生对学习的积极认知和积极情绪作为测量指标要优于选用学生是否认真听讲、是否花大量时间做功课等作为测量指标。

构念效度通过检验两个构念之间的理论关系与构念关系的实证数据间的一致性程度来判断量表效度，包括聚合效度（convergent validity）和区分效度（discriminant validity）。其基本逻辑是：假设用a、b和c三个量表测量构念A、B和C的大小。如果a、b和c均是构念A、B和C的有效测量，则变量a、b和c之间的相关系数的大小和方向应该与构念之间的理论关系一致。[②]

例如，现有构念A和B可分别由其成熟量表a和b准确测量，而研究者为某一新构念C开发了新量表c。构念A与C在理论上属于相似概念、存在高度相关，而构念B与C在理论上属于完全不同的概念、存在低度相关。为验证新开发量表c的构念效度，研究者可以利用量表a、b、c收集数据，得到构念A、B、C的观测值a、b、c。因为理论上A和C高度聚合（高相关），所以当a与c的相关系数r_{ac}的值也很高，说明量表c具有良好的聚合效度；因为理论上B和C高度区分（低相关），所以当b与c的相关系数r_{bc}的值也很低，说明量表c具有良好的区分效度。相反，r_{ac}和r_{bc}的大小与A、B和C的理论关系不一致时，则说明量表c不具备良好的聚合效度和区分效度，量表c的构念效度很低。

效标效度是通过选定效标，并通过构念的实证数据与效度标准之间的预测关系判断测量有效性的一种方式。效标变量即因变量或被预测变量。因此，在理论上效标构念应与新构念存在高度相关。例如，现有构念D可由其成熟量表d准确测量，而

①　郭静，王瑛，季丽丽，等. 心理危机脆弱性量表的编制及信效度检验[J]. 心理与行为研究，2018，16（6）：847—853.

②　李灿，辛玲. 调查问卷的信度与效度的评价方法研究[J]. 中国卫生统计，2008（5）：541—544.

研究者为某一新构念E开发了新量表e。由于理论上新构念E可以影响或预测效标D，因此，效标构念D可以作为一个效标用于判断量表e的效标效度。为验证新开发量表e的构念效度，研究者可以利用量表d、e收集数据，得到构念D、E的观测值d、e。当e可以显著预测d或变量d和e之间的相关系数很高，则量表e具有良好的效标效度。原理上看，效标效度与前述聚合效度是一致的，区别在于聚合效度中A与C的高相关不强调预测关系，而效标效度中D与E的高相关具有一定的预测指向。不具备预测关系的高相关存在于概念上高度重合的构念中，例如自我效能和自信心，身心康宁和幸福感，等等。而具备因果关系的高相关存在于理论上有因果关系的构念中，例如，学习能力和学习成绩，工作能力与工作表现，等等。

（2）量表的信度检验。

量表效度越高说明量表设计越合理、越能够准确有效地测量目标构念，而量表的信度越高说明量表受到随机误差的影响越小。随机误差是指由于一系列不确定因素和无法控制的测量条件的随机波动而引起的分析误差。随机误差必然出现，表现为用同一有效量表针对同一群体前后进行两次测量得到的结果有所不同。因此，两次测量得到结果越一致意味着随机误差越小。换言之，当重复测量的结果相关度越高，随机误差越小，信度越高。

信度系数的确定方法大概可以分为四种：复本信度法（parallel forms reliability）、重测信度法（test-retest reliability）、折半信度法（split-half reliability）、α 信度系数法（cronbach's α）。[①]

重测信度法是指使用同一个量表针对同一个样本前后进行两次测量，两次测量结果的相关系数即为重测信度系数。重测信度法的优点在于简单、易操作，缺点在于两次测量并非独立且量表一模一样，第二次测量结果会受到第一次测量结果的影响，因此可能无法获得信度系数的无偏估计。

复本信度法是指利用形式不同、但互为复本的两个量表形式，同时对某个样本进行测量，两个量表测量结果的相关系数即为复本信度系数。互为复本的量表是指两个形式和内容不完全相同，但具有相等均值、方差和变量关系的量表。相比重测

---

① 郭静，王瑛，季丽丽，等. 心理危机脆弱性量表的编制及信效度检验[J]. 心理与行为研究，2018，16（6）：847—853.

信度法，复本信度法的优势在于两次测试的形式不一致，因此测试结果的相互影响较小。然而，由于互为复本的量表形式在某种意义上仍属于理论构想，在实际操作中很难获得具有相等的均值、方差和变量关系的两个量表形式。因此，复本信度法的应用范围也十分受限。

折半信度法仅利用同一量表进行一次测量，但在数据分析的过程中，随机地将量表中的题项划分为两个分量表（如对半划分、奇偶划分），将两个分量表近似地认为是"复本量表"，计算两个分量表测量结果之间的相关系数，得到折半信度系数。折半信度法是复本信度法的一种简化，研究者无须耗费大量精力设计两个互为复本的量表，调查对象也无须填答两套类似的量表。折半信度法的缺点在于，通过对半划分等方式获得的两个分量表未必是具有相等的均值、方差和变量关系的"复本量表"，因此可靠性也值得怀疑。[①]

α 信度系数法是折半信度法的延伸。两者的差异在于：折半信度法仅仅计算两组分量表之间的相关系数，而 α 信度系数法则需要同时计算量表中每两个题项之间的相关系数。具体计算过程如下：假设某量表共有 N 个题项，则共可以得到 $C_N^2 = N \times (N-1)/2$ 个题项对，计算每两个题项之间的相关系数 r_i（$i = C_N^2$）及其平均值 $\bar{r} = \sum_1^i r_i / C_N^2$。将平均题项间相关系数 $\bar{r}$ 代入公式1计算 α 系数值。例如，某一量表共计6个题项，根据排列组合公式 $C_6^2 = 15$ 可知，一共能得到15个题项对，分别计算每对题项之间的相关系数 r_i（$i = 15$）。假设平均题项间相关系数 $\bar{r} = \sum_1^i r_i / 15 = 0.7$（即题项间高度相关），则根据公式1计算得到 $\alpha = \dfrac{6 \times 0.7}{1 + (6-1) \times 0.7} = 0.93$；假设平均题项间相关系数 $\bar{r} = \sum_1^i r_i / 15 = 0.2$（即题项间低度相关），则根据公式1计算得到 $\alpha = \dfrac{6 \times 0.2}{1 + (6-1) \times 0.2} = 0.60$。$\alpha$ 系数值大于0.9说明量表内部一致性良好；α 系数值大于0.7说明量表信度可接受；α 系数值小于0.7说明量表内部一致性过低，量表信度值得怀疑。由公式1也可知，当 N 等于1时，则 $\alpha = \bar{r}$（此时，$\bar{r}$ 即唯一题项的标准差，该题项的标准差越小，测量的随机误差越小），则当 N 趋近于无穷大，则 α 无限趋近于1。相关系数的

---

①　李灿，辛玲. 调查问卷的信度与效度的评价方法研究[J]. 中国卫生统计，2008（5）：541—544.

取值范围为[0，1]，当$\bar{r}$等于0时，α=0；当$\bar{r}$等于1时，α=1。因此，α随着题项数量N以及平均题项间相关系数的增加而增加，其取值范围与相关系数的取值范围一致（$\alpha \in [0，1]$）。

$$\alpha = \frac{N\bar{r}}{1+(N-1)\bar{r}} \qquad （公式1）$$

由于数据获得的简易性以及系数计算的严谨性，α信度系数是目前最广泛使用的信度指标。在SPSS中，α信度系数的计算十分简单：选择"分析→度量→可靠性分析"（如图2-3-2），从左侧的数据框中将同属于某一量表/量表子维度的题项全部勾选进入右侧的题项款，选择"模型（M）"为α，点击"确定"得到的结果即为α信度系数（如图2-3-3）。

图2-3-2　α信度系数计算对话窗口的调出

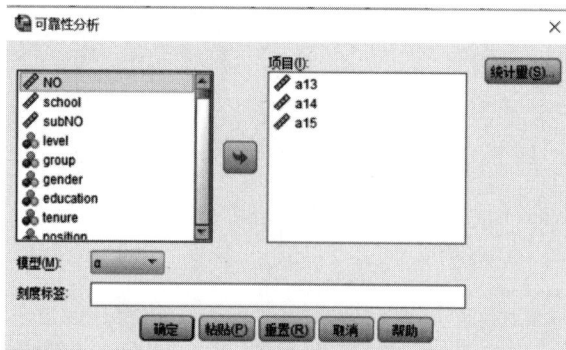

图2-3-3　α信度系数计算对话窗口

值得注意的是，α信度系数法与折半信度法一样，均关注一个量表内部题项或题项组之间的相关程度，都属于量表的内部一致性（internal consistency）指标。因此，α信度系数仅适用于测量具有高度内部一致性（即题项之间高度相关）的量表的信度。换言之，反映型指标之间存在相关性，因此可以利用α信度系数作为反映型量表的信度指标；而形成型指标之间的相关性低，不适合使用α信度系数作为形成型量表的信度指标。例如，白酒饮用量、红酒饮用量和啤酒饮用量之间的相关性很低，平均相关系数趋近于0，则α信度系数趋近于0。因此，前文强调形成型量表无法使用内部一致性指标测量量表的信度。

综上可知，量表的效度和信度本质上都是以相关系数表示。量表的效度高低取决于不同构念的量表测量结果之间的相关系数，其判断逻辑是测量结果的相关关系与构念之间的理论关系是否一致，两者越一致则量表越是构念的有效测量方式。量表的信度高低取决于同一构念相同或可比量表的多次测量结果之间的相关程度，其判定标准是量表反复测量的结果越一致，说明随机误差越小，信度越高。

（二）探索性因子分析

在前文中，我们强调了结构方程模型整合了因子分析（factor analysis）和路径分析（path analysis）两种分析方法。因子分析，包括探索性因子分析（exploratory factor analysis）和验证性因子分析（confirmatory factor analysis），虽然在结构方程模型中比较常用的是验证性因子分析，但是通过对探索性因子分析的学习，我们也可以进一步了解探索性因子分析与验证性因子分析的区别，更好地理解并选用两种分析方法。本部分主要介绍探索性因子分析。

在深入介绍探索性因子分析的概念和应用前，我们必须厘清主成分分析和因子分析这两种相似分析手段的异同。从形式上看，主成分分析（principal component analysis）和因子分析（factor analysis）都可以通过一定的手段将一组为数较多的观测变量（observed variables）转化为少数几个具有代表性的成分（components）或因子（factors）。在主成分分析中，转化后的新变量被称为成分（components）；在因子分析中，转化后的新变量被称为因子（factors）。在主成分分析中，观测变量的变异导致主成分的变异，转化后得到的各主要成分可以不具备实际意义，但应能尽可能解释转化前所有变量的方差。在探索性因子分析中，观测变量之间的紧密关系是由其潜在影响因子所引起的，转化后得到的各因子具备实际意义，仅需要解释转化前所有变量的共同方差且剔除测量误差等方差来源。随着观测变量数量的增加和变量间相关性的提高，主成分分析和因子分析的结果也越趋于一致。

在进行探索性因子分析时，应该考虑的几个问题是：研究涉及的观测变量是否适合使用探索性因子分析？如何提取因子并确定因子的数目？是否存在交叉载荷？是否需要旋转以及采用何种旋转方式旋转？

1. 因子分析的适用性检验。

因子分析的适用性应采用巴特利特球体检验（Bartlett's test of sphericity）和 KMO（Kaiser-Meyer-Olkin）检验。[①]

测试相关矩阵是单位矩阵的假设，这表明变量无关，因此不适合结构检测。显著性水平的小值（小于0.05）表明因子分析可能对数据有用。

巴特利特球体检验用于检验转化前各观测变量的相关系数矩阵是否显著不同于单位矩阵（即主对角线矩阵）。巴特利特球体检测的原假设为：变量相关系数矩阵等于单位矩阵。变量相关系数矩阵等于单位矩阵也就意味着相关系数矩阵中除主对角线外，其余所有元素为0，即变量间的相关系数均为0。由于进行探索因子分析的前提是观测变量之间具有较强相关性，因此只有在巴特利特球体检测的结果显著（$p<0.05$）时，可以拒绝原假设，观测变量间的相关系数显著不等于0时，才适合进行因子分析。

KMO统计值反映了转化前各观测变量间的共同方差（common variance）在所有观测变量方差中的占比，即所有变量方差中有多大比例的方差可以被其共同测量的潜在构念所解释。探索因子分析的基本假设之一是各观测变量受到同一个或多个潜在构念的影响因而高度相关（共同方差占比大），所有KMO统计值越大，数据就越适合于探索性因子分析。作为百分比指标，KMO的取值范围在0到1之间。当KMO值介于0.8和1之间表示共同方差足够多，非常适合进行因子分析；当KMO值介于0.5和0.8之间表示有一定数量的共同方差，可以进行因子分析；当KMO值小于0.5时，

① 杨维忠，陈胜可，刘荣. SPSS统计分析从入门到精通[M]. 4版. 北京：清华大学出版社，2019：336—345.

不适合进行因子分析。

2. 因子的提取。

利用SPSS进行探索性因子分析的基本操作如下：在利用SPSS具体操作时，选择"分析→降维→因子"，从左侧的数据框中将所有待观测变量全部勾选进入右侧的变量框，点击"提取"，找到方法下拉框。下拉框中有多种可选的分析方式，在进行探索性因子分析时，应使用轴因子分解法（principal axis factoring）而非主成分法（principal components）。

在确认提取方法后，还应该确定提取因子的数目。当选取的观测变量为N时，最多提取出N个因子，提取的因子数量越少同时因子可以解释的变异或方差越多，则说明探索性因子分析的效果越好。因子数目的确定主要有三种方法：特征根法（eigenvalues）、碎石图法（scree plot）和固定数目法。特征根值是衡量某个因子所解释的观测变量方差多少的一个量度指标。因子的特征根值越大意味着该因子能解释越多的观测变量变异，越值得保留。因子的特征根值大于1时，则应该保留该因子。根据特征根法，如果有n个因子的特征根值大于1，则最终提取的因子数目等于n。碎石图将特征根值按从大到小的顺序进行绘制。在理想情况下，碎石图中特征根值的变化先急后缓，前后形成一段陡峭的曲线和一段平和的曲线，两段曲线之间形成的拐点所对应的因子数即为最佳因子数目。碎石图法得到的结果一般与特征根法得到的结果一致，其优点在于直观、生动，能反映各个因子解释力的变动趋势。固定数目法是指在分析前由研究者自行设定因子的数目。这种方式比较主观，没有可靠的统计参数作为支持，因此只有在所测量构念的理论结构和维度已经清晰明确、可以预知因子的数目，或者研究者有很强的理由对因子的数量进行限制时，才能够采用这种方式。

3. 因子载荷。

因子载荷（λ）反映了观测变量和转化后得到的公共因子之间关系的密切程度，因子载荷越高，关系越密切。当某个观测变量在某一潜在因子上的因子载荷大于0.71且在其他潜在因子上的因子载荷低于0.7时，则可认为该观测变量能够是该潜在因子的理想观测指标，潜在因子对该观测指标的解释力越大；而某个观测变量在所有潜在因子上的因子载荷均小于0.32时，则可认为该观测变量不是任何潜在因子的合适观测指标，现有潜在因子无法解释该观测指标，可考虑删除该观测变量。在因子分析中，因子的数量远远少于观测变量的数量。因此，理想情况下，潜在因子与观测变量之间存在一对多的关系：一个潜在因子可以由多个观测变量测量，而每个观测变量只能测量一个潜在因子。例如，在某一潜在因子（$F1$）上具有较大因子载荷的多个观测变量（x_1，x_2，x_3，x_4）共同构成潜在因子（$F1$）的观测指标。研究者可以根据观测变量x_1，x_2，x_3和x_4之间的共性为潜在因子F1赋予具体含义。当某个观测变量与潜在因子之间出现一对多的关系，即该观测变量与两个或以上因子有较高的相关性（在两个因子上的因子载荷均大于0.4；或两个因子上的因子载荷之差小于0.2）时，则意味着存在交叉载荷（cross-loading）。当交叉载荷普遍存在时，可以考虑通过因子旋转调整因子的方向和因子间的关系，从而调整观测变量与因子之间的关系，尽可能使得每个观测变量仅与一个因子密切相关。当只有交叉载荷仅在个别观测变量上存在，则可能的原因是该变量的方差可以被多个潜在因子解释，此时应该删掉具有交叉载荷的观测变量。

4. 因子的旋转（Rotation）。

在确定了因子数量之后，还需要考虑是否需要进行旋转。通过恰当的旋转方式，可以使观测变量与因子之间的对应关系更为清晰。换言之，进行因子旋转，就是要使因子载荷矩阵中因子载荷的绝对值向0和1两个方向分化，使大的载荷更大（观测变量与因子间关系密切，如$\lambda > 0.70$），小的载荷更小（观测变量与因子间关系微弱，如$\lambda < 0.32$）。

正交旋转（orthogonal rotation）和斜交旋转（oblique rotation）是因子旋转的两类方法。在因子旋转过程中，如果因子对应数据轴相互正交，则称为正交旋转；如果因子对应数据轴间不是相互正交的，则称为斜交旋转。此外，当预计两个因子之间相关系数为0时，则这两个因子对应数据轴正交（即两者垂直，夹角=90°），应该采用正交旋转。当预计两个因子之间相关系数不为0时，则这两个因子对应数据轴斜交（即两者不垂直，夹角在0°到90°之间），应该采用斜交旋转。

两个潜在因子之间相关性越高，意味着因子间的相互替代性越强，也越没有必要同时保留两个因子。因此，在理想情况下，探索性因子分析得到的所有因子都应该正交的（相关系数为零），每个因子的方差都是特有的。然而，在社会学、教育学、心理学中的所有构念均在一定程度上存在相关性，难以完全独立、互不相关。在实际操作中，研究者可以先基于初次因子提取的结果判断因子之间的相关性高低。当潜在因子的相关系数 $r=0.32$ 时，因子之间的共同方差低于10%（overlapping variance $r^2<10\%$），可以忽略不计。因此，当潜在因子之间不存在高度相关性时（$r<0.32$），可采用正交旋转优化结果；当潜在因子之间存在高度相关性时（$r>0.32$），可采用斜交旋转优化结果。

在SPSS中，常用的正交旋转方法有最大方差法（varimax rotation）、最大平衡法（equamax rotation）、最大四次方值法（quartimax rotation）。最常用的斜交旋转方法有直接Oblimin法（direct Oblimin rotation）和Promax法（Promax rotation）。确定使用正交旋转还是斜交旋转的最好办法是直接使用斜交旋转，根据斜交旋转中因子间相关系数的结果，确定因子是否相关。如果因子之间有较高的相关性时，则应该使用斜交旋转的结果；如果因子之间相关度较低，则应该采用正交旋转法重新提取因子。

（三）验证性因子分析

在探索性因子分析中，研究者虽然隐约明白一组观测变量可以由几个重要的潜在因子所解释，但研究者并不确定因子的数量、因子与观测变量之间的一对多关系以及观测指标的实际质量。为此，研究者需要利用探索性因子分析进行探索、调试和修改，以最终确定因子及其观测指标的关系。通过反复收集数据、进行探索性因子分析，潜在因子及其观测指标的关系越趋于稳定、明朗。换言之，构念的量表结构趋于稳定。因此，在后续量表的使用过程中，仅需要利用验证性因子分析，在新样本中验证该量表结构。

在开发新量表时，其所测构念的维度尚不可知，因此需要先利用探索性因子分析探索其因子结构（即构念维度），然后再次收集独立数据，利用验证性因子分析验证实证数据的因子结构是否与之前探索得到的因子结构一致。在利用已有量表时，由于其因子结构已由量表开发者探索和验证，因此仅需要利用验证性因子分析验证实证数据结果是否符合已有的因子结构。换言之，探索性因子分析是在构念维度未知时的探索，而验证性因子分析是构念维度已知后的验证。

例如，已知潜在因子$F1$、$F2$和$F3$的观测变量（也称观测指标）为x_1—x_3、x_3—x_6和x_7—x_9。

利用Amos进行验证性因子分析时，首先需绘制模型图。可以利用"○"表示潜在因子$F1$—$F3$和各观测变量的误差项e_1—e_9，利用"□"表示观测变量x_1—x_9。利用"→"表示潜在因子和误差项对观测变量的解释作用。注意每一个潜在因子和误差项仅解释与之对应的观测变量。利用"↔"绘制潜在因子之间的相关关系。此外，可以利用Amos右侧工具面板中的"🐝"工具，在绘图区点击$1+n$次，可以直接得到一个潜在因子（或潜在变量）及其n个观测变量的关系图，简化绘制过程。Amos右侧工具面板中还包括选择、移动、旋转、保持对称、放大、缩小等功能，可供使用者完善模型绘制，这里不一一介绍。最终绘制结果如图2-3-4所示。

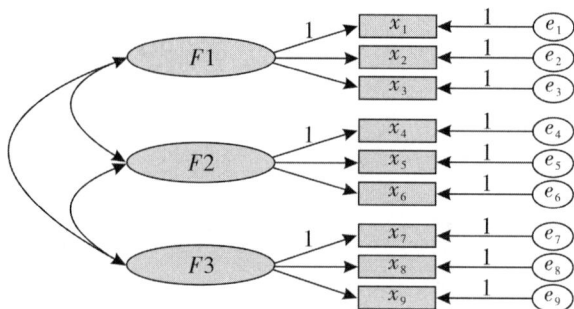

图2-3-4　潜在因子$F1$、$F2$和$F3$的验证性因子分析模型

随后导入数据。单击"▦"工具导入SPSS数据，单击"▤"工具可以提取SPSS数据中的观测变量列表，将变量x_1—x_9分别拖动到对应的矩形框中。利用工具栏上的"插件"→"命名非观测变量"对潜在变量和误差项进行系统命名。如需更改潜在因子和误差项的名称，可在其对应的椭圆框上右键单击，选择"对象属性"，更改变量名称。

接着进行数据分析。单击"▦"修改分析属性；在"设置分析属性→输出"部分，注意勾选"标准化估计"和"修正指标"。单击"▦"进行运算分析。

最后读取数据分析结果，运行结束后单击"▦"查看分析的输出结果（Output）。

在输出结果中的估计值（estimates）页中的标准化回归系数即是因子载荷。

因子载荷的含义与探索性因子分析中的基本一致，此处不再赘述。此外，估计值页还报告了潜在变量的方差、协方差和相关系数。在输出结果中的修正指标（modification indices）页提示了模型中可能遗漏的相关关系（双箭头）和预测关系（单箭头）及其对应的修正指标值（*M.I.*）的大小。*M.I.* 越大说明修正的必要性越大。研究者可以根据修正指标值的提示进行适当的修正，但应当注意考虑修正是否具备理论和实践上的合理性，而不能完全根据数据分析结果随意进行修正。

在输出结果中的模型拟合（model fit）页报告了模型拟合指标，包括预设（default）模型、饱和（saturated）模型和独立（independence）模型的数据，以预设模型的拟合指标结果为准判断模型的拟合程度。常用的模型拟合指标包括方差值（CMIN）及其显著性（P）、卡方自由度比（CMIN/DF）、拟合优度指数（Goodness-of-Fit Index，GFI）、比较拟合指数（Comparative Fit Index，CFI）、非规范拟合指数（Non-normed Fit Index，NNFI）和近似误差均方根（Root Mean Square Error of Approximation，RMSEA）。NNFI也被称为Tucker-Lewis指数（Tucker-Lewis Index，TLI）。卡方值越大说明预设模型中得到的参数所导出的协方差矩阵和实际测量数据的协方差矩阵之间差异越大，模型的拟合结果越差；相反，卡方值越小，卡方检验越不显著，说明模型拟合结果越好。由于卡方值与样本数量呈正相关，分析样本数量越大，卡方值越趋向于显著，因此卡方值显著与否并非模型拟合好坏的绝对参考标准。类似的，卡方自由度比也是越小越好。*GFI*、*CFI*和*TLI*等拟合指数的数值越接近1，则说明模型拟合程度越好。通常*GFI*、*CFI*和*TLI*大于0.9意味着模型拟合度很好，大于0.7意味着模型拟合度可接受。*RMSEA*的值越小，说明模型拟合程度越好。一般认为*RMSEA*小于0.05时，模型拟合度良好；*RMSEA*在0.05到0.08之间时，模型拟合度尚可；*RMSEA*在0.08到0.10之间时，模型拟合度一般；*RMSEA*大于0.10时，模型拟合度不可接受。

（四）路径分析

前文介绍的验证性因子分析主要涉及结构方程模型中的测量模型部分，强调潜在变量及其相关关系如何通过其观测变量进行拟合和估计。验证性因子分析与结构方程模型的不同之处在于验证性因子中潜在变量用双箭头连接，代表相关关系，而结构方程模型中部分潜在变量用单箭头连接，代表预测关系。本部分介绍的路径分析主要涉及结构方程模型中的结构模型部分，强调变量之间的复杂关系和效应链，不涉及潜在变量及其测量模型。

路径分析可以视为多元线性回归分析的扩展。在多元线性回归分析中，只用一个回归模型反映多个自变量与其对应因变量之间的直接作用；而路径分析整合多个回归模型，研究各变量间错综复杂的因果关系和中介关系。例如，利用三个线性回归分析模型，我们可以得到x_1、x_3和x_3对$M1$的影响（x_1、x_2、$x_3 \rightarrow M1$；$M1 = \beta_{01} + \beta_{11}x_1 + \beta_{21}x_2 + \beta_{31}x_3 + e$）、$M1$和$M2$对$y$的影响（$M1$、$M2 \rightarrow y$；$y = \beta_{02} + \beta_{12}M1 + \beta_{22}M2 + e$）以及$y$对$z$的影响（$y \rightarrow z$；$z = \beta_{03} + \beta_{13}y_1 + e$），$x_1$—$x_3$、$M1$—$M2$、$y$和$z$均属于直接观测变量。在路径分析中，我们可以在AMOS中绘制、分析模型的同时，估计这三个模型相互之间的关系（如图2-3-5）。

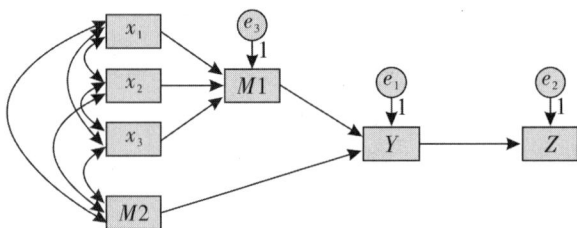

图2-3-5　路径分析模型示例

由该路径模型可知，观测变量x_1、x_2和x_3和$M2$在整个路径模型中完全独立，不受到模型中其他变量的影响，属于绝对的自变量，在路径模型中也被称为外生变量（exogenous variable）。观测变量$M1$和y既可以被视为因变量（x_1、x_2、$x_3 \rightarrow M1$，$M1$为因变量；$M1$、$M2 \rightarrow y$，y为因变量），也可以被视为自变量（$M1$、$M2 \rightarrow y$，$M1$为自变量；$y \rightarrow z$，y为自变量）。观测变量z仅受到其他变量影响，并未影响其他变量，属于绝对的因变量。观测变量$M1$、y和z都受到其他变量的影响，在模型中并非完全独立，因此也被称为内生变量（endogenous variable）。由于内生变量$M1$、y和z受到其他变量的影响，属于部分回归模型中的因变量，因此在模型中需要考虑模型拟合误差（e_1—e_3）。

利用Amos进行路径分析时，其基本流程与验证性因子分析一致，包括绘制模型、导入数据、数据分析、读取结果等四个主要步骤。

其中，在绘制模型部分，可以利用"○"表示内生变量$M1$、y和z的误差项e_1—

e_3，利用"□"表示观测变量x_1—x_3、$M1$—$M2$、y和z，利用"→"表示外生变量/误差项与内生变量之间以及内生变量之间的预测关系，利用"↔"绘制外生变量之间的相关关系。在导入数据部分，应当从SPSS数据文件中拖入所有观测变量，即x_1—x_3、$M1$—$M2$、y和z。

输出结果的估计值页中的标准化回归系数即是路径模型各路径对应的回归系数，简称路径系数。由于同时考虑多变量间的复杂关系，利用路径模型估计得到的回归系数与独立进行三次线性回归分析得到的β_{11}、β_{21}、β_{31}、β_{12}、β_{22}和β_{13}存在差异。

（五）结构方程模型

结构方程模型中包括测量模型（measurement model）和结构模型（structural model）两个部分，分别对应着验证性因子分析（factor analysis）和路径分析（path analysis）两种分析方法。不同于路径分析中仅涉及观测变量之间的预测关系，结构方程模型还可以涉及潜在变量之间、潜在变量与观测变量之间的预测关系。结构方程模型中对潜在变量的拟合和估计则参考探索性因子分析的原理。路径分析中的内生、外生变量均为观测变量，而结构方程模型中的全部或部分内外生变量必须是潜在变量。[1]

本节介绍的结构方程模型实例将以路径分析中的路径模型为基础，继续探究变量x_1—x_3、$M1$—$M2$、y和z之间的关系。两个模型的区别在于结构方程模型中$M1$和$M2$不再是观测变量，而是潜在变量。$M1$由观测变量m_1—m_3测量，而$M2$由观测变量m_4—m_6测量。整合验证性因子分析和路径分析的思路，可得到如图2-3-6所示的结构方程模型。

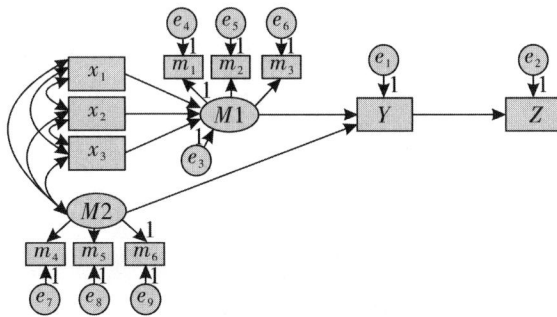

图2-3-6 结构方程模型示例

---

[1] TABACHNICK B G, FIDELL L S, ULLMAN J B. Using multivariate statistics[M]. Boston: Pearson PLC, 2013: 681.

利用Amos分析结构方程模型时，其基本流程与验证性因子分析和路径分析一致，包括绘制模型、导入数据、数据分析、读取结果等四个主要步骤。

其中，在绘制模型部分，可以利用"◯"表示潜在变量$M1$—$M2$、内生变量的误差项e_1—e_3以及各观测指标m_1—m_6的误差项e_4—e_9；利用"□"表示内外生观测变量x_1—x_3、y和z以及潜在变量的观测指标m_1—m_6；利用"→"表示外生变量与内生变量之间、误差项与内生变量之间和内生变量之间的预测关系（结构模型）以及潜在因子和误差项对观测变量的解释作用（测量模型）；利用"↔"绘制潜在外生变量之间的相关关系。

在导入数据部分，应当从SPSS数据文件中拖入所有内外生观测变量x_1—x_3、y和z以及潜在变量的观测指标m_1—m_6。

在输出结果的估计值页中，标准化回归系数的前半部分为结构模型中的各路径系数，后半部分为测量模型中的因子载荷，需注意区分。由于结构方程模型既考虑潜在变量的估计及其误差，又考虑多个内外生观测变量和潜在变量之间的复杂关系，利用结构方程模型估计得到的路径系数与路径分析得到的路径系数有所不同，结构方程模型的结果更为可靠。

在结构方程模型这一部分，我们按照量表的构念及其信效度、探索性因子分析、验证性因子分析、路径分析和结构方程模型展开。本部分中越靠前的内容概念越复杂、耗费的笔墨越多，而越靠后的内容越是基于前期的理解与掌握，耗费的笔墨越少。读者在学习和掌握结构方程模型的过程中，应注意基本概念的理解和贯通。此外，本章内容主要是提供一个基本的理解角度和学习思路，对结构方程模型感兴趣、希望可以利用结构方程模型进一步展开研究的读者可以自行选择有关结构方程模型原理与应用的书籍进行学习和提升。

本章小结

对量化研究进行系统性了解是有效展开基础研究的重要保证。本章介绍了量化研究中所应该掌握的基本数据收集方法（包括问卷调查法、测验调查法和实验法），并结合具体案例对数据分析软件中的重要功能进行一一详细讲解。量化数据分析部分主要包括以下四个模块。第一，系统性地介绍了IBM SPSS软件的主要窗口、元数据定义及对量化数据进行组织的重要方法，包括个案排序、个案选择、拆分文件、重新编码、可视分箱、创建多重响应集和计算变量。第二，介绍描述性统计分析的关键概念，并对不同类型变量进行描述性统计的基本方法进行了解。第三，介绍推断性统计分析的关键概念及推断性统计分析的基本方法，包括卡方检验、相关分析和线性回归。第四，介绍结构方程模型在量化数据分析中的应用及其基本的数据要求和分析原理，包括对量表信效度检验的进一步剖析、对两类因子分析（验证性和探索性因子分析）和路径分析的具体介绍。

思考问题

1. 针对既定的研究问题，应如何确定研究变量和设计数据收集方法？应当如何测量和描述不同类型变量的集中趋势和离散趋势？

2. 在推断性统计中，可用于差异显著性检验的统计分析方法有哪些？它们分别适用于什么研究问题？判断差异显著性检验是否成立的基本标准是什么？

3. 相关系数与一元线性回归模型中的回归系数之间的关系如何？为什么存在这种关系？在不同的推断性统计中如何能够取得更加有代表性的样本？

4. 量表信度检验与效度检验的基本类型包括哪些？哪些是最简单、常用的检验方式？

5. 试详列探索性因子分析和验证性因子分析之间的异同。

第三章
质的研究

内容提要

  教育学兼具社会科学和人文科学的特性，在教育研究中经常要对学生和教师的身心发展过程，以及教育的情境性和动态演化过程进行描述和解释，所以质的研究方法就成为教育研究中的重要方法。本章首先分析质的研究的概念与内涵、特点与类型，然后探讨其理论基础与功能价值，再结合案例介绍主要的资料收集方法，最后探讨分析资料的方法和报告撰写，以期研究生对质的研究方法在理论层面有基本的了解，在方法层面有基本的掌握。

本章重点

  1. 理解质的研究的内涵与特点。

  2. 了解质的研究的理论基础。

  3. 掌握观察法、访谈法和实物收集法三种收集资料方法。

  4. 掌握质的研究中资料分析的基本思路和方法。

  5. 了解质的研究报告撰写的风格与特点。

一、什么是质的研究

（一）质的研究的定义

人们对于自然和人类社会的本质具有客观主义、主观主义等不同的立场，因此会产生不同的认识方法。质的研究（qualitative research）被认为是一种与量的研究相互补充的研究方法。量的研究秉持客观主义立场，通过采用为对象赋予"客观"数字的方式测量变量，并寻求变量之间稳定的关系。质的研究则是一种在自然情景中以收集定性资料为主，通过诠释和移情的途径来揭示和理解教育、教学现象及其内部意义的研究方法。它是一种与定量研究相对的、由文化人类学方法、行动研究法、田野工作法等多种研究方法组成的范式[1]，强调对研究对象进行深入细致的考察，是一种自然的、归纳性的、描述性的和整体性的研究。[2]陈向明对质的研究的定义较全面，他认为质的研究是以研究者本人作为研究工具，在自然情景下采用多种资料收集方法对社会现象进行整体性探究，使用归纳法分析资料、形成理论，通过与研究对象互动，对其行为和意义进行建构并获得解释性理解的一种活动。[3]

在中文语境中，与质的研究相关的还有质性研究和定性研究两种说法。我们认为质的研究和质性研究并无区别，只是表述不同而已。但质的研究与定性研究有较大区别。质的研究方法是20世纪90年代中后期从西方传播而来，在这之前教育研究中经常采用的实证研究方法有问卷调查法、实验法等；定性研究是根据社会现象或事物所具有的属性和在运动中的矛盾变化，从事物的内在规定性来研究事物的一种方法或角度。它以普遍确认的公理、演绎逻辑和大量的历史事实为分析基础，从事物的矛盾性出发，描述、阐释所研究的事物。[4]可见，定性研究注重通过理论思辨和经验总结的方式进行研究。

---

[1] 王嘉毅. 定性研究及其在教育研究中的应用[J]. 西北师大学报（社会科学版），1995（2）：69—74.

[2] 马云鹏，林智中. 质的研究方法及其在教育研究中的应用[J]. 中国教育学刊，1999（2）：59—62.

[3] 陈向明. 质的研究方法与社会科学研究[M]. 北京：教育科学出版社，2000：12.

[4] 风笑天. 社会研究方法[M]. 5版. 北京：中国人民大学出版社，2018：318.

（二）质的研究的特点

根据以上对质的研究的定义分析，以及从研究假设、目的、方法等方面对量的研究和质的研究进行比较（见表3-1-1）[①]，再结合已有的对质的研究的特点分析，我们认为其主要特点有以下几个方面。

表3-1-1　量的研究与质的研究比较

对比项目	量的研究	质的研究
研究的目的	证实普遍情况，预测，寻求共识	解释性理解，寻求复杂性，提出新问题
对知识的定义	情境无涉	由社会文化所建构
价值与事实	分离	密不可分
研究的内容	事实，原因，影响，凝固的事物，变量	故事，事件，过程，意义，整体探究
研究的问题	事先确定	在过程中产生
研究的设计	结构性的，事先确定的，比较具体	灵活的，演变的，比较宽泛
研究的手段	数字，计算，统计分析	语言，图像，描述分析
抽样方法	随机抽样，样本较大	目的性抽样，样本较小
研究的情境	控制性、暂时性、抽象	自然性，整体性，具体
收集资料的方法	封闭式问卷，统计表，实验，结构性观察	开放式访谈，参与观察，实物分析
资料的特点	量化的资料，可操作的变量，统计数据	描述性资料，实地笔记，当事人引言等
分析框架	事先设定，加以验证	逐步形成
分析方式	演绎法，量化分析，收集资料之后	归纳法，寻找概念和主题，贯穿全过程
研究结论	概括性，普适性	独特性，地域性
结果的解释	文化客位，主客体对立	文化主位，互为主体
理论假设	在研究产生之前	在研究之后产生
理论来源	自上而下	自下而上

---

① 陈向明. 质的研究方法与社会科学研究[M]. 北京：教育科学出版社，2000：11.

（续表）

对比项目	量的研究	质的研究
理论类型	大理论，普遍性规范理论	扎根理论，解释性理论，观点，看法
成文方式	抽象，概括，客观	描述为主，研究者的个人反省
作品评价	简洁，明快	杂乱，深描，多重声音，相关关系，证伪，可信性，严谨
效度	固定的检测方法，证实	相关关系，证伪，可信性，严谨
信度	可以重复	不能重复
推广度	可控制，可以推广到抽样总体	认同推广，理论推广，积累推广
伦理问题	不受重视	非常重视
研究者	客观的权威	反思的自我，互动的个体
研究者所受训练	理论的，定量统计的	人文的，人类学的，拼接和多面手的
研究者心态	明确	不确定，含糊，多样性
研究关系	相对分离，研究者独立于研究对象	密切接触，互相影响变化，共情，信任
研究阶段	分明，事先设定	演化，变化，重叠交叉

1. 质的研究是在自然情景中进行的。

量的研究经常采用的问卷调查法和实验法是在特定时间内、与研究对象日常工作情景分离情况下所进行的。如问卷调查法经常询问研究对象在过去一段时间内的所作所为和所思所想，就是让研究对象通过回溯记忆来收集资料。由于人的记忆的不准确性，以及部分情况下有意回避某些信息，使得收集的数据具有一定的不准确性。如将近10％的受试者在第二次问卷中填答的身高不同于第一次。三分之一的人填答的双亲年龄不同于第一次。甚至有一个受试者的父母在三个月内年龄增加了20岁。在抽烟和喝酒的人中，有1/5的人不能明确地回想起过去的抽烟和喝酒的方式。[①]质的研究中经常运用的参与式观察法是在研究对象的日常工作和生活情景中收集资料，实物收集法也是在真实情景中辨别与收集资料，这样可以提高资料收集的真实性。在现实情景中的观察与访谈，可以从整体的视角对研究对象进行观察和

---

① 巴比. 社会研究方法：第13版[M]. 邱泽奇，译. 北京：清华大学出版社，2020：169.

分析，从而避免先入为主的假设对重要信息的遗漏。

2．以研究者本人作为研究工具。

在量的研究中，标准化的问卷和量表是重要的研究工具，保证量的研究质量关键在于设计出具有良好效度的问卷和量表，问卷和量表编制得好，其调研过程相对简单，经过简单培训即可委托被调查单位等相关人员进行调查。之后研究的质量主要依赖研究者对量化数据的统计分析能力。在质的研究中，尽管研究者会事先编制观察提纲和访谈提纲等工具，但这些具有一定开放性的工具只是调查中的基本依据，在观察和访谈中需要研究者灵活操作和及时跟进。比如在深度访谈中，访谈者最重要的素质就是追问的能力，访谈者需要及时抓取访谈中的关键点和疑惑点进行进一步的追问，"打破砂锅问到底"，不断地通过"动态的探索性发现"获得对对象的深层次、全方位了解和理解。在这个过程中，研究者对资料的及时理解和分析、抓住要点、找准疑点，以及持续跟进的思维能力就显得非常关键。

3．采取多种方法收集资料。

在量的研究中经常采用问卷、量表测验等单一方法收集数据，而在质的研究中经常会同时采取观察法、访谈法和实物收集法来收集资料，并且在不同方法收集资料的印证中判断资料的真实可靠性。如研究者在有关教师专业发展的个案研究中，首先观察研究对象的课堂教学，然后结合所观察的课堂教学对研究对象进行个别访谈。这样做的好处是既便于聚焦访谈中的具体问题，也便于对访谈中资料的可靠性进行印证。如果教师在访谈中被问及"您经常运用的教学方式是什么"，很多时候老师会滔滔不绝地讲述自己所运用的、大家所期望的、"新的"教学方式，但到课堂中去观察的时候，实际情况却与老师讲述有非常大的差别。这种情况是普遍存在的，所以，如果我们只通过访谈法收集资料就会存在很大的不可靠性。其次，通过发挥不同方法的长处，可以获得比较丰富深入的资料。通过参与式观察法可以获得研究对象所作所为的资料，通过深度访谈可以获得所思所想的资料，这样访谈法就是对观察法的很好补充。通过实物收集法，可以很快获得关于较长时间内的信息。

4．采取归纳法分析资料。

量的研究通常是在明确的研究假设引导下编制工具、收集数据以证明假设是否成立，从而获得研究发现和对教育教学规律的认识。质的研究则是在"文化主位"

的前提下以开放性姿态收集资料，注重从研究对象的立场（更准确地讲应为研究伙伴的立场）看待事物。所以在资料分析中往往采用自下而上的归纳逻辑，通过本土概念以及对本土概念的逐步概括和提炼而形成研究发现。在量化研究中，归纳是等所有数据收集完成，并对数据进行清理后再做统计分析，质的研究中对资料的归纳分析是贯穿着整体研究进行的。在较为深入的个案研究中，不论是观察还是访谈，都需要多轮迭代进行，下一次的观察与访谈都是在对前一次初步归纳分析基础上进行的，在这种分阶段的资料收集和分析过程中，直到研究者认为"资料饱和"，即研究者能够自信地认为已有的资料能够较好地回答研究问题了，资料收集才可停止。如果没有及时的归纳总结，研究者便很难明确地判断是否"资料饱和"了。

5. 对资料进行解释性理解。

量的研究注重从预设框架对研究对象进行观察、分析与判断。质的研究采用归纳法的资料分析逻辑就意味着研究者是从"局内人"的视角观察和理解研究对象的行为及行为背后的观点，在这个过程中，研究者首先需要把自己已有的观点"加括号"悬置起来放到一边，以学习者的姿态放下身段，努力地从研究对象的角度移情地理解他们，理解他们日常话语的内涵，理解他们日常行为中的逻辑。由于研究者自身所持有文化带来的偏见，从研究对象角度理解他们实际上不是一件容易的事情，一个重要的策略是尽可能地多留出田野调查的时间，让研究者"浸泡"在文化情景中而能够"设身处地"地多些体会和感悟，在对资料的分析中尽可能地呈现研究对象的意义世界，即让资料中的理论凸显出来，让研究者的理论和文献中的理论"隐蔽"起来。

（三）质的研究的类型

在质的研究中，由于方法本身独立性没有量化研究那么强，而是带有较强的立场性，因此，质的研究分类比较复杂。例如陈向明从研究对象范畴、兴趣意图、传统等角度进行了系统的分类，每个角度都有数种质的研究类型；有研究者归纳了五种社会科学中经常使用的、具有完善程序的质的研究类型：叙事研究、现象学、扎根理论、民族志和个案研究。[①]根据我国教育研究的使用情况，下面对个案研究、叙事研究和行动研究进行介绍。

---

① 风笑天. 社会研究方法[M]. 5版. 北京：中国人民大学出版社，2018：311.

1. 个案研究。

在教育教学活动中经常会面对一些特殊的案例：比如若干学困生，各个情况有差别，我们想了解他们为什么成为学困生以及行之有效的帮助策略是什么；比如优秀教师、办学成绩特别突出的学校，我们想知道他们为什么成功。对于这些情况，我们就可以运用个案研究。个案研究是对一个人、一件事物、一个社会团体或一个社区进行深入全面的研究，是一种能够提供教育问题成因的理解，对经纬万端的错综关系做周全的涵盖，对动态变化之时空情境条件做适当分析的研究方法。[①]个案研究是通过对具有典型性的个案进行深入全面分析，以获得对此类对象理解的研究。个案研究的对象不在多，而在于典型性，即最大可能地代表某类对象，或者某类对象的一些特征。个案研究的资料收集不是一次性的，而在于深入性。根据研究目的，斯塔克将个案研究分成三种类型：内在的个案研究、工具性个案研究和多个案研究。在内在的个案研究中，研究者研究某个个案并非因为该个案具有代表性或是具有某种特殊的性质，而是出于对该个案本身的兴趣。在工具性个案研究中，研究者更多地将个案当作探讨某种议题、提炼概括性结论的工具，对于个案本身的兴趣退居次要地位。多个案研究实际上是一种更为极端的工具性个案研究，研究者旨在研究某个总体或一般情况，而对于特定的个案本身则没有什么兴趣。[②]

2. 行动研究。

顾名思义，行动研究是在行动中研究，在研究中改进实践的教育研究方式。行动研究是在日常教育活动中，由教师、学校领导等教育实践者，或教育实践者联合教育研究者，以具体的教育问题解决为导向，或以实施某个教育教学改革项目为目的，通过制定具体的问题解决或项目实施计划，落实计划再由总结反思而达致教育教学改革，增进相应理解的过程。与其他类型的研究相比，行动研究的显著特点是行动改进性。教育行动研究是一个具有多种形态的研究过程，不同形态的行动研究具有不同的性质。基于研究水平，教育行动研究可以分为技术的、慎思的和解放的行动研究；基于参与者，教育行动研究可以分为独立式、支持式和协同式行动研

---

① 潘苏东，白芸. 作为"质的研究"方法之一的个案研究法的发展[J]. 全球教育展望，2002，31（8）：62—64.

② 卢晖临，李雪. 如何走出个案：从个案研究到扩展个案研究[J]. 中国社会科学，2007（1）：118—130，207—208.

究。从某种意义上讲，行动研究注重变革实践，不能完全等同于质性研究，因此本书另辟专章予以论述。

3. 叙事研究。

叙事研究是教师以复杂教学情境中的困惑为起因，通过讲故事的方式，系统呈现事情的产生、经过和结果，从而赋予教学活动以意义的过程。这个定义强调，叙事研究中的"叙事"来自教师自身的教育教学生活，叙事中要有观察意识。在讲述完整故事的同时，要有问题意识和分析意识。叙事研究就是在听故事、重构故事与讲述故事过程中，感受与诠释"一花一世界，一草一天堂"的丰富内涵。但这里最初"听到的故事"与最后研究者"讲述的故事"是有很大区别的。如果说"听到的故事"来源于研究对象比较日常、零碎甚至无序的故事，那么，"讲述的故事"就是理论化的故事，在故事的最后会得出一个具有理论价值的结论，或者在讲述故事的过程中，其背后始终有一个强有力的理论视角在支撑。

二、为什么要选择质的研究

（一）质的研究的理论基础与假设

民族志、扎根理论等质的研究具有某些不同于传统的、自然科学的、量化研究的理论和方法论的共同特征。这些共同特征包括：承认质的研究设计和方法论的价值和独特性，其依靠的是量化研究难以获得的人类体验；质的研究聚焦于体验的整体性，而不是只关注它的对象或部分；质的研究寻求体验的意义和本质，而非测量和解释；通过正式和非正式的对话，以及访谈中的第一人称叙述来获得对体验的描述；将体验的资料视为理解人类行为的必要条件以及科学研究的证据；阐述的研究问题或课题反映了研究者的兴趣、卷入和个人承诺；将体验和行为视为主体与客体、部分与整体之间一种完整的不可分割的关系。[①]

林肯等人认为，质的研究者可能会选择的哲学流派（或类型）有四种：后实证主义（postpositivism），这一流派包括那些采用因果关系视角的研究者；批判主义（critical theory）（例如女权主义、种族主义），这一流派的追随者力图改

---

① 穆斯塔卡斯. 现象学研究方法：原理、步骤和范例[M]. 刘强，译. 重庆：重庆大学出版社，2021：22—23.

变权力关系，使那些受到权力压迫的人受益；建构主义（constructivism）（或解释主义），其实践者通过解释研究对象的认知来获得对研究问题的理解；参与式（participatory）或后现代（postmodern）主义，这一流派的支持者相信，改革是建立在研究者与研究对象民主参与的基础上的。以上四种流派在本体论、认识论、价值论、方法论、修辞学方面各不相同。本体论，意味着质的研究者对什么是真实以及世界实体的存在的看法。认识论，是指我们所知与我们所见之间的关系（或知者与被知者之间的关系）。价值论，指的是在研究中选择价值倾向时所秉持的信念，以及不同理论基础的价值取向。方法论，与研究的过程有关，可能较为固定，也可能在研究中萌生出来。修辞学，即对所用语言的把握，使用的语言可能较为正式，也可能并不正式（如第一人称的运用）。[①]如表3-2-1所示，我们从本体论、认识论、价值取向、方法论、修辞方法、研究目的、相关研究方法几个方面，对四种理论基础进行了比较。[②]

表3-2-1　四种理论基础的主要特征比较

比较项目	后实证主义	批判主义	建构主义	参与式或后现代主义
本体论	单一的现实存在	社会、政治和文化现实	个人形成他们自己的现实	现实由种族、阶级、性别或其他组合塑造
认识论	研究者与研究对象之间是独立的	主观意见在社会、政治和文化的环境下都很重要	主观参与者的观点	研究是研究者与研究对象群体间的合作
价值论	客观的、无偏见的	表现研究者的价值观	研究者的价值观是明确的	研究者与研究对象价值观的重要性
方法论	演绎的、自上而下的	与研究对象协商	从研究对象视角开始的归纳式研究	方法是合作的，为研究对象赋权及代言
修辞学	科学的语言	修辞包括权力、控制等议题	个人类型的语言	基于研究对象、利益相关者的语言
研究目的	预测与控制	解放	理解	解构
相关研究方法	实验法	批判民族志、女性主义研究	民族志、叙事研究、扎根理论	谱系学

---

① 克雷斯威尔. 质性研究技能三十项[M]. 王锡苓，译. 上海：格致出版社，2018：48.

② 同①.

在质的研究内部，研究者也有不同的学术立场和理论倾向。表3-2-2分别从研究者身份及立场、研究者态度和研究者的行动三个方面，对四种理论取向的研究者特征进行了比较。[①]

表3-2-2　四种理论取向的研究者特征比较

比较项目	后实证主义	批判主义	建构主义	参与式或后现代主义
研究者身份及立场	研究者是"公正的科学家"，是决策者、政策制定者和变革推动者的信息通报者	研究者是"变革型知识分子"，致力于成为某种理念的倡导者和实践主义者	研究者是"有激情的参与者"，是多重声音再建构的促进者	研究者是合作者，研究者动员研究对象参与到研究当中
研究者态度	研究者作为观察者，保持价值中立或价值无涉	研究者相信，生产的知识能够改变现存的压迫结构	行动者所建构的意义是知识的基础	主客观现实由人与周围的世界共同创造
研究者的行动	研究者通过获取统计数据以期达到结论的真实可靠	探寻对话的参与性研究，赋权被压迫者，支持社会变革和社会革命	研究者力图对经验作意义诠释，通过阐释主体观念来获取理解	研究者注重自我反思，动员研究对象参与到合作对话中

持后实证主义取向的研究者作为观察者，重在描述现实，尽可能保持价值中立或价值无涉。后实证主义使用和重视与科学方法相关的程序及语言，并认为调查研究能够逼近客观事实，基于这些社会事实可以得到普遍性的结论，并对相应的社会行为做出预测。[②]持批判主义取向的研究者认为研究的目的是分析人类存在、改变人们的思维方式，最终实现促进社会变革。研究者试图通过研究增进社会民主和公平。持建构主义取向的研究者是知识的共同建构者，是对已有经验的意义诠释者。持参与式或后现代主义取向的研究者注重自我反思，研究者与研究对象一起参与到民主对话中。

持后实证主义取向的研究者相信世间存在唯一的现实，只是我们无法确切地了

① 邓津，林肯. 质的研究手册1：方法论基础[M]. 朱志勇，王照，杜亮，等译. 重庆：重庆大学出版社，2019：157.

② 格莱斯. 质性研究入门指南：第5版[M]. 崔森，苏敬勤，译. 北京：北京大学出版社，2021：11.

解它们。这就是我们不能将变量间的关系归结于"因果关系"的原因，但我们可以推测"可能的因果关系"。这一学派的信奉者同时认为，只有当研究者独立于研究对象之外时，才能有所发现。换句话说，我们需要通过发放问卷（与研究对象保持距离）来收集数据。在价值观上，我们要在研究时做到客观无偏见，甚至要对研究的客观性进行说明，来确保我们的个人观点不会影响结论。这个信念体系的方法论是演绎的、"自上而下"的，我们用一套特定的测量和观察方法，来证明一个理论。其整体的修辞语态体现为使用科学性语言和精准、确切的用词。①

持批判主义取向的研究者认为，现实是被社会、政治和文化事件塑造的。我们看待事物的方式，则是被这些事件传达的主观观点塑造的。价值观在我们的研究中得以体现，而研究方法则是在与研究对象对话的过程中磨合而成的。研究的修辞是由社会、政治和文化的标准塑造的。研究者在修辞中体现了影响被压迫人群的权力议题。《不平等的童年》的作者拉鲁，站在批判主义的立场，深入阐释了文化资本如何在家庭生活中实现代际传递，以及儿童在家庭生活中习得的文化资本如何在与公共机构的交锋中被激活，进而转化为儿童发展过程以及未来就业等方面的具体优势。②伴随着社会经济发展，一些社会问题逐渐显露，质的研究者不禁反思，当今社会，批判主义范式下的质的研究要做的不是批评某一群体做得不对或者某一社会现象不合理而标榜和彰显自己道义上的责任，而是要挑战现在形成的且未经反思的认知格局。③

秉持建构主义思想的人认为，每个人都有不同的观点，学术研究则扮演着展示这些多样观点的角色。为此，建构主义者希望能够尽可能地拉近与研究对象的距离，也希望能够走进田野或研究环境中去收集数据。建构主义者同样注重在研究中传递他们的价值观和价值倾向，甚至在任何研究中都将研究对象看作专家，依赖研究对象的观点来建构研究的核心主题。因此，质的研究方法论的特征便是将各种编码、主题、观点"层层递进"（ground up）地归纳。在进行研究讨论时，建构主义的修辞会运用一种个人化的语言风格。

---

① 克雷斯威尔. 质性研究技能三十项[M]. 王锡苓，译. 上海：格致出版社，2018：49.

② 肖索未. 社会阶层与童年的建构：从《不平等的童年》看民族志在儿童研究中的运用[J]. 湖南师范大学教育科学学报，2011，10（2）：36—38.

③ 项飙，吴琦. 把自己作为方法：与项飙谈话[M]. 上海：上海文艺出版社，2020：119.

秉持参与式范式的研究者认为，现实是政治的，并且是在种族、阶层、性别等叠加因素中构建的。他们主张开展能够呈现各方群体利益的、合作式的、政治的研究。他们同时发现研究者与研究对象的价值，相信通过参与研究可以改变研究对象的现状，并赋予其权力。受此影响，其方法论中也包含了参与者的成分。在修辞方面，参与式范式以研究对象的语言来反映他们讨论该话题的方式。①

整体而言，质的研究内部仍旧是建构主义，即解释主义占主导地位。而且，随着质的研究进入21世纪，各种不同的"理解"和"解释"立场与风格进入了研究的行列，研究者通过"对话"来检验自己的"知识宣称"。质的研究者对"理解"和"解释"的认识也发生了变化：从强调"客观""中立"，到"体验""移情"，再到在"参与"和"对话"中"共同建构"意义。②项飙等认为，社会学作为一种"理解的学术"，不一定要像心理分析师那样用图表把心理机制呈现出来。但作为一名质的研究者需要始终关注"位置"的问题，即把个体在社会当中所处的位置精准地描述出来，把社会行动者所镶嵌其中的组织框架和文化背景勾勒出来，只要把一个具体人所在的社会关系、所处的小世界描述清楚，读者自然能够理解研究者所要反映的问题。在这个意义上，理解是主体间性。理解要建立在了解的基础上，了解就是实证调查。项飙指出，在质的研究中，"要想真的理解研究对象，聊一聊是不够的"③。因为研究者不单要了解研究对象的个人想法，还需要了解这些想法是怎样形成的，其思想脉络是怎样的；研究者不单要关注研究对象重要的生活事件，更要站在生活史的角度了解研究对象的个人世界。

研究者意识到，自己不可能成为"他者"，不可能进入别人的皮肤和大脑感受和思考。④伴随质的研究方法的发展，现象学作为方法论进入到质的研究的领域，且越来越受到人们的重视。由于现象学在本质与现象的关系上提出了全然不同于传统哲学的主张，被视为哲学史上的第三条道路，事实上奠定了质的研究的本体论和认识论基础。在现象学哲学的视角下，质的研究追寻的"真"不是客观外在的唯

---

① 克雷斯威尔. 质性研究技能三十项[M]. 王锡苓, 译. 上海: 格致出版社, 2018: 48—50.

② 陈向明. 质性研究的新发展及其对社会科学研究的意义[J]. 教育研究与实验, 2008 (2): 14—18.

③ 项飙, 吴琦. 把自己作为方法: 与项飙谈话[M]. 上海: 上海文艺出版社, 2020: 126.

④ 同②.

一，而是寓于现象之中的本质，是当场被构成的；质的研究追寻本质的过程可以通过本质直接实现，不必一定经历反思或归纳的道路；质的研究在问题的真假、研究的信度、样本的选择等方面，均有特定的解释方式。[①]

现象学运动最著名的口号是"面对实事本身"，它研究事物究竟如何呈现为我们所见到的样子，在将事物看作这个样子时，我们的意识自身做出了何种"变化"？在此意义上，现象学是一种哲学反思的方法，它不对世界进行超越实事本身的论断或者诗意的说明，它是中立的、纯粹描述性的，因而在意识科学、伦理学、社会学、文学甚至法学等人文社会科学的研究中有着广泛的运用。可以这样说，只要与人相关，只要尊重人存在这一基本事实，那么现象学的方法就应该成为各门科学的方法论前提。

哲学层次上的现象学与现代哲学中普遍存在的反本质主义思潮相对，现象学重新塑造了本质观念，认为本质不是指现象，而是现象自身的结构。现象学试图告诉人们，世界和存在尽管有其外在于我们的自然存在的一面，但对人类而言，它们的意义归根到底仍然是主体构造的产物。在现代科学技术日益侵入乃至不断塑造我们日常生活的今天，现象学通过对主体自身的构造能力的揭示，为我们重新认识自己以及主体与世界的关系创造了条件。胡塞尔现象学贴近实事本身的研究，是现代哲学社会科学的新的方法论基础，深刻影响着社会学、人类学等学科。

（二）质的研究的功能与价值

质的研究最大的特色之一就是其资料是在自然情境里自然地反复出现的那些日常事件，这样的资料才能让我们稳固地掌握真实生活的样态。我们对质性资料的信心来自这类资料具有的所在地的扎根性，因为质性资料是贴近某特定地点所得到的，而不是通过邮件或电话得到的。搜集的重点是某特定个案——一个嵌在其脉络里的有焦点、有信息量的个案。研究者并不会把该脉络的影响去掉，而会将之纳入思考。如果想要理解潜在的、隐藏的问题，对质性资料进行分析有较高的可能性可以得出结论。质性资料的另一个特征是它具有丰富性与整体性，更有可能展现复杂性。

[①] 叶晓玲，李艺. 现象学作为质性研究的哲学基础：本体论与认识论分析[J]. 教育研究与实验，2020（1）：11—19.

质的研究很适合做"过程性研究"，因为它不仅可以对某一现象做一"快照"，而且可以探究事件究竟如何与为何发生，甚至还可以评估因果关系，显示在某特定情境里因果关系运作的情形。质的研究也具有弹性，其资料搜集的时间与方法会随研究过程的发展而有所调整，这让我们更有信心确定自己是否真的理解了所发生的事情。质性资料着重人们"活生生的经验"，适合探究意义问题。这些意义是人们归诸于生活事件、过程与结构里的，这些意义也就是人们的"知觉、预设、先见与前提"。质性资料适合将这些意义连结到人们所处的社会世界。此外，质性研究还有一项功能就是探明研究假设。要想发现、探究一个新领域，看看某一预测是否获得支持，通常认为最合适的策略就是运用质性资料。质性资料也适合用来辅助量化资料。如果研究者想要对从同一情境搜集到的量化资料进行补充、证明、解释，或再诠释的话，质性资料的存在使这些需求成为可能。其实，质性资料所具有的这些优势主要取决于分析者表现出来的能力。①

质的研究所揭示的不仅仅是一种不同的研究方法，而且是一场知识领域的革命。它邀请研究者加入知识创造的行列，期待为知识的多元化创造机会，进而带动学术界及知识创造机制的民主化。从这个意义看来，质的研究所带动的恰是当初社会学草创时期的传统——那个由个人的、知识分子的使命感和责任心出发的传统，和一个以田野调查为主要研究方法的传统。②

（三）质的研究的适用性与局限性

在对现代性所强调的知识确定性进行批判的基础上，后现代主义者认为知识是不确定性的，并以量子力学的"测不准"原理作为理论基石。③在倡导定性为主的教育研究者眼中，定量方法在教育研究中显得过于"无情"，因为他们认为定量研究将智力看为人发展的起点，用"正强化""负强化"替代奖惩，将教育活动中的

---

① 迈尔斯，休伯曼. 质性资料的分析：方法与实践[M]. 张芬芬，译. 重庆：重庆大学出版社，2008：15—16.

② 熊秉纯. 质性研究方法刍议：来自社会性别视角的探索[J]. 社会学研究，2001（5）：17—33，86—125.

③ 高皇伟，吴坚. 后现代主义视域下比较教育实证研究方法论的审思与转向[J]. 华南师范大学学报（社会科学版），2016（4）：86—91，191.

特殊群体忽视。①

　　"质的研究""归纳逻辑""人文主义"和"历史—情境范式"的立场是批判"量化研究""演绎逻辑""科学主义"和"自然—法则范式"所做的总体性。②在倡导定量为主的教育研究者眼中，质的研究往往是建立在未经检验的主观判断上，而其知识的产生总是基于一些脆弱的证据，这也正是20世纪初美国联邦政府只资助那些使用"准实验"设计方法的研究的原因之一。③

　　虽然研究者可以采取不同的理论取向，但这些取向在发挥各自优势的同时，也各有其弱点。后实证主义假设人们的行为有其内在联系，人们对自己行为的动机和意义十分清楚，如果采取严谨的方法，就可以（虽然是局部地）了解和理解当事人的行为和意义。然而，这种"天真的现实主义"立场，显然隐藏了研究者在理解中不可避免的"主观性"。批评主义自身存在着一个致命的矛盾，即本体论上的"客观主义"和认识论上的"主观主义"：一方面承认"真理"是客观存在的，另一方面又认为它只能被历史地认识。这涉及一个无法解决的"自相关"问题，即批判主义自身如何知道自己的理论也是带有偏见的、需要被批判的？建构主义在理论上十分迷人，为研究提供了广阔的空间和创造的可能性，但在实践层面却很难实施。这种理论很难提出一套可供后人遵循的方法原则，而且无法设立明确的衡量研究质量的标准。④

　　受研究者的理论素养、样本选择、语言功底以及研究者的身份和立场的影响，质的研究在实际操作过程中具有一定的局限性。首先，假如研究者缺乏一定的理论素养，或者理论基础部分的前期工作不扎实，很可能陷入"朴素经验论"的泥潭。具体表现为研究者忽略或者缺乏理论的积累，在进入田野之后，仅仅凭经验直觉直接得出或上升为新的理论，⑤以至于一些读者产生"质的研究做出的结果像是新闻

　　① 朱德全，曹渡帆. 教育研究中扎根理论的价值本真与方法祛魅[J]. 清华大学教育研究，2021，42（1）：67—76.
　　② 吴肃然，李名荟. 扎根理论的历史与逻辑[J]. 社会学研究，2020，35（2）：75—98，243.
　　③ 同①.
　　④ 陈向明. 质性研究的新发展及其对社会科学研究的意义[J]. 教育研究与实验，2008（2）：14—18.
　　⑤ 应星. 质性研究的方法论再反思[J]. 广西民族大学学报（哲学社会科学版），2016，38（4）：59—63.

采访"的疑问，①进而质疑质的研究的"真实性"。②其次，在质的研究设计中，常被提及的重要问题是"样本量多少才算足够？"③以及"我选择的样本是否具有典型性和代表性？"这又引出了质的研究的第二个问题，即质的研究案例选择问题。一直以来，质的研究受到人们的质疑，很大程度上来自于对用单一样本或小样本揭示某种普适规律这一逻辑的质疑。很多研究者特别是量化研究者怀有这样的想法，凭什么你回到自己的家乡说点自己家乡的情况，就敢说这代表整个中国乡村？在我们生活的世界，在我们的家乡，随时随地都在发生着各种各样的故事，但一个什么样的村庄故事才具有足够的复杂性，足以与定量方法对几百个村庄的研究相媲美，甚至超越那种大数据的研究？④解决这一问题，很多时候依赖于或者寄希望于研究者遇到典型案例的运气和将案例的复杂性呈现出来的能力。然而这又引发了另一个关于质的研究的深层次问题，即质的研究有没有普适性？是否可以推广到每个研究中？对这样的问题，学界目前依然尚无定论，但这并不妨碍质的研究带给我们好的研究成果。

三、质的研究资料收集方法

（一）访谈法

1. 访谈的本质与特征。

访谈提供了了解人们行为背后原因的手段，从而也为调查研究者提供了把握行为意义的方法。⑤"深度访谈"作为一种意义探究的活动，涉及研究者与访谈对象面对面的关系。在这种关系中，研究者需要悬置自己的知识体系与立场，通过交谈，进入到访谈对象的日常生活中去。同时还需要随时保持反思性的观察，以便能

① 侯龙龙. 质性研究还是新闻采访：同陈向明博士等商榷[J]. 社会学研究，2001（1）：108-115.

② 杨帆，陈向明. 中国教育质性研究合法性初建的回顾与反思[J]. 教育研究，2019，40（4）：144-153.

③ 谢爱磊，陈嘉怡. 质的研究的样本量判断：饱和的概念、操作与争议[J]. 华东师范大学学报（教育科学版），2021，39（12）：15-27.

④ 应星. 质性研究的方法论再反思[J]. 广西民族大学学报（哲学社会科学版），2016，38（4）：59-63.

⑤ 塞德曼. 质性研究中的访谈：教育与社会科学研究者指南[M]. 周海涛，译. 重庆：重庆大学出版社，2009：11.

够发现并追问问题与事件。访谈的结构需要依从日常生活本身的结构，需要从访谈对象的生活世界和生命史中寻求事件的目的动机与原因动机、主观与客观方面的意义。这样才能够对事件或者问题做出判断，进而对访谈对象做出"类"的概括并达到对访谈内容的普遍意义的认识。①

大体而言，社会研究中的深度访谈可以含括以下四个维度：第一，赋予情境重要性。如杨善华、孙飞宇主张深度访谈应以"悬置"和"时刻反省"的姿态进入现场，而这需以对访谈对象日常生活的了解为前提，注意到具体情境的呈现②。第二，赋予笛卡尔式理性、抽象的主体以情感。访谈对象并非物、客体，而是有情绪、有应激性反应的主体。第三，需要参与、介入的行动主义。如研究者无法真正保持价值中立一样，研究者的介入也是不可避免的，问题的关键在于如何选择适当的立场进行介入并充分权衡介入的后果。第四，对话性与互动性。正如读者与作者之间的互动与对话可以成为意义的制造源，深度访谈从文本间性到主体间性，能够提供接近隐含意义的适切手段。③

在塞德曼看来，深度访谈包括环环相扣、逐步深入的三轮序列。第一轮访谈聚焦于个人的生活史。在这一轮访谈中，研究者可以从访谈对象日常生活中最细微、最普通的方面入手展开访谈，应尽可能运用访谈对象所熟悉的通俗化、生活化的口语来提问，使其充分理解问题，并能够自由表达个人的生活经历。第二轮访谈聚焦于生活故事的具体细节。为了获取具体的故事细节，深度访谈中的提问应注意尽量提具体型问题和开放型问题，少提抽象型问题和封闭型问题。④第三轮访谈聚焦于意义的反思。⑤一项关于教师实践性知识的形成机制的研究中，研究者向访谈对象提问："假如把你的生活想象成一本书的话，你觉得可以分为哪几个章节？每个章

① 杨善华，孙飞宇. 作为意义探究的深度访谈[J]. 社会学研究，2005 (5)：53-68，244.
② 同①.
③ 王晴锋. 反思社会研究中作为方法的深度访谈[J]. 云南社会科学，2014 (1)：108-111.
④ 王攀峰. 论教育现象学研究中的深度访谈[J]. 首都师范大学学报（社会科学版），2014 (2)：127-132.
⑤ 塞德曼. 质性研究中的访谈：教育与社会科学研究者指南[M]. 周海涛，译. 重庆：重庆大学出版社，2009：18-21.

节包括哪些内容？如果你给它们一个标题的话，会是什么？"①

访谈法对于实施者来说并不是一成不变的流程，其具体实施充满了复杂性。在访谈过程中，访谈实施者、访谈对象、访谈话题，甚至天气、突发事件等各个要素都处在流变之中，具有不确定性。性别、种族、国籍、年龄都可能影响访谈的顺利进行。②

除了复杂性特点，访谈法还具有开放性、互动性、深入性特点。开放性是指研究者不必拘泥于访谈大纲，访谈问题既可事先拟定，也可在实地观察和访谈对象讲述的过程中产生，还可从访谈者与访谈对象的互动中生成。换言之，访谈问题可以不断扩充、改进和深化。在访谈初期，一些貌似用处不大甚至无用的素材，可能待问题逐步深入后才能体现其价值；有些材料到撰写报告阶段才能显现其与研究问题的联系；有些素材即便撰写报告时也无法使用，但其作为分析问题的铺垫具有隐性价值。因此，不能先入为主，而应全方位访谈，完整记录。

互动性是指访谈不是机械地一问一答，而是在彼此理解基础上的互动，共同构建认识。研究者不应局限于自己的生活范畴、思维方式和分析角度，应以访谈对象为主。换言之，研究者不应将访谈对象看作外在研究对象，而应将其视为与自己关系密切且有丰富人生体验的独特个体、与研究者共同探讨问题和建构理论的合作者，应尽量从访谈对象角度搜集事实、提炼观点，让访谈对象用讲故事或举例方式陈述经历和看法。如在案例3-3-1中，访谈者主动适应访谈对象讲述问题的思路、本土概念、个性化表达方式，并为其提供足够的时间和自由发挥空间。这样，才能营造宽松氛围，也更有助于在深入互动中获得材料或线索。访谈者还应敏锐地从访谈对象的语气、表情等变化中发现问题，以此判断是否追问或如何互动。

---

① 张立新. 教师实践性知识形成机制研究：基于教师生活史的视角[D]. 上海：上海师范大学，2009.

② 格莱斯. 质性研究入门指南：第5版[M]. 崔森，苏敬勤，译. 北京：北京大学出版社，2021：144.

案例3-3-1

我（研究者）："为什么想上大学？"

他（访谈对象）："因为我的父母都只上过小学。我想上大学。"

我："上大学有啥好处？"

他："上大学出来可以为国家做贡献大一些。"

我："对你自己来说呢？"

他："自己？我出来以后可以帮家里挣点面子，光彩一些。这里上大学的很多，可能有好几个。我知道的就有两个。上大学可以让父母高兴。父母把我们养大了，我们为他们争口气，他们会很高兴的。"

[资料来源：陈向明.王小刚为什么不上学了：一位辍学生的个案调查[J].教育研究与实验，1996（1）：35-45.]

深入性是指访谈应深入事实内部，通过细节问题和典型案例挖掘个体言行举止隐含的本土社会文化意义，揭示宏大社会文化问题，达到小中见大、见微知著的访谈效果。研究者只有与访谈对象多次深入互动，才能达此目的。[①]如在案例3-3-2中，访谈对象作为优秀教师代表，其言行举止、所思所想在一定程度体现了特定群体的思想和文化特点。因此，访谈者深入挖掘了访谈对象语言背后的文化内涵。

案例3-3-2

有一位很有造诣的高中教师在访谈时坦言："我没有什么理论，我所有的东西都是自己琢磨出来的。事实上，我所有的理论先是自己琢磨出来，然后我会去看一些书，如果获得了共鸣，我就会非常认可这个理论。"

这些教师认为，理论的逻辑与做事的逻辑是不一样的。做事必须先做起来，然后通过在行动中反思，在问题解决中形成自己的实践性知识。纯粹的理论逻辑是"没有力量的，它实际上是一种学理的逻辑"。

而做事有做事的逻辑："做事就是一种事先就有朦朦胧胧的感觉，大概往这方面去做，总不会太差，然后去做。做了以后，发现挺好，就继续往下做。有时候做着做着，发现做不下去了，就反思反思、调整一下，然后再做。做事的逻辑还真不太一样。"

---

① 王远新.访谈法在语言田野调查实践中的运用[J].民族教育研究，2021，32（6）：58-65.

> 这位教师所说的"朦朦胧胧的感觉"，其实就是实践者最为宝贵的、通过对经验不断反思积累而成的"直觉式洞察"。在面临各种困境时，教师就是遵循这种"做事的逻辑"，通过"实践推理"，不断寻找此时此刻最佳的行动策略。
>
> （陈向明. 优秀教师在教学中的思维和行动特征探究[J]. 教育研究，2014，35（5）：128-138.）

2. 访谈的步骤。

步骤一：确定访谈法的适切性。

很多研究者在从事质的研究的过程中认为访谈法是必选项，不去深入思考访谈法的特点和自身优劣性，而只是为了访谈而访谈，没有摆正访谈法的位置且充分发挥访谈的优势。比如当访谈触及一些敏感话题，人们不愿表露心迹和分享自己的观点时，访谈法便失去了其方法上的优势。这个时候需要借助其他的方法加以补充。例如在师德研究中，涉及教师对于家长请客吃饭和收受礼品等敏感话题的看法，教师对问题的回答未必是最真实的想法，如果仅仅凭借教师的一面之词来判断和衡量其师德状况和水平是不够的，还需要借助观察法等其他方法。

步骤二：选择访谈类型。

访谈按照类型可以分为一对一（one-on-one interviews）访谈、线上访谈（包括电话访谈和网络访谈）、焦点小组访谈。每一种类型的访谈都有优缺点。一对一访谈的优点在于研究者可以观察到访谈对象的身体语言，直接听到其声音语调的变化，也可以与访谈对象建立人际关系，增强其敞开心扉的意愿。其缺点是研究者必须到达访谈指定的地点，不适合远距离和特殊情况下的访谈。电话访谈可以实现远距离间的访谈，缺点是需支付通话费用，并要求访谈对象也要具备合适的通信工具。此外，在电话访谈中，研究者看不到访谈对象的面部表情和身体语言，可能会损失一些对访谈对象言说信息的洞察。但是，随着科技发展，这种情况得到了一定程度的解决，如微信、QQ、钉钉等聊天工具的普及，使得远距离访谈时研究者和访谈对象也可以看到彼此。焦点小组是一种广受欢迎的访谈方式，通常有六人左右，实施焦点小组访谈时，组内的协同配合鼓励人们畅所欲言，且由于多人参与到某话题，观点会得到扩展。但应注意，通常当议题较为敏感时，焦点小组的效果便大打折扣，因为人们似乎不愿意就此分享其个人观点；还应注意记录信息的顺序，这样转录人员才能分辨哪个人说了什么，可以在访谈开始前，请每个人介绍自己的名字，这样转录人员就可以通过他们的声音来分辨。①每种访谈都有优缺点，研究者需在访谈前结合研究问题和访谈对象的特点，权衡决定选择某种访谈类型或其组合。

步骤三：设计访谈大纲。

访谈大纲可以为访谈者提供指引，让研究者心中有底，不至于因为紧张而忽略要访谈的重要信息。访谈大纲包括访谈的基本信息、概况介绍、开场问题、内容问题等。首先，访谈大纲需要留有记录访谈基本信息的地方，以便整理数据库。其次，访谈者需要自我介绍，并阐述研究目的。访谈者可以提前写好这份介绍，在访谈时简单读出或说出即可。访谈者也需要介绍一下访谈的整体结构和基本情况，例如，访谈如何进行、问题数量、访谈需要的时长等，并询问访谈对象在访谈开始前有没有其他问题。最后，对访谈中会用到的一些术语进行界定后，即可进入正式访谈。好的开场往往决定着整个访谈的质量，所以开场问题的设计对访谈来说尤为关键。通常以使访谈对象感到放松自在为宗旨。人们往往对自己熟悉的事物容易侃侃而谈，而开放式问题可以营造轻松的氛围。因此，研究人员可以问一些让访谈对象感受到亲切感的问题，比如介绍自己、自己的工作、职业角色、一天的安排等。紧接着就是访谈的核心内容部分，这部分主要是由研究问题拆分的子问题构成，要采用对访谈对象友好的措辞发问。希望通过访谈对象对所有子问题的回答，质的研究者能全面深刻地理解中心问题是如何被回答的。建议采用开放式提问，鼓励访谈对象多说多谈。这些问题通常以"什么"或"如何"等词开头。相反，一个以"是"或"否"为答案的闭合式问题，无法网罗更多信息。最后是访谈的结尾部分。研究者需要感谢访谈对象付出的时间和对问题的回答，这一点很重要。另外，确保访谈内容的保密性，询问如果需要澄清某些要点，是否可以进行另次访谈。一个可能出现的问题是，访谈对象希望了解研究结果，这涉及研究者的时间和资源，所以要慎重思考并回答。一个较为便捷的方式是答应为访谈对象寄送一份研究报告的摘要，

---

① 克雷斯威尔. 质性研究技能三十项[M]. 王锡苓，译. 上海：格致出版社，2018：148.

对很多研究者而言，这种研究结果的简短交流是有效且方便的。[①]

步骤四：邀约访谈对象。

在访谈开始前，研究者需向访谈对象发出访谈邀请，以便获得访谈对象对研究的知情与同意。邀请函中可以适当地介绍访谈所涉及的主要议题，让访谈对象提前知晓访谈内容。访谈邀约需要提及访谈时间和地点，并告知每位访谈对象，其访谈过程将会被录音，并征求其是否同意。同时告知其访谈时长。

步骤五：访谈开始前准备。

首先，在访谈前，研究人员需要准备录音设备。现在市场上的一些电子录音设备甚至自带了转录功能，大大减少了研究者在转录上的工作。其次，为访谈安排一个安静舒适的环境。一个免受噪音干扰的环境对于访谈对象来说非常重要。有时候访谈对象希望在其工作场所或家里开展访谈，这时，研究人员也需要灵活处理。考虑访谈地点的私密性，既是出于伦理考虑，也是希望访谈对象"知无不言，言无不尽"。

步骤六：实施访谈。

访谈只要真正开始，便是流动的、不确定的，很多"意外"情况是随情境涌现出来的。研究者要做的是尽可能地让访谈在自己的主导下，引向意义深处。研究者首先要做的是倾听，成为一名优秀的听众。不要因为录音笔的存在，就失去倾听的意识和兴趣。如果没有倾听，就无法做出与访谈有关的回应。访谈者不仅要能够捕捉访谈对象语音语调的细微变化，更要用心用脑，在短时间内做出综合判断，为抛出下一个问题做准备。访谈者还需要有共情的能力，特别是面对一些特殊群体时，能够站在他们的角度设计问题、提出问题，以一个他们可以接受的姿态和方式走进他们，这可能需要大量前期的工作。所以，倾听需要访谈者耳、脑、心并用，且相互配合。访谈者在倾听的过程中，要时刻提醒自己，"访谈对象是否真正听清楚我提出的问题？"如果他们没有明白，访谈者要反思问题是出在访谈问题、访谈对象，还是访谈者自身？"我的问题已经得到回答了吗？是时候进行下一个问题了吗？"如果是，那么接下来该问什么问题？"我是应该现在深入探究，还是再等

[①] 克雷斯威尔. 质性研究技能三十项[M]. 王锡苓, 译. 上海: 格致出版社, 2018: 153—154.

等？""我应该选取什么样的深入探究方式？"访谈交流的自发性和不可预测性排除了绝大多数提前进行深入探究的计划，因此，访谈者一定要边访谈边思考，这是诸多优秀访谈案例的共性特征。[①]

在访谈的过程中，访谈者不仅要听还要看，因为访谈对象的信息反馈可能是语言性的，也可能是非语言性的。访谈者通过观察访谈对象的身体语言来确定其提问、探查和评论产生了怎样的效果。[②]陈向明教授在访谈王小刚时，正是通过他的衣着外貌获取了关于王小刚的第一印象——"王小刚个子不高，瘦瘦的身躯上挂着一套肥大的西装，脚上蹬着一双厚厚的旅游鞋，他的面部表情看起来比他同龄的孩子要更成熟：长圆的双眼透着精明和一丝幽怨。"[③]除此之外，访谈者还需要一定的觉察力，在访谈的过程中访谈对象有没有不舒服的迹象？这种不舒服是源自访谈地点导致的身体不舒服还是受到正在讨论的话题的刺激？访谈对象是否产生厌烦、恼怒和困惑的迹象？这些迹象产生的原因和补救措施可能是什么？访谈者是否愿意进行补救？[④]如在访谈过程中，当看见王小刚"拘束地扭动着身子，面部肌肉紧绷绷的"，陈向明教授立刻意识到是教育局局长的旁听让他变得如此紧张，于是便请教育局局长暂时回避，访谈得以继续。[⑤]

之前介绍的倾听、观察都是访谈过程中非常重要的环节，贯穿于每一次访谈的始终，是访谈者的"必修课"。除了这些必备的基本功以外，访谈者还需要一些辅助的技巧，帮助其优化访谈。比如访谈者应该熟悉访谈问题，包括问题的衔接、层次、逻辑关系，这样就不会总是低头看问题清单。即便问题偏离清单，也不会手足无措。访谈者如果记忆力好的话，应尽可能地记住自己和访谈对象在现在和之前的环节中都说了什么。回忆听到的内容，这样就可以借助于过去的观点进行前后衔接，发现缺口和不一致的地方，避免问同样的问题，或者在第一次提问达不到预期、无法满足需要时进行修改。当然，研究者必须谨记研究问题，这样才能根据研

① 格莱斯. 质性研究入门指南：第5版[M]. 崔淼，苏敬勤，译. 北京：北京大学出版社，2021：145—146.

② 同①，146.

③ 陈向明. 王小刚为什么不上学了：一位辍学生的个案调查[J]. 教育研究与实验，1996（1）：35—45.

④ 同①，146.

⑤ 同③.

究需要对现在听到的内容进行评估。[1]

步骤七：跟进访谈。

访谈结束后，应检查访谈是否被妥善录音，并感谢访谈对象的参与，尊重访谈对象后续的请求（例如，获取研究相关的结果）。在自愿的情况下，可以留下访谈对象的联系方式，这样如在转录过程中遇到问题，能够获得解决途径。除此之外，访谈者和访谈对象之间可以尝试建立一种长期的合作关系，为之后的多次访谈提供可能性。

3．访谈的优化设计。

访谈的优化可以从提问的艺术、追问的技巧、倾听、构建良好的研究关系几个方面入手。

（1）提问的艺术。

赵鼎新教授就质的研究中的提问艺术提供了方法上的指导。首先，赵教授将访谈中提问的类型分为过程性提问和差异性提问，过程性提问是以时间为逻辑线索进行的提问，例如：您能不能谈一谈教师职业认同的发生和发展过程？过程性提问的答案也是以时间线索组织起来的。而差异性提问是从差异出发寻找结构/机制性原因的发问，例如：为什么不同教师在课改背景下对其身份的定位呈现出差异？（有研究发现，课程改革中存在着"领头羊""适应者""小卒子"与"演员"四类教师[2]）其背后原因是什么？概括起来，过程性提问是一种触及"时间维度"的提问，而差异性提问是一种既触及"空间维度"同时又包含"时间维度"的提问。赵教授明确指出，差异性提问对质性社会学至关重要，其优点来自四个方面。第一，能把我们迅速带入某一议题内部，直抵研究对象的复杂性，促使我们进行比较和分析。第二，对于价值倾向不强的学者来说，这类提问可以马上为研究者确立初步方向，使其能比较明确地知道什么是有用的材料。第三，对于价值倾向很强的学者来说，差异性提问能迫使他们在研究时保持一定的价值中立。第四，差异性提问包含更多的信息。他人能透过这些信息看到提问者对研究问题的了解程度以及价值观、

①　格莱斯．质性研究入门指南：第5版[M]．崔森，苏敬勤，译．北京：北京大学出版社，2021：145-146．

②　尹弘飚，操太圣．课程改革中教师的身份认同：制度变迁与自我重构[J]．教育发展研究，2008（2）：35-40．

兴趣和弱点所在。在具体操作层面，赵鼎新教授就如何有效实施差异性提问提供了指导意见。一是规避非因果性提问。具体是指对约定俗成或人为性问题的提问，包括对个人喜好、习俗、法律规范引发的结果的提问，例如为什么我必须要守法？这类提问所得到的回答不是所谓的具有普遍意义的因果关系，而是律令所导致的"必须"，这类提问对于解构法律习俗的相关研究有一定意义，但对于其他主题的社会学研究意义不大。二是避免缺乏信息的提问。一般来说，发问所含信息越多，说明研究者对研究对象的了解越深入，研究者的解释也会更贴近事实。好的提问的特征在于能够引发困惑。三是避免含有错误假设的提问。若由于知识局限、价值倾向等原因，在提问中含有错误的隐含假设，会误导访谈对象。例如，信息时代的到来大大降低了获取信息的成本，但是为什么年轻人仍然对国学知识没有兴趣？由于研究者理解上的偏颇以及提问细节上的处理不当，暗示访谈对象将"年轻人对国学知识不感兴趣"归结为获取知识渠道的问题。最后，避免答案过于简单与发散的提问。举个典型的"答案过于简单"的例子：大学宿舍分配具有较高的随机性，为什么学霸更容易集中在同一寝室？这个问题指向的是一个单一的、大家都能立刻猜出的答案：学生间的相互影响。相反，答案过于复杂也不利于研究资料的有效获得。[①]

（2）追问技巧。

追问是为了得到更多的信息：更多的解释、澄清、描述和评价。追问始于访谈对象的沉默，或者是某一个词和某一句话。访谈者可以为访谈创设一些"留白"，即为访谈对象留出时间思考，或者可以说："如果待会儿我们想不到其他话题，就再回到这个话题上。"具有引导性的追问，可以采用多种形式。访谈者可以说："我不确定是不是理解你的意思了。你可以再向我解释一下刚才那个问题吗？"访谈者还可以对听到和想到的内容进行简要的概括，然后问："我对你的说法理解得对吗？"这两种方式都会促使访谈对象重新思考。如在案例3-3-3中，访谈者顺着访谈对象回答的思路，一个问题追着一个问题，不断深入。

① 赵鼎新. 质性社会学研究的差异性发问和发问艺术[J]. 社会学研究，2021，36（5）：113-134，228-229.

案例3-3-3：追问技巧举例

乡亲们对"学习"的具体目的和过程持顺其自然的态度，认为孩子上学读书就是为了"学好"，那"好"是什么呢？我和老人们有如下的对话。

我：学好是什么意思呢？"好"是什么好？

安叔田："学好"就是"有出息"。

安季田："学好"就是"成才"。

我：出息、成才是什么意思呢？

安叔田：你这个闺女怎么打破砂锅问到底呢？好就是好啊，走正道啊。

我：还有邪门歪道啊？

安季国：怎么没有。不成才的有的是。你看现在有多少街皮（意为游手好闲的人），那个小青年，天天什么也不干，打扮得人五人六的，好像个人物似的，啥也不会干，重的提不动、轻快的不愿干，光在家里吃老子（啃老）。还有那娶了媳妇忘了老子的，拉巴（养活）大了多不容易，老了老了不擦（回）了家里，回来连声爹都不叫，又不指望着你过富，叫声爹不会吗！

（安超. 拉扯大的孩子：民间养育学的文化家谱[M]. 北京：社会科学文献出版社，2021：119. ）

随着思考的深入，访谈者可能会得到更详尽的解释。也可以换一种总结的方式开始谈话："对于这点你还有什么要补充的吗？""你为什么会这么想？"还可以用更复杂的带有条件的问题，例如"如果你十五年前回到学校攻读硕士学位，那么你的生活会有什么不同？"而"你能就这一点给我举一个例子吗？"往往被视为行之有效的追问技巧之一，因为举出一个例子能获得一些细节的描述。对于某些类型的问题探询，田野笔记可以派上用场。如果访谈对象描述某事物是如何建立起来的，研究者可以让他们在笔记本上画出流程图。"研究者可以依照自己对这个人正在说的事情看法画一张简图，然后问他你的理解是否正确。"[①]

（3）倾听。

在访谈中，倾听和提问同等重要。对很多访谈者来说，最难的工作是保持安静并积极地倾听。塞德曼将倾听分为三个层次，分别是表层倾听、深层倾听、积极倾

---

① 格莱斯. 质性研究入门指南：第5版[M]. 崔森，苏敬勤，译. 北京：北京大学出版社，2021：148—149.

听。^①三种倾听方式的特点和操作如表3-3-1：

表3-3-1 三种倾听方式及特征

类型	特点
表层倾听	访谈者需聆听访谈对象讲述了什么。他们需要集中心智于实质性内容以确保对此真正理解，同时估量一下他们所听到的内容是否与他们所想的一样详细与完整。他们必须全神贯注，以使他们能够内化访谈对象所说的内容。访谈者的问题也经常是伴随最初的聆听而产生的
深层倾听	访谈者必须留心如乔治·斯坦纳所称的外部的公众声音相对的"内部声音"（inner voice）。通过不让访谈对象感到抵触而认真对待访谈对象的语言，访谈者能够鼓励访谈对象表达出一定程度上的深思性、更具个人特质的内部声音
积极倾听	在访谈过程中，访谈者必须把握好时间和已经访谈了多少内容，以及还有多少未访谈的内容。他们必须把握访谈对象的精力水平，并对其提供的任何非语言信号保持警觉。访谈者一定要努力聆听以便对访谈进度进行评估，并对如何根据需要推动访谈向前发展的线索保持敏感。这种积极聆听的方式要求访谈者必须集中注意力。为了更好地利用每一部分的时间，访谈者必须扭转喜欢讲话的本能。同时，当访谈开始需要引导、启发时，访谈者必须准备好一些有必要讲的内容

访谈者在倾听过程中，有时会遇到一些含糊不清的问题，使他们预感应该还会有更多吸引人的故事。在这种情况下，对访谈者来说，主动要求听到更多的信息，是非常重要的。^②

（4）良好研究关系对研究的促进作用。

优质的访谈是访谈者与访谈对象建立在平等、互惠关系基础上的相互促进与激发，共同完成的一件作品。必要的访谈技巧确实可以帮助我们在一定程度上延展访谈的深度、自然地转换话题等。但和访谈技巧相比，访谈者与访谈对象之间良好的关系同样重要。对于敏感性问题，即便在技巧上"无懈可击"，但其研究能够推进的关键往往取决于研究者和访谈对象之间的关系。只有彼此之间互相信任、关系可靠时，才能向访谈对象提出敏感性问题，而且要以婉转的、访谈对象能接受的方式提出。^③程猛在反思其博士论文的写作过程中写道，"笔者对访谈中建立良好信任

---

① 塞德曼．质性研究中的访谈：教育与社会科学研究者指南[M]．周海涛，译．重庆：重庆大学出版社，2009：85—86．

② 同①，90．

③ 赵铁．《街角社会》的社区研究方法[J]．学术论坛，1999（4）：112—114．

关系深有体会，在一所小学进行为期两个月的田野调查中，笔者与一位能提供关键信息的老师访谈时，他把地点选择在了餐厅，主动说认为笔者不是'高高在上'的博士而是朋友，并且要求本次访谈时不能录音。在聊天式的无结构访谈中，该老师讲述了自己在教育改革中的种种压力与挣扎、蜕变与成长。老师的讲述是那样自然，让我对教育改革中老师的工作状况与心理感受有了比较直观的了解，为研究提供了难得的背景材料。餐叙后老师主动说，今后不管何时约他访谈都可以。在这里，研究者与研究对象之间的良好研究关系表现为一种信任关系。有研究者有同样的看法，在访谈和撰写自传邀请信时我也都坦诚自己的农村背景，和他们分享我的经历，争取与访谈对象共情，努力建立坦诚和相互信任的研究关系。"[1]有学者认为，研究者与研究对象之间良好的关系表现为一种"互惠关系"和"研究共同体关系"。《街角社会》的作者怀特指出，让访谈对象在研究过程中得到好处是建立关系的基础。"我们在一起共事时，我努力对他有所帮助，而多克似乎对这种关系也很满意。"与此同时，怀特发现，利用"参与行动研究"的方式可以弥补"互惠原则"的不足，从而改善研究者和访谈对象之间的关系，收到很好的效果。作为一种方法论，在参与行动研究中，研究者邀请研究对象和他们一起参与研究的全过程——从研究的设计，到收集和分析资料，直到对研究成果的实际应用。参与行动研究有着双重的优越性。在处理实地研究的关系方面，它使研究者与研究对象能够超越人与人之间的互惠关系，把所有参与研究的人员联系在一起。在研究过程中，研究对象逐渐意识到他们对研究的结果负有义务；与此同时，他们变得不再那么关心个人在研究过程中得到了什么。这也使研究者不再因纠结于研究对象在研究者是否得到了回报而感到心神不安。研究对象试图在研究中发出自己的声音，一方面可以丰富研究资料，提高资料的可信度；另一方面可以促使他们反思，帮助他们进一步完善自我。[2]

---

① 程猛. "读书的料"及其文化生产：当代农家子弟成长叙事研究[M]. 北京：中国社会科学出版社，2019：41.

② 怀特. 街角社会：一个意大利人贫民区的社会结构[M]. 黄育馥，译. 北京：商务印书馆，1994：459—461.

（二）观察法

1. 观察法的本质与目的。

观察的目标就是从研究对象的视角理解所研究的文化、场景或者社会现象。观察包括以下内容：确定一个调查地点，起草信息记录大纲，聚焦事件，寻找有助于解释中心现象的活动，确定观察者恰当的角色定位，在观察大纲基础上记录"描述型"和"深思型"田野笔记，尊重并感谢那些为你付出时间并允许你在场观察他们的研究对象，在此基础上逐渐撤出调查地点。[①]

在质的研究中，研究者较常使用参与观察法，在此可用七个基本特性对参与观察法进行界定：（1）从一个特定情境的局内人或成员的角度出发，对人类互动及意义怀有特殊的兴趣。（2）将此时此地的日常生活的情境和场景作为研究方法的基础。（3）强调阐释和理解人类生活的理论形式与理论建构。（4）一种独特的研究逻辑和过程：开放、灵活、随机应变，并且要求从具体的人类生活场景中获取资料，不断地重新定义问题。（5）一种深度的、质性的个案研究方法和设计。（6）一个或多个参与者的角色扮演，并涉及建立和维持与当地人之间的关系。（7）运用直接观察法的同时还运用其他收集资料的方法。[②]

参与式观察的主要目标是更好地理解研究背景、参与者以及他们的行为表现。实现这个目标需要时间和作为学习者的立场。[③]参与观察法的目的在于创立某些以日常现实生活为基础，关于人类生活的应用性理论原理。[④]

参与式观察既是一种整体的研究取向，也是一种资料收集方法。在一定程度上，这是所有质的研究的根本元素。正如它的名字所显示，参与式观察要求直接地卷入被选中进行研究的那个社会世界。研究者既是不同程度的参与者，也同样是不同程度的观察者。沉浸在研究场景中使得研究者可以像参与者那样听到、看到，并开始经历现实。如果对研究者而言，任何一种感官都可能有所不足，那么研究者就

---

① 克雷斯威尔. 质性研究技能三十项[M]. 王锡苓，译. 上海：格致出版社，2018：138-139.

② 乔金森. 参与观察法：关于人类研究的一种方法[M]. 张小山，龙筱红，译. 重庆：重庆大学出版社，2015：3-4.

③ 格莱斯. 质性研究入门指南：第5版[M]. 崔森，苏敬勤，译. 北京：北京大学出版社，2021：88.

④ 同②，4.

可以依靠其他感官来描绘诸如教室中的杂音、人们通过目光接触从上级那里寻求同意的微妙方式等类似的东西。按照理想的方式，研究者要在研究场所中花相当长的一段时间了解那里的日常生活。这种投入使得研究者有机会直接通过他的个人经历来了解。对观察法成功运用的案例比比皆是。在"浙江村"毫无计划地泡了六年，使得社会学家项飚对调查对象达到了超乎寻常的熟悉亲密程度。这种熟悉，只有靠开放的、长时间的、不赶任务的"浸泡"才能获得。没有这种熟悉，就不会有真正贴切和丰富的分析。[①]

2. 观察法的步骤。

步骤一：选择观察点。

选择并决定一个研究者能很好地理解中心现象的最佳观察地点，并获得进入这一地点所需的许可。对这一过程做个比喻：假如某一制作单位打算拍摄非洲狮围捕野牛的纪录片，首先需要获得一系列的审批手续，同样地，研究者在进入某一村小之前，需要获得校方和当地教育主管部门的审批文件，只有这样，才能以一个相对正式的研究者身份进入现场，这是后续能否顺利推进研究的有力保障，所谓"名不正，言不顺"，假如没有获得一个正式的研究者的身份就贸然"闯入"研究现场，有时会带来很多不方便和尴尬。

步骤二：拟写观察提纲。

这一步非常重要，需要研究者设计一个观察提纲，作为记录观察笔记的工具。这个提纲中既包含"描述型"笔记（例如，关于发生了什么的记录），也包含"深思型"笔记（例如，关于你的经历、直觉和经验的记录）。确保在大纲中提供恰当的身份识别信息，例如日期、地点、观察时间等。[②]如下表3-3-2是克雷斯威尔所拟定的观察提纲。

---

① 项飚. 跨越边界的社区：北京"浙江村"的生活史[M]. 修订版. 北京：生活·读书·新知三联书店，2018：X.

② 克雷斯威尔. 质性研究技能三十项[M]. 王锡苓，译. 上海：格致出版社，2018：139.

表3-3-2　观察提纲

标题	描述型笔记	深思型笔记
时间、地点、观察者	（1）关照自己的研究问题； （2）重点描述看到了什么	（1）为"自己"记录的笔记； （2）包含研究者观察中所经历的困扰和反思

描述型观察是对现象进行直观地记录，犹如镜面反射一样，将观察到的映射成文本，以文字的形式对现象进行"深描"。深思型观察是对所观察现象的"再审视"，形式包括反思笔记。深思型观察携带着研究者感兴趣的问题和主观经验。

步骤三：聚焦观察。

克雷斯威尔指出，在实地调查点，安静地观察一会儿，也不需要记下什么，想想是什么吸引了你的注意。看看正常的和反常的事，感知整个场景。在这个环境里，应该有不少值得一看的东西。接下来，再聚焦到可以帮助理解研究的中心问题及中心现象的某一个方面。"我认为观察应该始于一个宽泛的场景，然后不断缩进到某一个方面，从一个不复杂难解的简单场景开始。"[①]这不得不重提之前的比喻：当纪录片的摄影师来到草原之后，首先需要通过自己对周围环境的整体感知，获取一些可聚焦的拍摄画面，然后才是架设设备，对准目标物逐渐拉进镜头。这种由全景到聚焦的过程更符合观察法的一般逻辑。

步骤四：观察者的角色。

观察者角色的范围可以从一个完全的参与者到一个完全的旁观者，同时，研究者的角色在观察期间可能会发生变化。在开始时或许是完全的局外人，随着时间的推移，继而变成一个局内人。研究者可以扮演的观察角色有四种类型：完全的参与者、作为观察者的参与者、作为参与者的旁观者、完全的旁观者。应星教授当年为写作博士论文驻扎某县并挂职，伴随其研究者身份的还有另一个身份，即当地协助分管移民工作的挂职副县长。他后来回忆道"我在县里要参与许多决策，特别是有关移民的决策，尽管我在多数正式场合下都不大发言，但我的正式身份使我的沉默也必然成了一种参与其间的表态。我在乡下时总让大家叫我'应老师'，但大家对我的态度肯定不同于对一个与他们日常生活无甚关系的田野调查者的态度。"应教

---

① 克雷斯威尔. 质性研究技能三十项[M]. 王锡苓，译. 上海：格致出版社，2018：141.

授自己总结道，特殊的身份给他的研究（特别是资料的收集）带来了便利。[1]

步骤五：观察笔记。

观察笔记就是在观察提纲上记录观察到的东西。主要记录什么呢？首先，可以对观察到的信息进行细致的描述。研究者可以在提纲的"描述型"部分写出研究者的五感在研究场域中收集到的信息，记录事件发展的时间线索，也可以速写一幅关于研究场域环境的草图等。除此之外，可以记录研究者在观察过程中的思考，形成反思笔记。

步骤六：缓慢撤出。

观察完成后，研究者从田野撤出前，需要感谢研究对象的配合与付出。条件允许，可以告诉研究对象，他们将收到一份关于研究发现的总结摘要，可以询问他们的电子邮箱地址以便给他们发送摘要。[2]这样做，也有利于研究者为补充资料再次进入现场。

3. 观察技巧。

克雷斯威尔指出，完成一项出色的观察需要几个素质：耐心、预测能力，以及对观察期间可能出现的挑战的调整能力。对于研究新手来说，在观察地点被大量的可用信息淹没是一个常见现象。开始观察前，可以随便看看，不做笔记。一段时间之后，研究者需要将观察的重点聚焦在有助于探索中心现象的活动、人群和事件上。有时，新手研究者会被观察和记录笔记的双重任务所困扰。克雷斯威尔认为有效的办法是先用短语记，在离开观察地点后，再花时间补足细节。有时候新手研究者会遇到一些不愿意被观察的研究对象。这种情况下，研究者不妨挪步到另一个地方，并将观察对象转换为其他人或事。需要提醒研究者，要尽可能详尽地记录所观察到的，以便可以将完整的句子直接从观察笔记转换为质性报告。[3]

---

① 应星. 从"讨个说法"到"摆平理顺"[D]. 北京：中国社会科学院研究生院，2002.

② 克雷斯威尔. 质性研究技能三十项[M]. 王锡苓，译. 上海：格致出版社，2018：143.

③ 同②，139—144.

案例3-3-4　马林诺夫斯基的"观察心得"

若一个人住在村里，除观察土著人的生活，别无他事，就可以一遍遍地观看土著人的各种习俗、典礼和交易，获得体现其信仰的活生生的案例，如此一来，他很快就能在抽象的骨架里填满真实土著生活的全部血肉。这就是为什么，当民族志学者在前文所述的那种环境中工作时，能在空空的部落结构框架中加入本质的内容，用行为、环境和小事件的所有细节对这个结构进行补充。他可以在每个案例中说明，某个行为是公众行为还是私人行为，某次公众集会如何举行及是什么样的；他能判断一个事件是普通事件还是令人激动的不寻常事件，土著人在做这件事时，是满怀真诚和热切，还是为了娱乐；是敷衍了事，还是热忱审慎。

换言之，一系列非常重要的现象无法通过提问或对文献进行推算的方式记录下来，而只能在完整的现实中被观察到。我们不妨称之为"现实生活的不可测量性（the inponderabilia of actual life）"。以下所述便属于这样的现象：个人例行的日常工作、护理身体的细节、进食和备食的方式、发生在篝火旁的对话和交际的氛围、存在于人们之间强烈的友情和敌意以及一闪而过的同情和憎恶、通过个人行为和周围人们的情感反应表现个人虚荣和野心的微妙而清楚的举止。所有这些事实都能被科学地阐述和记录，而且也应该如此，但不能只是像未接受过训练的观察者经常所做的那样仅是肤浅地记录细节，而应努力探究这些细节传达出的心态。因此，我相信，经过科学训练的观察者的工作一旦严肃地应用于这个方面的研究，必将产生价值卓越的成果。

（[英]马林诺夫斯基. 弓秀英 译.西太平洋上的航海者：美拉尼西亚新几内亚群岛土著人之事业及冒险活动的报告[M].北京：商务印书馆，2016：29.）

《不平等的童年》的作者拉鲁在田野调查期间，对自己的观察是"参与"还是"非参与"有着非常灵活的处理。"在教室里，我有时只是在一旁观察，但有时我也会在美工课和电脑课程上帮一下忙，并在孩子们从学校的一个地方到另一个地方的时候搭一把手。在很多不同的场合我都带了吃的东西，包括情人节那天带饼干到班里。我开始对学生有了很好的了解，我到学校时女孩子们会拥抱我。一旦和孩子们建立起温暖和睦的关系，下一步就是与家长做访谈。"[①]研究者的身份与观察的技巧随着研究情境的变化而随时切换，做到这一点需要研究者不断地打磨研究技巧，积累研究经验，同时还需要研究者临场发挥的灵光与机智。

---

① 拉鲁. 不平等的童年：阶层、种族和家庭生活[M]. 张旭，译. 北京：北京大学出版社，2010：258.

（三）实物收集法

1. 实物收集法介绍。

除了访谈法和观察法以外，质的研究中另外一种主要的资料收集方法是实物收集法。"实物"包括所有与研究问题有关的文字、图片、音像、物品等，可以是人工制作的东西，也可以是经过人加工过的自然物。这些资料可以是历史文献（如传记、史料），也可以是现时的记录（如信件、作息时间表、学生作业）；可以是文字资料（如文件、教科书、学生成绩单、课表、日记），也可以是影像资料（如照片、录像、录音、电影、广告）；可以是平面的资料（如书面材料），也可以是立体的物品（如陶器、植物、路标）。[①]

福柯认为所有的资料背后，都存在一种地层关系，他首先要把文献还原为文物，然后按照地层关系重新安置，使其成为一个知识的系谱。这里存在如何重新看待文献的问题，福柯认为，历史资料不再是真伪在先，而是根据其所处的地层，知道它在哪一个地层，这就等于确定了它在系谱里的位置。于是真也罢，伪也罢，都可以说出它那个时代的话来。[②]这在质的研究中很有指导意义。所以，任何一件人造物都包含了丰富的社会信息，需要研究者认真解读和深入挖掘。

学者葛兆光指出，如果要描述现在我们生活的这个时代的心情，与其用大报的社论、政府的文件、精英的著作、学者的论文，不如用现代流行的电视剧、广告、流行歌曲排行榜、政治笑话、俗谣谚、街头报摊、网络帖子这些看上去不起眼的东西，重建社会的场景，更接近生活的实际心情。[③]这也为实物收集的合理性提供了有力的解释。

2. 多样的"实物"。

在已有的质的研究中有很多成功运用实物收集法的案例。托马斯通过考察和梳理移民美国的波兰农民的书信交往，写成了《身处欧美的波兰农民》一书，深度揭示了移民心态的变化。[④]葛孝亿从教育与社会流动的相关性出发，以江西吉安新

---

① 陈向明. 质的研究方法与社会科学研究[M]. 北京：教育科学出版社，2000：257.

② 葛兆光. 思想史研究课堂讲录：视野·角度与方法（增订版）[M]. 北京：生活·读书·新知三联书店，2019：60.

③ 同②，18-19.

④ 托马斯，兹纳涅茨基. 身处欧美的波兰农民[M]. 张友云，译. 南京：译林出版社，2000：10.

圩毛氏家族为研究对象，通过对1905—2010年毛氏家族五代人教育生活与社会流动状况的历史考察，探讨了社会流动的教育机制问题。在田野调查过程中，研究者收集了大量有关毛氏家族的族谱、文集、档案、私人信件等实物资料。[①]吴毅在写作《小镇喧嚣》的过程中，为了详细阐释乡镇政治运作的机制，收集了大量实物资料，包括地方政府在区域治理过程中的协议书、租赁合同、公证书，甚至判决书。[②]司洪昌在完成其博士论文《嵌入村庄的学校》时大量采用了第一手的资料，包括口述资料、档案资料、内文件、党史、大事记、户籍资料、国民经济统计、人口统计、汇报材料等，这是其研究赖以进行的基础。同时，该论文还借助了教育史研究运用相对较少的县志等二手资料，以及教育史等正规史料。[③]应星教授在博士论文田野调查期间，在打字室的垃圾桶里搜集被废弃的文件草稿，在乡镇蜘蛛网密布的文件柜里搜罗各种旧档，偶然发现了一份乡政府关于若干村民被电死的情况汇报，其研究立场进而转向关注"小人物"和"无名者"的日常生活与现实悲欢，将研究推向深入。[④]

　　葛兆光指出，生活当中的很多资料可以帮助我们分析所要研究的问题，关键是要具备一双善于发现的慧眼。像地图、课本、流行歌曲、广告、卡通和漫画，可以用来分析现代年轻人的心情。如见田宗介写的《近代日本心情的历史》，就是以流行歌曲为资料，其中分析了近代日本的欢喜、愤怒、侠义、孤独、乡愁、无常感和漂泊感。[⑤]这些看似边缘的资料在质的研究中的使用，会增加研究的"灵气"，让读者对所研究的主题有更加具象的感知。

---

①　葛孝亿. 社会流动的教育机制探究[D]. 华东师范大学, 2015: 26-27.

②　吴毅. 小镇喧嚣: 一个乡镇政治运作的演绎与阐释[M]. 北京: 生活·读书·新知三联书店, 2018: 744-746.

③　司洪昌. 嵌入村庄的学校[D]. 上海: 华东师范大学, 2006: 309.

④　应星. "田野工作的想象力": 在科学与艺术之间: 以《大河移民上访的故事》为例[J]. 社会, 2018, 38 (1): 30-53.

⑤　葛兆光. 思想史研究课堂讲录: 视野·角度与方法 (增订版) [M]. 北京: 生活·读书·新知三联书店, 2019: 42.

案例3-3-5　有关打工妹研究的图片实物资料

（潘毅，黎婉薇. 失语者的呼声：中国打工妹口述[M]. 北京：生活·读书·新知三联书店，2006.）

　　周勇教授为完成《江南名校的中国文化教育》，搜集到刻有"日本早稻田大学生源基地"字样的大铜牌和早已被日军炸弹夷为平地的紫阳书院的相关资料。[①]这些资料不仅丰富了研究的史料部分，而且加深了个人对研究深层次的感悟和体会，对于读者来说则更具有震撼力。姜丽静以北京女子高等师范学校首届毕业生程俊英、冯沅君和庐隐三位女知识分子为个案，通过对其一生主要教育经历和专业生活的考察，揭示这一代女知识分子思想、知识和志趣变化的心路历程以及20世纪上半期，中国社会、文化和教育以及女性个体发展之间丰富复杂的纠葛关系。[②]在田野调查过程中，研究者通过各种途径，收集到研究对象的手稿和所在学校章程，以及当时社会流行的期刊，这些资料增加了研究的厚重感和说服力。

　　福柯在写作《疯癫与文明》时，引用了大量精神病院的内部档案，并且阅读了大量文学作品和艺术资料，全面系统地考察了从文艺复兴到今天，造型艺术、文学和哲学中所体现的疯癫对于现代人的意义。[③]而其另一本著作《规训与惩罚》成为经典的原因在于其丰富、翔实的资料，包括监狱在押犯人的档案和生活记录等，正

---

① 周勇. 江南名校的中国文化教育[M]. 北京：教育科学出版社，2010：277.
② 姜丽静. 历史的背影：一代女知识分子的教育记忆[D]. 上海：华东师范大学，2008：213.
③ 福柯. 疯癫与文明：理性时代的疯癫史（修订译本）[M]. 刘北成，杨远婴，译. 北京：生活·读书·新知三联书店，2019：270.

是这些"深埋于地下却又闪着光"的资料激发了福柯学术上的"想象力"，以至于福柯认为，在规训机制的作用下，这个社会像一个大监狱网。[①]

总结起来，任何一项研究可供收集的实物可以说是无限多的，具有适切性的实物是成就一项研究的关键，而这必然凝结着研究者的巨大心力，甚至需要运气的成分。

3．从话语文本向图像资料的转向。

视觉文化取代语言文化作为当代文化转型的标志之一，日益成为一个全球景观。从广告学、传播学等专业领域，到大众传媒、教育信息技术领域的可视化学习，无不渗透着图像和视觉文化。在这样的背景下，人文社会科学在方法论上也有了转向和创新。葛兆光指出，对于图像的研究给思想史增添了新的视野。[②]特别是近年来，就思想史而言，学者不再拘泥于仅仅把图像当作文献的旁证，而更加注重图像本身的色彩、位置、结构等元素，试图使它本身就成为史料。而在艺术史方面，学界也将研究视域从纯粹的审美或技术分析转向图像背后的时代思想和价值观念。[③]在教育学领域，图像作为重要的资料来源，越来越受到研究者的重视。毛毅静透过对教育纪录片中传达的教育生活的分析，检视中国教育，揭示中华人民共和国成立后60年的教育变迁与发展中有意义和意味的事件。[④]随着科技的发展，进行现场记录的设备越来越方便研究者的田野调查，从以录音为代表的听觉资料到照片、视频、电影等视觉资料[⑤]的使用就是一个很好的例子。

四、质的研究资料分析方法与报告撰写

（一）扎根理论分析方法

1．扎根理论的内涵。

扎根理论由两位美国学者格拉斯和施特劳斯在1967年出版的《扎根理论的发

①　福柯. 规训与惩罚：监狱的诞生（修订译本）[M]. 刘北成，杨远婴，译. 北京：生活·读书·新知三联书店，2012：343.

②　葛兆光. 思想史研究视野中的图像[J]. 中国社会科学，2002（4）：74—83，205.

③　葛兆光，白谦慎. 思想史视角下的图像研究与艺术史的独特经验[J]. 探索与争鸣，2020（1）：138—144，160.

④　毛毅静. 影像记忆与教育变迁：1910—2010年代的中国教育生活[D]. 上海：华东师范大学，2012：1.

⑤　弗里克. 质性研究导引[M]. 孙进，译. 重庆：重庆大学出版社，2011：194.

现》中首次提出。①此后，在近半个世纪的发展过程中，两位学者以及他们的学生对这种研究路径做了一些修改。②

扎根理论是用归纳的方式，对现象加以分析整理所得的结果。换言之，扎根理论是经由系统化的资料搜集与分析，而发掘、发展，并已暂时地验证过的理论。因此，资料的搜集和分析与理论的发展是彼此相关、彼此影响的。发展扎根理论的人不是先有一个理论然后去证实它，而是他先有一个待研究的领域，然后自此领域中萌生出概念和理论。③

扎根理论是一种研究路径，而不是一种实体的"理论"。其要点可以总结为：研究的目的是生成理论，而理论必须来自经验资料；研究是一个针对现象系统地收集和分析资料，从资料中发现、发展和检验理论的过程；研究结果是对现实的理论呈现；通过系统的资料收集和分析程序而被发现的理论被称为扎根理论。④扎根理论研究者喜欢分析胜过描述，喜欢新鲜的概念类属胜过预先设定的观点，喜欢系统聚焦的、连续收集的资料胜过大量同时收集的资料。⑤

2. 扎根理论的特点。

扎根理论最鲜明的特征就是研究者与其所形成的理论的同一性，即研究者具有多强的理论敏感性便能"扎多深的根"。所谓理论敏感性是指研究者的知识、理解和技能等综合性素养，它帮助研究者形成范畴、概念及其关系，提高其形成研究假设的能力，并根据自然呈现的理论性编码进一步整合研究结论。⑥研究者对他的个人经验、一般专长，特别是数据，可能很敏感，但如果没有理论敏感性，反而得不到扎根理论。缺乏概念化能力及理论性编码训练，研究者不会在扎根理论形成方面获得很大的成功，研究者可能是渊博的、有学问的，但非理论性的。

---

① GLASER B G, STRAUSS A L. The discovery of grounded theory: strategies for qualitative research[M]. Chicago: Aldine Pub. Co., 1967: 1-2.

② 陈向明. 扎根理论在中国教育研究中的运用探索[J]. 北京大学教育评论，2015，13（1）：2-15，188.

③ STRAUSS A, CORBIN J. 质性研究概论[M]. 徐宗国，译. 台北：巨流图书公司，1998：25.

④ 同①.

⑤ 卡麦兹. 建构扎根理论：质性研究实践指南[M]. 边国英，译. 重庆：重庆大学出版社，2009：236.

⑥ GLASER B G. Basics of grounded theory analysis: emergence VS. Forcing Mill Valley[M]. Calif: Sociology Press, 1992.

一般认为，理论敏感性受到研究者的生活、事件、背景、阅读、工作经验、独特的培训等因素影响。陈向明教授指出："如果是这样，很显然，年轻的研究新手是很难具备足够的理论敏感性的，因为他们通常生活经历不丰富，阅读不够广泛，工作经验也较少，而接受的培训是否独特则纯属偶然。"陈教授认为，研究者的理论敏感性不仅取决于上述条件，还取决于对相关宏大理论的了解，而且依赖于研究人员对所研究现象的熟悉度和陌生化的能力。研究人员一方面需要熟悉该现象的来龙去脉，洞察其中的复杂性，另一方面需要有转熟为生的能力，用好奇的眼光审视习以为常之物，使想象力跳跃于资料之上，形成新颖的理论构想。此外，研究人员之间的合作也非常重要，如果针对同样的资料，几位研究人员可以一起头脑风暴，相互启发，效果会大大好于一个人冥思苦想。[①]

如何判断研究者所形成的扎根理论是否是"真正"的扎根理论呢？即良好的扎根理论的标准有哪些？美国学者格拉泽指出，适用性、可行性、相关性和可修改性是判断扎根理论的四个核心点。格拉泽认为，如果扎根理论是从实质领域中认真地归纳而来，它的范畴及其特征，在研究对象、实践者和研究者看来，会适用于所研究的现实。如果扎根理论可行，它会就该研究领域中研究对象处理他们的主要顾虑，对行为的主要变异进行解释。如果适用和可行的话，扎根理论就已经具有了相关性。理论本身不应该像刻在石头上一样一成不变，也不应该像宠物一样有所偏袒，当新的数据表现出正在自然呈现的范畴及其特征的变异时，它应该随时可修正。理论既不是被验证的亦非被抛弃的，它是通过整合新的概念而被修改以适应新的变化的。当达到这四个标准时，那么理所当然，理论提供了行动、变化和获取实质领域的一个概念化方式。在这一意义上，它提供了对所研究的实质领域的控制。[②]总之，格拉泽在其著作中旗帜鲜明地指出，扎根理论是研究者作为研究工具而使得理论自然呈现，而不是研究者生硬促成理论。在扎根理论的研究过程中，研究者处在真实世界与理念世界、现象与理论之间。

---

① 霍尔顿，沃尔什. 经典扎根理论：定性和定量数据的应用[M]. 王进杰，朱明明，译. 北京：北京大学出版社，2021.

② GLASER B G. Basics of grounded theory analysis: emergence VS. Forcing Mill Valley[M]. Calif: Sociology Press, 1992.

3. 扎根理论的操作程序。

扎根理论在操作层面有一套严格的程序，归纳总结起来的话包括以下几点：（1）数据的收集、分析与建构可以同时并行展开；（2）编码开始于第一次访谈或田野笔记；（3）备忘的记录也开始于第一次访谈或田野笔记；（4）理论抽样是严格规范地寻找模式和差异；（5）对备忘进行理论排序可以确定书写的提纲；（6）理论饱和是判断什么时候不需要再进行数据资料收集的依据；（7）确认一个能解释大部分可观察行为的基本社会过程。[①]在一系列的操作当中，编码是最为关键的环节，也可以这样说，编码是扎根理论的灵魂，主导着扎根理论。

（1）编码的本质及其作用。

扎根理论中的所有编码都有助于概念化，但从编码对现象的概括程度来说，可以分为实质编码和理论编码。实质编码指的是对实证数据进行概念化的过程。理论编码指的是将涌现出的概念整合为解释核心类别和相关概念之间关系的模型。实质编码从收集到第一个数据开始，而理论编码是在扎根理论过程后期进行的。[②]

编码是搜集数据和形成解释这些数据的生成理论之间的关键环节。学者卡麦兹对扎根理论的编码做了一个形象的比喻，她认为，编码系统中的代码符号犹如骨头，进行扎根理论的过程实际上是把这些骨头组合成一套可用的骨架的过程。"这样，编码就不只是一个开始了。它形成了一个分析框架，你可以用这个框架进行分析。"所以说，首先，编码作为扎根理论形成过程中的主要环节直接决定了扎根理论的品质。它为研究者设置了研究的抓手，让研究者在理论的"圈地"内发挥能动性，而不至于越出理论的边界。此外，扎根理论编码体统的形成过程是一个动态的、开放的过程，当有新的资料、新的工具、新的研究方法，甚至于新的理论创新，扎根理论始终都在滚雪球式地发展。

通过编码，研究者可以定义数据中所发生的情况，开始反复思考它们的意义。这些代码一起形成了初始理论的要素，可以解释这些数据，并指引接下来的数据搜集。通过编码，研究者往返于数据与理论之间。

[①] 弗里克. 扎根理论[M]. 项继发，译. 上海：格致出版社，2021：20.

[②] 霍尔顿，沃尔什. 经典扎根理论：定性和定量数据的应用[M]. 王进杰，朱明明，译. 北京：北京大学出版社，2021：91.

扎根理论编码至少包括两个主要阶段：初始阶段，包括为数据的每个词、句子或片段命名；聚焦和选择的阶段，使用最重要的或出现最频繁的初始代码对大部分数据进行分类、综合、整合和组织。在进行初始编码时，研究者要通过挖掘早期的数据来寻找能够进一步指引数据搜集和分析的分析性观念。在初始编码中，目的是对所有可能的由数据阅读所指出的理论方向都保持一种开放的状态。接下来研究者要通过聚焦编码在一大堆数据中发现和形成最突出的类属。理论整合从聚焦编码开始，通过接下来的所有分析步骤继续发展。编码引导着研究者感知数据。通过编码，研究者开始理解搜集的数据。对编码的认真关注使我们能够更多地从研究对象的角度理解行动和表述、场景和感受、故事和沉默。在这个环境中、在人们的生活中以及在我们数据记录的字里行间发生了什么，需要我们努力去理解研究对象的立场和处境，以及他们在环境中的行动。[①]

扎根理论编码的逻辑和量化研究的逻辑不同，量化研究是把预先设定的类属或代码应用到数据之中，而扎根理论正如上面所说明的，是通过定义我们在数据中所看到的东西来生成代码。在研究者仔细审查数据，并定义数据中的意义时，代码就出现了。通过积极地编码，研究者可以和数据一次一次地进行互动，并提出许多有关它们的不同问题。最后，编码可能会把研究者带入意想不到的领域和新的研究问题。

对于如何编码以及编什么样的码，语言发挥了关键作用。我们很大程度上是通过语言来认识经验世界的。在这个意义上，没有哪个研究者是中立的，因为语言传递着形式和意义。语言的特殊使用反映了观点和价值。我们和同事分享着一种语言，而和朋友可能分享着另一种语言；我们把意义赋予特定的词语，拥有自己的视角。我们的代码来自语言、意义和视角，通过它们，我们理解自己的经验世界和研究对象的经验世界。编码不仅激发我们检验研究对象暗含的假设，也激发我们检验语言使用中所隐藏的假设。因此，我们建构代码，用代码把握经验现实。编码包括了初始的、简单的定义和标签，它来自扎根理论家的行动和理解。但是，这个过程是互动的。我们通过研究对象的陈述、观察到的行动以及对彼此认识场景的回忆，

---

① 卡麦兹. 建构扎根理论：质性研究实践指南[M]. 边国英，译. 重庆：重庆大学出版社，2009：59.

我们会一次又一次地多次和他们互动。当我们定义代码并不断完善它们时，我们试图从研究对象的视角来理解他们的观点和行动。这些视角通常所假设的远远不只是看上去的那么明显。我们必须挖掘数据，来解释研究对象默认的意义。对编码的密切关注会有助于我们做到这一点。[①]

（2）三级编码。

斯特劳斯与科宾发展了一组完整的资料编码技术程序，有助于研究者采用类似量化技术的方式建构理论。

步骤一：开放编码。

开放编码是将资料分解、检视、比较、概念化，以及范畴化的过程。[②]在这一过程中要求研究者开放心态，"悬置"个人的"偏见"和既有研究的"定见"，将原始资料按其本身呈现的状态进行编码，以发现概念类属，再对类属加以命名，在确定类属属性和维度的基础上，对研究现象命名与类属化。[③]

对于某一特定文本可以逐行、逐句甚至逐段编码。研究者选择使用哪一种方式取决于研究问题，或者掌握的材料，或者分析者的个人风格，或者研究达到的阶段。需要注意的是，编码的主要目标是将文本进行拆分理解，并将生成的类属附着在代码身上。开放编码旨在生成实质代码，对研究的现象或现象的某些方面进行描述、命名或者分类。开放编码的结果应是一个附着于文本的、包含代码和类属的清单。编码工作应该将代码注释和大量的备忘作为补充，因为代码注释可以用来解释和定义代码与类属的内容，而备忘则包含对经验材料的详细描述，清晰记录了与理论生成密切相关的想法。[④]

概念是建立理论的基础。在扎根理论方法里，借助开放编码这个分析性的过程来找寻概念，并由此发掘这些概念的性质，进一步发展这些概念。开放编码是扎根理论方法的基本分析策略之一。它利用问问题和比较来分析与发展概念。针对资料提出问题，确定资料所代表的意义，比较事件间的异同。确认出彼此相似的事件、

① 卡麦兹. 建构扎根理论：质性研究实践指南[M]. 边国英，译. 重庆：重庆大学出版社，2009：60.

② STRAUSS A, CORBIN J. 质性研究概论[M]. 徐宗国，译. 台北：巨流图书公司，1998：69.

③ 陈向明. 扎根理论的思路和方法[J]. 教育研究与实验，1999（4）：58-63，73.

④ 弗里克. 扎根理论[M]. 项继发，译. 上海：格致出版社，2021：62.

案例并将其聚拢、命名，即形成范畴，这也是形成理论的重要环节。[①]

步骤二：轴心编码。

轴心编码是指在完成开放编码之后，研究者通过分析现象的条件、背景、行动的策略和结果，把各类属联系起来，把资料重新组合到一起的过程。[②]作为编码的第二步，斯特劳斯和科宾建议多进行形式编码来对实质类属进行识别和分类。在轴心编码中，类属之间的关系将要被详细阐明。为了说明这些关系，斯特劳斯和科宾建议使用编码范式模型进行选择性编码，如图3-4-1所示。

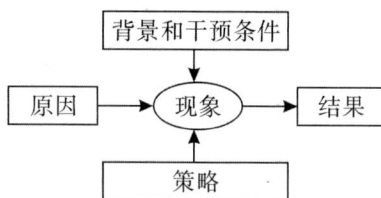

图3-4-1 编码范式模型

这一简单而又普适的模式，可用来阐明现象、起因和结果、产生的背景，以及其中的行动者采用什么样的策略阐述/阐释这五个要素之间的关系。这一模型基于横纵两个轴向：横向是从原因到现象再到结果；纵向是将背景和干预条件，以及参与者策略与现象关联。这一模型中，可从四种方式对概念进行分类：（1）作为此类属的现象：（2）作为其他类属的背景和干预条件；（3）作为结果；（4）作为策略。需要注意的是，编码范式只对现象和概念之间的可能关系进行命名，编码的目标是促进现象间、概念间和类属间关系结构的发现或确立。同样，前文提到的指向文本的问题和连续比较策略，是作为补充来使用的生成的关系和类属，作为重要的分析内容，要与原始文本和数据进行反复的验证查实。研究者需要在归纳思维（从文本中生成概念、类属和关系）和演绎思维（对照文本检验概念、类属和关系，特别是对照那些与生成这些概念、类属和关系不同的一些段落和个案）间不断往复。轴心编码可以归结为一个"……以根据范式模型来发现和关联类属为目的……涉及很多步骤的归纳和演绎思维的复杂过程"。在轴心编码中，跟研究问题关联最为紧密的类属，从生成的代码和相关的代码注释中被选择出来。为了详细展示纵横轴向上的不同类属，原始文本中许多不同的段落也会被用来作为与代码相关的证据。为了构建中间结果（关于手段—目的、起因—效果、时间性或地域性），可以使用编码范式模型中涉及的各个部分，对不同轴向上的类属之间的关系进行比较以得到明

① STRAUSS A, CORBIN J. 质性研究概论[M]. 徐宗国，译. 台北：巨流图书公司，1998：84.
② 同①，109.

晰的关系。原始文本经过编码会产生纷繁复杂的类属，这些类属中的一部分会对后续的阐释有价值，研究者需要将它们挑选出来。这些轴向类属在与它们相关的段落的比对分析过程中不断得以丰富。为求进一步提炼，前文提到的针对文本的提问和动态的反复比对可作为轴心编码的补充使用。①

步骤三：选择性编码。

选择性编码是选择核心类属，把它系统地和其他类属予以联系，验证其间关系，并把概念化尚未发展完备的类属补充完整的过程。②选择性编码将轴心编码阶段形成的抽象化继续推进。这步骤在同其他组类的比较中进一步详细展开轴心编码的生成和整合，聚焦于潜在的核心概念和核心变量。在选择性编码中，研究者将要为关联的类属寻找更多的例子和证据。这一做法将分析引向关于个案故事的详细阐释或表述。在这一点上，斯特劳斯和科宾将研究论题或者研究的主要现象设想为一个个案，而不是一个人或者一次访谈，这样表述的目的，是对故事做出一个描述性的简短概要。在任何个案中，分析者必须在同样显著的现象间作出权衡取舍，以形成一个中心类属，以及与之相关的子类属。核心类属转而生成特征与维度，并通过编码范式模型中的各个部分和各种关系，再与其他（如果可能的话，最好是全部）类属发生关联。理论分析与理论生成的目的在于找出数据中的模式，以及这些模式的适用条件。将数据根据编码范式进行分组集聚，以赋予理论具体性，于是研究者可以说，"在这些条件下，这会发生；在那些条件下，那会发生"。最后，理论被更加详细的细节不断丰富，但仍需与数据反复对照。数据阐释的程序，与额外经验材料的整合类似，只有当理论饱和（进一步的编码、类属的丰富等操作已经不能再产生新知识）发生时才能告一段落。同时，数据阐释的过程也可以很灵活，研究者可以针对一个不同的研究问题，重新输入相同的源文本，或产生自开放编码的同样的代码，以生成和阐明对一个不同研究论题的扎根理论。③如下案例3-4-1呈现了访谈资料的编码分析。

---

① 弗里克. 扎根理论[M]. 项继发，译. 上海：格致出版社，2021：63-64.
② STRAUSS A，CORBIN J. 质性研究概论[M]. 徐宗国，译. 台北：巨流图书公司，1998：133.
③ 同①，64-65.

案例 3-4-1　访谈资料的编码分析

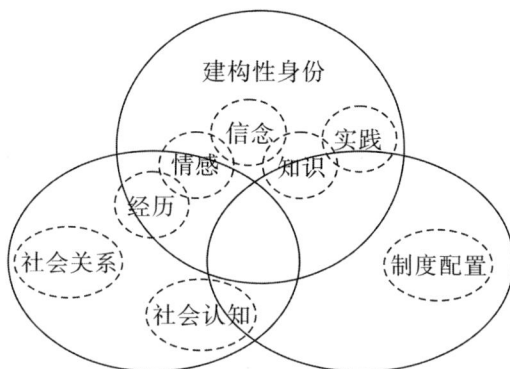

在一项针对师范生身份认同的现状与形成过程的研究中，研究者采用个案研究策略，运用质的研究方法收集资料。在一所具有百余年历史的师范大学中邀请16名大四师范生参与研究，与师范生进行一对一的、约一个小时的访谈。访谈之后经转录形成文本。在文本的分析中，首先进行开放性编码，提取文本中重要的"节点"，之后进行筛选并概念化，形成重要的"本土概念"，如社会认知、社会关系、经历、情感、信念、实践、知识、制度配置。然后对这些"本土概念"再进行判断、取舍与归类归纳，进一步把师范生身份概念化为先赋身份、结构性身份和建构性身份。

［资料来源：赵明仁. 先赋认同、结构性认同与建构性认同："师范生"身份认同探析[J]. 教育研究，2013，34（6），78-85.］

（二）质的研究报告撰写

质的研究报告主要关涉的议题包括个体或群体对生活世界的描述和理解，或者是对复杂社会关系的描摹与刻画，抑或是某一特殊群体所持的视角。不管是哪一种类型，质的研究报告始终关注的是意义生产的过程。一般来说，完整的质的研究报告包括前言、文献综述、研究方法和研究步骤、研究数据、结论几部分。各部分在写作上各有侧重，但又要保证整体风格的一致。

1. 前言。

前言至少要满足的要求是：奠定读者对论文的预期，让他们了解论文的主要内容。读者到底期望看到什么样的论文呢？怎样才能让读者读完整篇论文？只要满足那条关于预期的最低要求，至少没有人会诟病你的论文前言没有写好。如果你还能引起和保持住读者的兴趣，并时不时还能吊吊他们的胃口，就能更有力地影响他们对论文的观感。在写前言部分时，许多人总是想向读者证明自己的学术思辨具有一定深度。这么做是应该的，但是首先要用规范严谨的语言把论文梗概和框架介绍清楚。在这个基础上，展现研究者的思想深度和语言风格才是有根基的。

2. 文献综述。

有学者指出，可以把文献综述看作是关于研究主题的对话。文献综述应该做到以下7点：让读者对研究题目感兴趣；让读者学到一些关于该题目的新知识；避免"记流水账"；要对文献进行描述和分析，避免只有内容概要，换句话说，要用自己的观点进行综述；既要谈到文献的发展趋势，也要探讨相互矛盾之处；通过立论帮助读者对文献进行总结；指出你的研究工作在哪些方面与综述中的文献相互关联和有所创新。[1]

3. 研究方法和研究步骤。

方法和步骤相互关联，但各有所指。方法跟研究整体大局更相关，需要思考的问题诸如：你为什么选择这类研究途径？根据这种研究途径，应该如何提出问题？如何理解问题？如何引导、指导和塑造你的研究？在研究方法部分需要说明，你采用的质的研究方法，包括深度访谈、参与观察法、建制民族志或女性主义方法等，如何指导研究过程，以及如何建构整个世界。德沃将其称为关于方法论的讨论。

在研究步骤部分，你需要对所有决定做出说明，探讨在田野研究时遇到的实际问题；描述进入研究场所或者接触信息提供者的经过；阐明建立关系、收集数据的过程，以及在田野研究中的实际做了哪些事情。对数据进行编码也属于研究步骤。在这部分还要说明的是，使用了（如果用过的话）哪些质性数据分析软件，何时及如何在数据分析中融入理论探讨（如扎根理论、后实证主义），还可以谈一谈你的判断出过哪些差错以及对研究产生的影响。[2]

4. 研究数据。

研究数据作为论文的重中之重，所要重点呈现的包括两部分内容：提出论点和组织数据。首先，研究者首先应该问问自己"我要讲的是一个什么样的故事？"

---

① 比克伦，卡塞拉. 质性研究论文写作指南[M]. 李庆，译. 北京：社会科学文献出版社，2019：109—110.

② 同①，112.

在问自己要讲述什么样的研究故事时，答案开头几个字应该是："这个研究是关于……"然后再继续完成这个句子。这句话需要经过反复推敲，不断修改，最后以肯定语式表达出来。另一种方式是采用论点阐述的方式来回答讲什么故事这个问题，如用"本文论述的是……"这样的句式作为第一句的开头。把上面两句话结合起来，不断完善，这样论文才不会只是"介绍研究的相关信息"，而是形成特定的研究立场。在数据组织方面，美国学者萨利总结出五种章节组织模式，分别是主题式、数据式、编年式、分列式、连续式。[①]

5. 结论。

结论是对论证内容的总结。一个好的结论应该勾连起每一个章节内容，起到提炼和点评的作用。结论还需要对未来可能延伸开展的研究以及研究的实际应用进行讨论。研究者必须找出自己的研究与实际应用之间的连接点，同时也需要阐述为什么通过目前的研究将来能拓展到其他研究。在做出说明的时候必须反复推敲、条理清楚。

本章的最后，引用著名的人类学家克洛德·列维-斯特劳斯在其代表作《忧郁的热带》中的一段内容，与已经从事质的研究以及正准备投身质的研究的同人们共勉，"一个人类学者的专业中应该不包含任何探险的成分；探险只是人类学者工作过程中无可避免的障碍之一，只会使人类学者平白失去几个星期，甚至几个月的有效工作时间；有时候因为找不着报道人而浪费好几个小时；有时候是因为饥饿、疲倦或生病而白费时光；另外还有在原始森林深处生活所无可避免的，像服兵役那样非进行不可的一千零一种烦人而又不做不行的杂事，把光阴平白地消耗掉，毫无结果……单是和我们所要研究的对象接触，就必须花掉这么多时间和精力。这并没有使我们的专业增添任何价值，反而应该看作一种障碍。我们到那么远的地方去，所欲追寻的真理，只有在把那真理本身和追寻过程的废料分别开来以后，才能显出其价值。为了能花几天或几个小时的时间，去记录一个仍然未为人知的神话，一条新的婚姻规则，或者一个完整的氏族名称表，我们可能必须赔上半年的光阴在旅行、受苦和令人难以忍受的寂寞；但是，再拿起笔来记录下列这类无用的回忆与微不足

① 比克伦，卡塞拉. 质性研究论文写作指南[M]. 李庆，译. 北京：社会科学文献出版社，2019：116—124.

道的往事：‘早上五点半，我们进入累西腓（Recife）港口，海鸥鸣声不绝，一队载满热带水果的小船绕行于我们船只四周……’"①

让我们跟随大师，接受质的研究的邀请。

本章小结

质的研究是教育研究中常用的研究类型及其方法，对于教师而言更是如此，课堂就是他们每天身处的研究场域，与学生、家长和同事的交流可成为他们通过观察、访谈等方法收集资料的过程。在本章中我们分析了质的研究的内涵与特点，认为质的研究具有以下五个重要特点：质的研究是在自然情景中进行的、以研究者本人作为研究工具、采取多种方法收集资料、采取归纳法分析资料和对资料进行解释性理解；介绍了个案研究、叙事研究和行动研究三种常用的质的研究类型；从实证主义、批判主义、建构主义、参与式或后现代主义等取向分析了质的研究的理论基础；重点描述和分析了观察法、访谈法和实物收集法这三种资料收集方法；对扎根理论这种资料分析方法进行了介绍，并分析了研究报告撰写的要点。

思考问题

1. 你是如何理解质的研究的？与量的研究相比，它有什么特点？
2. 质的研究擅长回答什么类型的研究问题？
3. 质的研究的主要理论基础有哪些？
4. 你是如何理解扎根理论的？质的研究中资料分析的基本过程是什么？

研究案例：影响教师教学反思因素的个案分析②

伴随着我国教师专业化步伐的加快，教师越来越期望通过自主发展提高专业水平。教学反思是教师主动地对专业生活赋予意义的过程，是教师自主地进行专业发展的重要方式。特别是在倡导教师作为研究者的课程改革中，如何有效地促进教师

---

① 斯特劳斯. 忧郁的热带[M]. 王志明，译. 北京：中国人民大学出版社，2009：3-4.
② 赵明仁，黄显华，袁晓峰. 场域—习性理论视角下影响教师教学反思的因素分析[J]. 课程. 教材. 教法，2009，29（6）：81-86，96.

反思便成为需要研究的重要问题。本研究试就课程改革背景下的个案分析，探究影响教师反思的因素。

本研究以新课程改革中的一所学校及其四位教师为对象，通过深度访谈、课堂观察和文件收集的方式，就学校和四位教师在新课程改革中的经历和教师的反思进行为期两个月的调查。分析资料发现，学校场域中形成了强大的改革氛围，对教师提出很高的挑战，同时也为教师参与课程改革和进行专业发展提供了不同层面的多种形式的支持。具体说来，场域中作用于教师反思的要素有：领导风格、绩效责任、发展策略、发展空间、教学理念、交往社群。其中前三个要素以直接或间接的方式为教师进行反思提供了相应的要求，后三个要素为教师进行反思提供了智力和情感上的支援。

一、学校场域中影响教学反思的因素

（一）领导风格

实践一再告诉我们，校长在学校发展中具有决定性的作用。这所学校的校长具有非常强的改革意识和能力。校长从自身专业成长的经验出发，认为人是在工作中逐渐地被"逼"着学习的。这种学习要有新的目标，不断地超越自我。新课程就是需要学习和超越的目标。在课改中大多数教师确实发生了很大的改变，由于榜样的作用，再加上校长的不断鼓舞，学校中便逐渐形成了你追我赶的学习氛围。这种氛围，就是校长所说的"逼"的一种方式，用环境来逼人。除了运用人文的激励力量和发放科研经费等经济手段外，还要用制度来"逼"，写反思笔记就是这种制度化的促进方式，学校规定每位教师每周写一篇教学反思提交到校园网上。写反思笔记原来并不是学校教师日常的专业生活方式，四位教师之所以这样做，是制度"逼"的结果。

（二）绩效责任

我国持续发展的市场经济不断地加强着政府、家长和公众对学校的绩效问责，使得学校对自己在教育同行中的位置格外关心。在这种情况下，学校就会把自身所承担的绩效责任分配给每位教师，而且希望有出众的教师能够引领改革，担负起树立学校良好形象的重任。因此，学校就不可避免地成了一个让教师表演的舞台。学校中的教师出于对专业发展和自身职位的考虑，会在这个舞台上扮演相应的角色。

（三）发展策略

校长认为，面对新课程，大家都在一个起跑线上，谁学得多，谁就走在前面。学习是教师应对课程改革的重要策略。校长本身是一位特别爱学习的人，他的学习劲头和能力让老师们都很佩服。他认为培训就是给教师的最大福利，因此学校中的各种"请进来""走出去"的活动很多。学习似乎已成为教师的职业习惯，教师时时处处在留心学习。研究者在这所学校中的特别感受，就是由校长带头的在教师中形成的学习氛围很浓厚，这种氛围确实让笔者感受到了一种很有生机的、内在的生长力量。

（四）发展空间

当四位教师谈到学校放手让他们尝试改革的宽松环境时，都表露出颇为欣慰和心存感激的心情。在新课程改革中，校长不仅鼓励教师大胆去做，而且身先士卒。实际上，校长为教师营造的宽松环境并不只是放手让他们去做，更重要的是，这个环境是通过校长的鼓励逐步形成的。另外，这种鼓励不仅仅是口头上对教师的支持，校长自己的改革行为是比口头说教更为实际和有力的支持。这种宽松而具有支持性的氛围对教师实践反思的作用在于，为教师以开放的心态对待教学中的成功与失败提供了较为安全的心理环境。

（五）教学理念

"关注学生"就是在教学中重视学生的学习，包括学生的学习基础、兴趣、过程与结果等，而不只是着重于教师的教。"关注学生"作为学校在新课程实施中的最核心话语，受到所有教师的认同和欢迎。校长是一位潜心于课程与教学的领导者。所以，"关注学生"作为一种核心理念通过他的一贯坚持与权力性影响力，在学校中不断地被强化。四位教师在谈到教学时，总是把学生的需要和学习投入放到自己的"教"之前。

（六）交往社群

"宽松"的发展空间为教师减轻了由于担心失败而带来的忧虑，为他们敞开胸怀地与大家坦诚交流营造了较为安全的心理环境。鼓励通过"学习"来增进实施变革能力的主观愿望，使得交往成为一种客观需求。在这种情况下，教师之间的非正式交流就多起来了，例如课余饭后闲聊教学中发生的有趣事情，遇到具体问题时向同事请教，等等。就学校层面来说，正式的交流活动主要有三种形式：青年教师的公开课，网络上教师之间的互动论坛，由校外专家与校内资深教师引领的课改论坛。用老师们的话说，通过这些活动学校中形成了浓厚的教研氛围，这是他们引以为傲、津津乐道的事情。

二、教师层面上影响教学反思的因素

（一）专业态度

教师专业态度从两个方面对教学反思产生影响：一是他们要成为怎样的教师？二是他们是如何看待反思的？作为全校最优秀的老师，张老师全身心地投入到教学改革中，正如他期望的那样，自己是引领变革的人。这种责任感使他不断地对教学进行深度的挖掘，有意识地觉察复杂的教学情境，对教学中的细微变化保持经常性的警惕。而且还能以开放的胸怀面对教学中的失败，坦诚地检讨教学中的不足。这种进取之心与直率的态度，有助于张老师经常性地对教学进行反思。田老师的特点是在教学中不循规蹈矩，善于求新求变。在这种开放的心态下，他更容易基于不同的视角对教学进行重新表征，把正常的教学生活"问题化"，对实践经常性地保持较主动的、持续的批判性思考。李老师认为自己有一种成长的态度，这种态度使自己在教学中不会知足。另外，有了成长的态度，就不会被眼前的困难吓倒。在李老师看来，自己对教学中存在的问题是有明确知觉的，虽然自己是一个困惑者，但并不憋在心里，愿意说出来，是一个清醒的困惑者。相比其他三位在反思上保持开放态度的老师而言，宋老师虽然也有很强的上进心，但他反思的对象都是成功的经验，没有失败的教训。访谈中，研究者能够经常感觉到宋老师在小心地树立着成功的课程改革者形象。他之所以有这样不愿坦露负向经验的倾向，一方面可能是他真的没有意识到自己的教学方法有问题，另一方面这或许跟他仍然是临聘老师，或是自己教学中还有很多不自信有关。

（二）教学信念

教学信念作为教师观念中较为稳定的对教学活动本质的看法，指导着教师日常的所思所为。在教学反思中，教学信念作为一把筛子，深刻地影响着教师反思的路向，即教师能够看到什么，能够想到什么。张老师认为自己就像一个辛勤的蜂农，呵护着小蜜蜂让它们去采蜜。在田老师看来，教学最重要的是学以致用、教学相长的过程。要关注学生当下的学习状态，以学生的发展为切入点。李老师认为教学就是带领孩子们在森林里探险，是师生合作共进的过程。宋老师认为教学是互动交流的舞台，学生是主角，老师也是主角。四位教师在教学信念中的相同之处，是学校所倡导的教学理念，即关注学生在教学中的主体地位。但不同的是，宋老师把教学比做表演，表演意味着观众的感受是第一位的，而演员的内心体验是服务于观众的口味的。

（三）探究能力

当教师有很强的反思动机，也有开放的反思态度和明确的反思方向后，探究能力是影响他们反思过程的一个主要因素。这里的探究能力主要指从实践情境中发现问题和分析问题的能力。张老师和田老师一般能够从复杂的实践情境中捕捉到具体的问题，然后聚焦于具体的问题分析前因后果，寻找存在于行为背后的理论根据，从而对实践赋予丰富的意义。我把这种反思称之为系统探究性的反思。而李老师和宋老师的反思大多是对一个现象进行归纳总结，常常止于事实的层面而不能深入去探究现象背后的理论。我把这种反思称之为点式总结性的反思。张老师和田老师的反思以系统探究为主，而李老师和宋老师的反思则与之相反，以点式总结为主。

上述以专业态度、教学信念和探究能力为要素的教师习性，是教师个体所具有的与教学反思紧密关联的心理、智力和情感特征。这些习性具有非常鲜明的个人性，特别是在教学水平高和一般的两组老师之间，具有相当大的差别，尤其在探究能力上。而且，从这四位教师在新课程改革中的改变过程来看，这些习性有较强的稳定性，它根源于教师个人的生活史、受教育经历及以往的教学生活，作为教师的精神世界而存在。教学反思作为对教学活动意义的探寻过程，自然强烈地受到教师习性的支配。教学反思目的虽然包括激发教师的专业态度、加强教学信念和提升探究能力，但是这种超越却是一个逐步蜕变的过程。

第四章
教育行动研究

内容提要

　　教育行动研究是教育教学领域的实践工作者在实践情境中对自身的教育教学实践进行系统性的、有意识的研究活动，其目的在于改进教育教学实践，体现了"行动"与"研究"两者的互动与融合。教育行动研究具有系统性、参与性、改进性和反思实践循环等特点。教育行动研究倡导综合采用多种研究方法，开展混合研究设计，具有综合性和混合性的特点。教育行动研究存在诸多不同的取向，也存在不同的范式和主张，可以根据参与者结构特点、行动研究的目的旨趣等维度划分为不同的类型。教育行动研究具有自身的独特价值和功能。在工具性层面，教育行动研究是促进教师专业发展的重要途径；在认识论层面，教育行动研究拓展"作为专业的教学"的知识基础；在批判性层面，教育行动研究重构知识生产权力关系，推动教育公平。行动研究螺旋循环是教育行动研究的基本过程。教育行动研究包含四个主要环节，即计划、行动、观察与反思。教育行动研究的质量评价有别于其他研究范式，三角互证、交叉检验以及研究者自身的反思性最为重要和常见。通过写作进而公开行动研究过程和发现，是教育行动研究的重要环节。教育行动研究的论文有其特点和模式，包括强调详述实践情景、介绍行动方案、汇报"计划—行动—观察—反思"四环节、重视对行动干预策略的反思等。

本章重点

1. 教育行动研究的定义、基本特点与类型。

2. 教育行动研究的价值和功能。

3. 教育行动研究的基本过程和四个主要环节。

4. 教育行动研究报告的写作方式和基本模块。

一、什么是教育行动研究

（一）教育行动研究的定义

教育行动研究（educational action research）是教育教学领域的实践工作者在实践情境中对自身的教育教学实践进行系统性的、有意识的研究活动，其目的在于改进教育教学实践。教育行动研究起源于社会行动领域将"行动"与"研究"两者深度结合与融合的潮流。[①]同时，教育行动研究的适用范围也逐渐从教师领域延展至学校教育的各个参与主体，从基础教育拓展到高等教育等各级各类教育。教育行动研究主张"行动"与"研究"两者的整合、融合，强调"实践者即研究者"，反映了行动哲学和反思实践理念在教育研究中的应用。显然，行动研究体现了"行动"与"研究"两者的互动辩证关系：为行动而研究、对行动的研究、在行动中研究。[②]

对于我国而言，行动研究毫无疑问是一个西方舶来概念，行动研究在教育领域的具体应用也深受西方特别是北美、英国和澳大利亚等教育学者的影响。刘良华的博士论文《行动研究的史与思》详细介绍了教育行动研究的发展历程与代表性人物。一般认为，行动研究作为一个新的研究方法是由社会心理学家勒温（Kurt Lewin）在20世纪40年代首次提出，"社会实践所需的最好的研究模式应是社会管理或社会工程研究（social engineering）。它应该是一种行动研究，对各种形式的社会行动的条件和效果进行比较，并引领社会行动的改善。"[③]勒温关于行动研究的论述也奠定了行动研究的基本理念和特征，例如行动研究的合作性以及著名的行动研究循环，"勒温立足于'群体动力学'（group dynamics）的立场力图以行动研究的方式解决社会问题，致力于'独立、平等与合作'的群体关系和群体动力"。[④]

行动研究在教育领域的盛行则主要仰赖哥伦比亚大学教师学院的科里

---

① 郑金洲. 素质教育与教师行动研究[J]. 教育研究与实验, 1997 (3)：17–20.

② 陈桂生. 到中小学去研究教育：教师行动研究的探求[M]. 上海：华东师范大学出版社, 2015.

③ SMITH M K. What is action research and how do we do it? The encyclopedia of pedagogy and informal education[EB/OL]. https://infed.org/mobi/action-research/, 2022–03–07.

④ 刘良华. 行动研究的史与思[D]. 上海：华东师范大学, 2003.

（Corey）等人所开展的校本行动研究（School-based action research），且在其1953年出版的《改进学校实践的行动研究》一书中，详细讨论了教育行动研究的基本过程、方法和技术，该书被视作教师参与行动研究的参考手册。[①]教育行动研究除了在北美风行一时之外，在英国，"教师成为研究者"同样也成为教师教育界的重要共识，这离不开斯腾豪斯（Stenhouse）负责和主导的"人文课程研究"的推动。作为第二代教育行动研究的代表人物，斯腾豪斯主张，教学是一种探究过程，因此教师不仅要参与教学研究，更应该成为研究者；他同时强调教育行动研究与校本课程开发的内在联系。斯腾豪斯的代表作是发表于1975年的《课程研究与开发导论》（*An Introduction to Curriculum Research and Development*）。在斯腾豪斯之后，20世纪80年代教育行动研究的重要代表人物有英国的埃利奥特（Elliot）以及澳大利亚的凯米斯（Kemmis）。埃利奥特主持并开展了"福特教学研究"与"师生互动与学习效能研究"，在这两个重要研究项目中，埃利奥特提出了"教师本位的行动研究"（Teacher-based action research），强调教师的合作研究、教师个人的反思性教学实践，进一步思考教师行动研究的"制度化"，以及教师与校外研究者之间的合作关系。埃利奥特1991年出版的著作《为了教育改革的行动研究》（*Action Research for Education Change*）也被视作教育行动研究的经典著作之一。与埃利奥特不同，凯米斯的贡献在于借鉴哈贝马斯（Habermas）所提出的三种研究旨趣的划分，进一步强调行动研究的批判性、解放性，并认为教育行动研究不应成为"研究—应用模式"，主张教育行动研究对改进实践的兴趣应拓展至教师对所处的制度化环境的理解和阐释，教育研究的目的在于使人获得解放。凯米斯所提出的教育行动研究的批判性也被视作第三代教育行动研究的主要特点。[②]卡尔（Carr）与凯米斯（Kemmis）在1986年出版的关于行动研究的专著《走向批判：教育、知识与行动研究》（*Becoming Critical:Education，Knowledge and Action Research*）同样也被视作教育行动研究的经典著作之一。

（二）教育行动研究的基本特点

教育行动研究在概念理解与内涵界定层面存在诸多不同的取向，也存在不同

---

① 刘良华. 行动研究的史与思[D]. 上海：华东师范大学，2003.
② 同①.

的范式和主张。在不同研究范式下，教育行动研究也呈现出不同的特点[1]：深受实证主义影响的传统或经典的行动研究，秉持知识建构和阐释主义的行动研究，以及强调实践范式的行动研究。这就导致对于教育行动研究的基本特点存在较为多元化的理解。例如，美国肯特州立大学的玛丽·路易斯·霍莉（Mary Louise Holly）及其同事概括总结了教育行动研究的四个特点：教师的道德承诺、反思性实践循环、公共性、合作性。[2]刘良华在其博士论文《行动研究的史与思》中较为深入地总结并论述了行动研究的四个特征，即参与、改进、系统、公开。[3]程江平在比较教育实验研究与教育行动研究的同时，归纳了教育行动研究区别于其他研究方法的独特性[4]：在研究目的层面，以提高行动质量、解决实际问题为首要目标；在研究主体方面，强调实践者与研究者的合作；在研究过程中，十分重视研究活动带来的反馈；在研究设计上强调可变性。王建军依据陈桂生主编的《到中小学去研究教育——教师行动研究的探求》一书中基于行动与研究构成的辩证互动关系，十分形象地总结了教育行动研究的三大特点[5]：从研究的目的和旨趣上来说，是"为行动而研究"，也就是改进实践；从研究对象和研究方式上来说，是"对行动的研究"，也就是以实践和问题为中心开展研究；从研究主体和研究情景、过程来说，是"在行动中研究"，强调研究者即实践者并将研究活动置于实践情景之内。

作为一种独特的研究范式，归纳教育行动研究的基本特点需建立在将行动研究与其他研究方法相比较的基础之上。只有在比较中才能更清晰地理解教育行动研究有别于其他研究方法的特点（见资料4-1-1）。因此，参考已有的相关研究及其提出的观点，我们从行动研究的主体、目的、过程等视角，总结了教育行动研究的四个基本特点：系统性、参与性、改进性以及反思实践循环。

---

[1] O'BRIEN R. An overview of the methodological approach of action research,[M]//Roberto Richardson (Ed.), Theory and Practice of Action Research. João Pessoa, Brazil: Universidade Federal da Paraíba (English version), 2001: 1—13.

[2] 霍莉，阿哈尔，卡斯滕. 教师行动研究：第3版[M]. 祝莉丽，张玲，李巧兰，译. 北京：中国人民大学出版社，2013.

[3] 刘良华. 行动研究的史与思[D]. 上海：华东师范大学，2003.

[4] 程江平. 教育实验研究与行动研究的比较[J]. 教育研究. 1996 (6)：42—45，53.

[5] 陈桂生. 到中小学去研究教育：教师行动研究的探求[M]. 上海：华东师范大学出版社，2015.

资料 4-1-1　行动研究与正规研究（formal research）的比较

1. 研究者所需的技巧不同。大多数研究者需要广泛的训练以便熟练地使用正规研究的方法：定量研究者需熟练使用测量技术和数理统计；定性研究者在收集和解释大量的资料时需要专门的技巧。而行动研究者一般不需要具备有关研究设计和解释的高级技巧，一般教育实践者都可以进行行动研究。

2. 研究目的不同。正规研究的目的在于发展和检验理论，使知识具有更广泛的适应性。而行动研究的目的只在于获得能够直接应用于当下情境的知识，它既改进实践也提高研究者的能力。

3. 确定研究问题的方法不同。在正规的研究中，研究者总是通过阅读前人的研究来提出研究的问题，这些问题可能出于研究者个人的兴趣，但与研究者的工作实践并不一定直接相关。行动研究主要研究那些影响实践者自己或同事的工作效率的问题。

4. 对文献研究的态度不同。在正规研究中，广泛的文献研究尤其是获得原始资料是必要的。而在行动研究中，研究者只需要对相关的研究有一个大致的了解，有关的文献评论所提供的第二手资料也可以作为理解的材料。

5. 选择参与者的方式不同。在正规研究中，研究者倾向于选择具有代表性的样本，以便增加研究结论的普遍意义，消除影响结果的某些偏见。而行动研究往往研究自己的学生或相关人员。

6. 研究设计不同。正规研究强调周密的计划以便控制某些影响结果解释的无关变量。而行动研究在设计的程序上不那么严格，往往比较自由地在行动中做出某些改革，在研究过程中能比较迅速地调整。对情境的控制与偏见的消除并不特别看重。

7. 资料收集的程序不同。在正规研究中使用有效的和可靠的资料收集方法去获得资料，在正规研究之前还可能做一些必要的预测以便确定其有效性。而行动研究往往使用比较方便的方法，如观察、与学生谈话或课堂测验。

8. 资料分析的方式不同。正规研究往往使用复杂的分析程序，而行动研究一般关注它的实际效果而不讲究统计意义。

9. 结论的应用不同。正规研究往往强调其结论的理论意义以及对后续研究的可能启示。在行动研究中，研究者最关注的是研究结论所具有的实践意义，并暗示这些结论对他们同事的专业实践可能会有一些应用价值。

[资料来源：刘良华. 行动研究：是什么与不是什么[J]. 教育研究与实验，2001（4）：66-71，73.]

1. 系统性：行动研究必须运用科学方法、遵循研究规范。

无论遵循何种范式或研究理念，教育行动研究的本质是一种科学研究活动，要运用科学研究方法，遵循研究规范，并受到科学研究伦理与成果标准的审视与评价。因此，"系统性"是教育行动研究的首要特点，也是教育行动研究能成为一种研究方法的前提条件，而非"一种随意的问题解决"。[1]教育行动研究的"系统性"这一特点在实践中往往被忽视，在实践中强调行动研究的行动性，而忽视了行动研究的研究属性，导致行动研究的泛化和"低门槛化"："研究也几乎没有了边界，任何行为都可以冠之以'行动研究'。"[2]例如，一些教学经验活动的简单总结和归纳也被认为是行动研究（见资料4-1-2）。事实上，在教育行动研究的发展历程中，对行动研究科学性不足、规范性不够的批评一直不绝于耳。[3]钟柏昌、李艺基于对教育核心期刊中的教育行动研究论文的综述发现并敏锐指出："当前有关行动研究的论文，存在一种'去理论化'的倾向，将'行动研究'等价为'行动'，认为教育行动研究最贴近实践，无须理论指导，也不需要理论提升，而常常陷入'主观臆想式'或'拍脑袋式'的研究状态，将科学意义上的'研究'庸俗化。无论行动研究多么具有'亲民'色彩，我们依旧需要把握其基本的'研究'色彩。"[4]因此，我们觉得有必要重申和重视行动研究的系统性及其研究属性，进而强调教育行动研究的规范性、科学性。

资料 4-1-2 一线教师如何理解行动研究

一线教师在撰写结题报告的过程中，是如何具体理解并阐释其所列举的研究方法的呢？大致而言，"行动研究法，在实践过程中若出现问题，随时地调整自己的工作方式方法，不断改进自己的措施和方法，最后形成比较完善的有效的实施措施"。而学术著作中是这样界定"行动研究法"的："行动研究是由教师研究者、校长、学校咨商员，或在教学环境的其他相关人士所执行的任何有系统的探究，

---

① 刘良华. 行动研究：是什么与不是什么[J]. 教育研究与实验，2001（4）：66—71，73.

② 郑蕴铮，郑金洲. 教育行动研究：成效、问题与改进[J]. 教育发展研究，2020，40（4）：18—23.

③ 李臣之，刘良华. 行动研究兴衰的启示[J]. 教育研究与实验，1995（1）：62—64.

④ 钟柏昌，李艺. 行动研究应用中的常见误区：基于过去6年教育类核心期刊论文的评述[J]. 现代远程教育研究，2012（5）：31—35.

以收集有关他们的特定的学校运作方式、他们如何教学，以及他们学生的学习效果等好的资讯。"两相比较，一线教师理解的"行动研究法"偏向于实际问题的解决过程。

再者，除了学术研究时常出现的行动研究法、文献分析法、调查法、观察法等研究方法或资料收集方式之外，一线教师还使用某些"本土概念"来指代所采用的研究方法。例如，"实践加反思法""实践研究法""实践检验法""经验总结法"等。具体而言，一线教师是这样阐释何谓"实践研究法"的：通过边实践，边探索，边检验，边完善，边归纳，边总结，把研究与实践紧密地结合起来。教师提出的这些与学术论文中出现的研究方法不同的独特的研究方法，其实质均与"实践""经验"和"问题解决"相关。这一方面即可被视作教师对"研究方法"的独特理解，但也可能是教师并没有接受过相关的研究方法的训练，而在模仿与借鉴时，"误解"研究方法的真实含义。因为许多研究均证实，与学术研究的新手一样，在形成研究问题、运用研究方法收集、分析资料等方面，一线教师遇到很多困难。因此，教师应该学习研究技能，理解并正确运用研究方法。

[资料来源：王晓芳，黄丽锷. 中小学教师如何理解"教师科研"：话语、身份与权力[J]. 教育学报，2015，11（2）：43-53.]

第二代教育行动研究的代表人物、英国课程改革专家斯腾豪斯（Stenhouse）将"研究"定义为"系统的、自我批判性的探究"[1]。科恩轮-斯密斯（Cochran-Smith）和莱特（Lytle）也主张教师做研究应该强调其系统性，"教师对自身学校和课堂的工作进行的系统性的、有意识的探究"[2]。科恩轮-斯密斯和莱特认为，尽管作为实践者的教师开展研究有其特殊性，但是仍需遵循研究活动的基本规范：所谓"系统的"（systematic）意味着研究活动是一个确定问题、收集数据、分析数据并撰写报告的一系列的有序的活动；"有意识的"（intentional）指代研究活动是一个"经过计划的而非自发的活动"；而"探究"（inquiry）则表明研究活动来源于实践中的问题。

2. 参与性：行动研究主体既是实践者也是研究者。

区别于传统的正规研究，教育行动研究的一个重要特点在于研究主体既有实践

---

① STENHOUSE L. What counts as research[J]. British Journal of Educational Studies, 1981, 29 (2)：103-114.

② COCHRAN-SMITH M, LYTLE S L. Communities for teacher research：fringe or forefront? [J]. American Journal of Education, 1992, 100 (3)：298-324.

者，又有研究者；更为重要的是，由于作为实践者的一线教育工作者深度参与、卷入研究全过程，教育行动研究主体具有双重身份：既是教育教学实践者，也是实践问题的研究者。行动研究的重要特征在于整合了研究过程与行动过程，研究过程就是实践者的行动过程，"行动研究的环境就是教师工作于其中的实际环境，从事研究的人员就是将要引用研究结果的人，研究结果的应用者也就是研究结果的产出者"[①]。王晓芳与黄丽锷对一线中小学教师所开展的研究活动进行分析也发现，研究活动形塑着教师的双重身份：一方面，教师对于科研活动的理解可能与传统教育研究者的理解不尽相同，但其仍然将其所从事的活动定性为科研活动；另一方面，教师努力将所从事的科研活动与自身的课堂教学实践活动相融合，在这个过程中，教师始终将自己的身份设定为"教学实践者"。[②]可见，在教师所开展的行动研究中，实践者与研究者的双重身份是合二为一的。

此外，行动研究的"参与性"也表明教育行动研究往往是由一线教师与校外研究者合作开展的，是一种"合作性行动研究"或"合作研究"。[③]教育行动研究的参与性要求行动研究的主体和参与者应该构建平等、民主的合作关系；在行动研究过程中，教师是一名研究者、教育知识的生产者，而不能被降等为执行者或消费者，一线教师作为研究者的专业身份和研究拥有权应该获得保障。[④]简言之，在合作性行动研究中，行动研究的"参与性"要求作为实践者的教师应该成为研究的主体，深度参与乃至积极主导研究活动的开展。

3. 改进性：行动研究的目的是"为行动而研究"。

与传统的研究范式不同，教育行动研究并不致力于知识生产，特别是对所谓"经过验证的"抽象的理论知识的获取与建构；相反，教育行动研究的主要旨趣在于通过对实践活动的系统性研究与批判性反思，达到改进教育教学实践的目标，也就是所谓的"为行动而研究"。陈向明指出"学术研究的目的是求真，要求研究者

---

① 陈桂生. 到中小学去研究教育：教师行动研究的探求[M]. 上海：华东师范大学出版社，2015.

② 王晓芳，黄丽锷. 中小学教师如何理解"教师科研"：话语、身份与权力[J]. 教育学报，2015，11（2）：43—53.

③ 刘良华. 行动研究：是什么与不是什么[J]. 教育研究与实验，2001（4）：66—71，73.

④ 王晓芳，黄丽锷. 中小学教师科研活动中的管理主义：基于对相关官方文件与若干结题报告的分析[J]. 北京大学教育评论，2015，13（1）：108—128，190—191.

尽可能中立、客观地描述、解释和分析社会现象，不对研究现场进行干预。而行动研究的目的是求善，寻求行动者批判反思意识和能力的提高，改进不尽人意的社会现实，因此需要积极的行动干预"。[①]

教育行动研究的"改进性"决定了行动研究致力于实践本身的改进，特别是实践者也是研究者的教育教学实践的改善。当然，对于改进的对象或层次，不同类型的教育行动研究所指向的实践改进是有所不同的。赵明仁和王嘉毅认为："教育行动研究改变怎样的实践？"可以将行动研究分为三种不同的水平：一种是技术意义上教师实践和行为的"被动改变"；一种是教师对实践的反思而推动实践的"自主改变"；此外，还存在更高层次上教育改革与实践及其蕴含的社会公平正义的"系统性的改变"。[②]此外，教育行动研究对于实践的改进还可以超越教师个体层面，而跨入学校组织乃至教育政策层面的改善与改进。教师行动研究并非仅是教师教学方法、课程设计等的一种改进的方式，其"科研"的对象也可以是学校行政管理、领导力和整体改进等内容。[③]实际上，教师行动研究也存在于学校层面（school-level）甚至是学区或地区层面（district-level），相应地，这类教师作为研究者所开展的研究活动的影响就不仅仅停留在教师教学理念的改变、教师教学行为的提升上，而是对整个学校的改进产生一定的影响。

4. 反思实践循环：行动研究过程是"边行动边研究"。

教育行动研究的过程存在多种模式和实现形式，不同的研究者也总结了行动研究的基本步骤，它们之间虽然存在差异，但是均体现出了教育行动研究的基本思想和理念，也就是：教育行动研究的过程应该是反思实践的螺旋循环过程。这也是行动研究的首倡者勒温（Lewin）所提出来的行动研究的一般过程。根据卡尔（Carr）与凯米斯（Kemmis）的理解，行动研究至少包含两个部分，即"回顾性理解"（retrospective understanding）与"前瞻性的行动"（prospective action），强调对"包括计划、行动、观察和反思的自我反思螺旋"（self-

---

① 陈向明. 中小学教师为什么要做研究[J]. 教育发展研究，2019，39（8）：67-72.

② 赵明仁，王嘉毅. 教育行动研究的类型分析[J]. 高等教育研究，2009，30（2）：49-54.

③ COCHRAN-SMITH M, LYTLE S L. Inquiry as stance: practitioner research for the next generation[M]. New York & London: Teachers College Press, 2009.

reflective spiral）进行应用，来探究某一现象，并以行动或改变作为研究的结果和再一次研究的起点。①显然，与传统的学术研究或正式研究相比，教育行动研究并不停留在基于数据资料与理论资源分析问题的阶段，而是更进一步通过行动方案直接干预实践，既强调实践者针对研究问题而开展的实践、做出的行动，同时也强调对于实践或行动后的观察、总结和反思，也就是"边行动边研究"。教育行动研究的"边行动边研究"的反思实践循环的特点实际上也成为教育行动研究区别于传统实验研究的重要表征，同时对于一线教育工作者而言，将行动与研究紧密结合也构成教育行动研究的重要优势之一。②

教育行动研究的"反思实践循环"的特性也要求行动研究的研究情景应该以教育实践场景为主，研究对象应以教育教学实践为主，而研究过程也并非简单的线性过程，而是复杂的循环往复的过程。同时，也是这种循环过程的特点使得教育行动研究过程比正规研究特别是实验研究更具灵活性、可变性，"由于行动过程往往不能简单地、集中地呈现出计划与结果、计划与行动之间的'必然的''线性的'关系，所以重视监督行动的过程，及时地掌握有关信息，并对每一阶段的行动作及时反馈。"③

5. 教育行动研究的综合性与混合性。

教育研究方法在范式层面一直存在量化研究与质的研究之别，对于两种研究范式的差异以及各自的优劣，学界也已有充分的争论与阐释。而实际上，许多研究者也指出，单独运用量化研究或质的研究对研究问题进行的探究都可能存在一定程度的不足。例如，张绘指出，量化研究在理论假设、抽样分类以及研究结论层面可能存在脱离真实情况、忽略或遗漏实践中的特殊现象等潜在风险；而质的研究则在研究结论的可推广性、理论假设的验证、研究的主观性以及研究投入时间成本等方面也面临挑战和质疑。④基于此，不同研究范式、研究方法和具体资料收集与分析取向等层面的综合、混合与融合成为教育研究的重要发展趋势。教育混合研究方法

① CARR W, KEMMIS S. Becoming critical: education knowledge and action research[M]. Lewes: Falmer, 1986.
② 程江平. 教育实验研究与行动研究的比较[J]. 教育研究, 1996 (6)：42—45, 53.
③ 同②.
④ 尤莉. 第三次方法论运动：混合方法研究60年演变历程探析[J]. 教育学报, 2010, 6 (3)：31—34, 65.

（Mixed methods）也就应运而生。混合方法研究也被称作"第三次方法论运动"或"第三种理论框架"，同时，在教育领域，混合方法研究也因为其"超越质与量之争"而成为教育研究运动的"第三次浪潮"。[①]混合方法及其研究设计也因其综合性而成为国际国内许多教育研究者的重要选择。刘浩等人（2020）的知识网络比较分析就发现，作为一种研究范式，在英美以及我国，混合研究在教育研究领域中的知识扩散程度逐年升高。[②]这表明国际教育学界对于混合研究方法的认可程度与应用程度均处上升阶段；研究方法的混合与融合成为我国教育研究领域的重要发展趋势。

与量化或质的研究方法不同，混合方法是一种"综合性的研究取向"，指的是"在一个独立研究中同时使用了量化研究和质的研究两种以上方法、手段或概念进行数据搜集或分析的一类研究"[③]。尽管我们必须承认两种研究取向存在诸多不同，但是混合研究方法结合了两种研究方法的优点，并努力规避其不足，试图将两种不同的认识论基础（即实证主义认识论与解释注意认识论）相结合和融通，最终更好地以问题为中心并对教育现象进行更全面、更真实的探究。特别是在教育研究领域，混合方法的研究设计具有独特的价值，可以帮助研究者对复杂而多元的教育现象以及教育对象开展更为充分的研究，以此来寻找教育领域复杂的因果关系，增强教育研究的信度、效度。一般而言，相对于单独应用量化或质的研究，混合研究设计具有如下优势[④]：一方面，可以实现研究结果的相互验证与解释；另一方面，可以寻求对教育现象或问题的详尽的解释；同时，也可以重构研究问题并促进新理论的建构。一般而言，综合量化与质的研究的混合研究设计可以分为四种类型[⑤]：围绕同一主题而收集资料并进行交叉论证的三角互证测量型设计；以某种研究方法为主、另一种研究方法为辅的嵌套型混合研究设计；质的研究材料帮助解释量化结

[①] 尤莉. 第三次方法论运动：混合方法研究60年演变历程探析[J]. 教育学报，2010，6（3）：31—34，65.

[②] 刘浩，黄亚婷，郭华玲. 混合研究范式在教育研究领域中的知识扩散：基于《混合方法研究》及其施引文献的知识网络比较分析[J]. 中国人民大学教育学刊，2020（4）：140—155.

[③] 同①.

[④] 同①.

[⑤] 张绘. 混合研究方法的形成、研究设计与应用价值：对"第三种教育研究范式"的探析[J]. 复旦教育论坛，2012，10（5）：51—57.

果的顺序解说型设计；首先进行质的研究，而后进行量化数据收集的顺序探究型混合研究设计。当然，无论采用哪一种混合研究设计，将量化与质的研究方法相结合的根本目的在于更为全面地收集、分析和解释教育现象。

值得注意的是，教育行动研究与综合运用量化与质的等多种方法的混合研究设计具有一定程度的相似性。尽管行动研究仍然缺乏准确的、单一的定义，但其作为一种独特的研究范式、类型或方法已经成为国内外学界的共识。教育行动研究并非是一种单一的研究方法，其与问卷调查法、访谈法、观察法等资料收集方法并不在一个层次；相反，教育行动研究所指代的更多的是一种独特的教育研究的理念、范式和类型。"行动研究只是一种进行研究工作的方式，而非一种方法，此种研究方法是在强调，由实际工作的人员在实际的情景中进行研究，并将研究结果在同一个情景中来应用，至于研究的设计与进行，仍须采用其他各种研究方法。"[1]伯克·约翰逊（Burke Johnson）和拉里·克里斯滕森（Larry Christensen）将教育行动研究作为与"基础研究"（basic research）、"应用研究"（applied research）、"评价研究"（evaluation research）和"取向研究"（orientational research）相并列的独特的研究类型（见表4-1-1）。[2]因此，教育行动研究既可以采用质的研究取向，也可以采取量化研究取向，并可以在研究过程中综合采取多种不同的资料收集方式，如调查法、实验法、访谈法等。

表4-1-1　研究类型特征[3]

研究类型	重要特征
基础研究	关注基础知识的生成
应用研究	关注现实世界的问题与应用
评价研究	关注干预性项目的价值、优点或质量
行动研究	关注解决实践者所面临的具体问题
取向研究	关注减少不平等、声援弱势群体

①　陈桂生. 到中小学去研究教育：教师行动研究的探求[M]. 上海：华东师范大学出版社，2015.

②　约翰逊，克里斯滕森. 教育研究：定量、定性和混合研究方法[M]. 马健生，译. 重庆：重庆大学出版社，2015.

③　同②.

教育行动研究具有的系统性、参与性、改进性以及研究过程所具有的"反思实践循环"的特点使得教育行动研究在研究设计上具有一定的综合性、混合性。在具体的操作层面，许多教育行动研究者也倾向于采用混合研究设计，融合多种研究方法和资料收集与分析技术。例如，邓晓宇与张品围绕SPOC双线混融教学的多轮行动研究就综合采用了实验研究、问卷调查、学生访谈等多种资料收集方法，并以此作为评估行动方案有效性。[①]总言之，教育行动研究强调在复杂的本土化情境中围绕解决复杂的实践问题，并提供基于事实与证据为基础和驱动的行动改进方案。由此，综合采用多种研究方法和资料收集方式，并遵循混合研究设计的原则，将是教育行动研究的重要发展趋势。

（三）教育行动研究的类型

作为一种区别于质的研究或量化研究的独特研究范式，行动研究形同一把"概念伞"囊括多种不同的研究理念、取向、形态和设计。无论在实践中还是在理论上，教育行动研究都存在丰富而多样的类型、表现形式和实现载体，体现出了不同的理论立场和实践指向。许多学者提出了不同类型的教育行动研究，以此来展示行动研究的不同侧重点。而根据不同的分类标准，也可以把教育行动研究分为不同的类型。陈向明基于以往的研究文献较为全面地总结了行动研究的分类标准和类型框架[②]：例如，基于研究侧重点的不同，将行动研究区分为强调科学方法、侧重于行动研究解决实践问题的取向、强调行动研究中的批判性反思等三种类型；根据行动研究的不同阶段，将行动研究划分为试验型、组织型、专业型和赋加权力型；基于舍恩（Schön）的反思类型，将行动研究分为"行动中隐性认知""行动中反思""对行动的反思"第三种类型；根据参与者的类别，将行动研究划分为合作模式、支持模式与独立模式等三种模式。

在诸多教育行动研究的分类框架中，有两种分类思路是较为主流的：[③]一是以研究目的或旨趣以及研究水平为标准，将行动研究分为技术取向的行动研究、实践

---

① 邓晓宇，张品. 基于SPOC双线混融教学促进深度学习的行动研究[J]. 教育学术月刊，2020（11）：106—111.

② 陈向明. 什么是"行动研究"[J]. 教育研究与实验，1999（2）：60—67，73.

③ 赵明仁，王嘉毅. 教育行动研究的类型分析[J]. 高等教育研究，2009，30（2）：49—54.

或慎思取向的行动研究和批判反思或解放取向的行动研究；二是根据行动研究的参与成员的多元性及其运作模式的不同，将行动研究分为独立式行动研究、支持式行动研究与合作或协同式行动研究。下面将结合赵明仁与王嘉毅的相关论述，简要介绍教育行动研究的类型。

1. 根据参与者结构特点而分类。

教育行动研究既可以是作为教育实践者的教师个体独立开展，也可以由教师与来自校外的研究者或专家合作进行。前者被称作"独立式行动研究（individual action research）"；后者则可进一步划分为两类：当校外特别是来自大学的研究者或专家与一线教师开展合作研究时，作为"局外人"的大学研究者、专家所发挥的角色也可能有所差异，如果其角色是咨询者或专业支持者的角色，此种研究被称作"支持式行动研究（supportive action research）"。而如果研究者或专家的角色是深度卷入并逐渐成为行动中的"局内人"而与一线教师协同合作，那么此种教育行动研究就可称作"合作式/协作式行动研究（collaborative action research）"。独立式、支持式、合作式行动研究的异同如表4-1-2所示。

表4-1-2 不同参与者的教育行动研究比较[①]

对比项目	独立式行动研究	支持式行动研究		合作式/协同式行动研究
		内生型	外控型	
参与者	校内教育者，如校长、教师	校内教育者，校外教育者；以校内教育者为主	校内教育者，校外教育者；以校外教育者为主	校内和校外教育者平等协商
变革动因	校内教育者对实践不满意，对教育当局、家长、社会提高教育质量的理解	校内教育者对实践不满意，对教育当局、家长、社会提高教育质量的理解	校内教育者对实践不满意，对教育当局、大学等机构发起的改革	校内教育者对实践不满意，校外教育者对教育质量的真诚关怀
优势	灵活，与日常教学生活紧密结合，与实践者的职业生涯紧密结合	与日常教学生活容易结合，教师的认可度较高	在行动研究初期，或是校内行动者成就动机不强，或是反思能力不强时比较有效	校内与校外双方自愿，优势互补，既能与学校环境结合起来，又能吸收外界智力

① 赵明仁，王嘉毅. 教育行动研究的类型分析[J]. 高等教育研究，2009，30（2）：49—54.

（续表）

对比项目	独立式行动研究	支持式行动研究		合作式/协同式行动研究
		内生型	外控型	
局限性	需要行动者具备较高的成就动机，丰富的知识和教学技能，较强的批判反思能力	需要行动者具备较高的成就动机，丰富的知识和教学技能，较强的批判反思能力	限制校内行动者的自主性，使行动研究容易脱离学校环境，持续性弱、实用性强	对校外教育者要求较高，双方沟通成本较高

（1）独立式行动研究。

独立式行动研究，也称作单个教师的行动研究，顾名思义，是身处教育教学一线的学校教师基于改善自身教学实践的目的，针对教育教学实践问题，而独立开展资料收集、方案设计、行动干预和自我反思的行动研究。作为一种新兴的研究范式与理念，其区别于传统研究的特别之处在于，教育行动研究的初衷是扩展研究主体的范围，进而鼓励和激发作为实践者的教师的研究热情。因此，教师独立开展行动研究也成为教育行动研究的一种常见模式。

独立式行动研究的研究问题往往来源于教师自身的教育教学实践，因此具有很强的情境性和个人性。同时，独立式行动研究所涉及的范围也相对集中，以学生、班级为单位，而未拓展到学校组织层面；其研究成果所产生的影响也较为有限。[①]当然，由于缺乏来自校外教育研究者或专家的支持，独立式行动研究的开展要求教师具备较高的研究素养，特别是对研究方法与过程的科学认知、研究工具的合理运用等。

案例 4-1-1　支教教师开展的"独立式行动研究"

基于这样的现状，教师迫切需要提升作业的重要程度，改变作业形式、数量、评价模式，以此改善学生的作业完成状况。笔者在此支教的过程中，应用行动研究法，根据学生的作业完成情况，不断反思、调整教学。

…………

---

① 袁玲玲. 行动研究的三种方法[J]. 外国中小学教育，1998（1）：41—43.

（支教教师，即行动研究者）设计了行动方案，进行了实践，以期改善少数民族学校学生作业上交不积极的问题。教师在设计作业时应不拘泥于一种形式，应当丰富作业类型，如增加阅读类、展览类、观测类、讨论类、实验类和考察类等作业，以培养学生的探究能力、合作能力、创新能力；在设计地理作业时针对学生和作业的特点，有针对性地布置作业，使学生能够合理安排时间；注重作业的评价与反馈，及时掌握学生学习情况，根据学生的心理特点，实现生生互评。最终达到的目标是教师布置的地理作业能够有效地促进学生地理能力的发展，学生通过对地理知识的掌握与应用，来解决当下或者未来实际生活中出现的问题。

［资料来源：韩雪文.改善少数民族学生地理作业完成状况的行动研究：以云南省丽江市玉龙县纳西族第一中学为例[J]. 地理教学，2019（24）：12，59-61.]

（2）支持式行动研究。

与独立式行动研究不同，支持式行动研究的参与者由校内的一线教师与校外特别是来自大学的研究者和专家组成，双方共同针对教育实践问题展开合作探究。而根据校内教师与校外专家之间的分工的不同，支持式行动研究又可分为两类：一是内生型的支持式行动研究；二是外控型的支持式行动研究。前者强调一线教师对于行动研究的主导地位或主人翁的精神（ownership），行动研究根植于作为实践者的一线教师的教育热情和对教育教学的敏感性，一线教师可以充分发挥专业自主权，而校外专家或研究者主要扮演帮助者或支持者的角色；后者则反映出行动研究由外部专家或研究者主导或操控，一线教师成为执行者，反而缺乏对教育教学的独立的自我反思精神。

显然，内生型的支持式行动研究对一线教师的研究意识和能力提出了更高要求，特别要求一线教师要有主人翁的专业自主意识和责任感，能够自我批判和反思，同时也需要进一步构建专家与教师之间平等的合作关系，明确两者的责任边界与专业地位。

（3）合作式/协同式行动研究。

在教育行动研究领域，合作式/协同式行动研究，特别是大学研究者与教师之间的合作已然十分流行。埃利奥特（Elliot）甚至认为"合作行动研究"是响应"对教师专业实践进行等级制的监控和控制的技术理性系统"的重要途径。[①]在研究文

---

① ELLIOT J. Action research for educational change[M]. Buckingham: Open University Press, 1991.

献中，广泛意义上来说，合作式行动研究这一概念被用来指代教育行动研究中生成的两种合作关系：一是教师之间的合作行动研究（例如Bleicher，2013）；二是作为实践者的教师与来自大学的研究者之间的合作科研（例如Bruce，Flynn & Stagg-Peterson，2011）。作为教育行动研究的一种类型，合作式行动研究主要指代的是后一种合作，也就是一线教师与研究者或教师教育者合作开展行动研究，此类行动研究主要关注中小学教师个体与学校组织的实践问题，并将中小学教师和大学人员之间的协同式专业发展作为侧重点。

罗海瑟（Rolheiser）与何嘉柏曼-格雷（Hogaboam-Gray）将合作式行动研究界定为，"作为平等的伙伴的教师和大学研究者共同体对教师的实践进行系统性的探究"，以此区别于完全由教师自己开展的教师科研以及研究者在学校开展的传统教育研究。从这一定义中我们也可以看到，中小学教师与大学研究者之间平等的地位，是合作式行动研究的主要特点之一。此外，卡波比安科（Capobianco）总结了合作式行动研究的五个特点："（1）研究问题由教师和研究者共同协商确定；（2）教师和研究者彼此合作，共同探究问题的解决办法；（3）教师提高研究能力，而研究者探索适合学校情景的研究方法；（4）研究者和一线教师持续性地分享个人的和批判的反思，并将其作为研究过程重要组成部分；（5）研究的结果有助于教学知识的建构，并可与他人分享，以提升教学实践。"罗海瑟（Rolheiser）与何嘉柏曼-格雷（Hogaboam-Gray）认为，在合作式行动研究中，来自大学的学术研究者的主要贡献在于，"提供研究方法的培训"，并为教师提供专业支持。并进一步指出，合作式行动研究应该包含两个关键步骤：一是"学习如何做研究"；二是"教师自主开展行动研究"，这对于提升教师开展行动研究的意识和能力有积极作用。

案例 4-1-2　大学研究者与一线教师开展的合作式行动研究

　　针对学校所处社区的社会特征，设计了以文化回应为核心的课程干预方案，将学生所处的真实生活社会背景引入课堂中，作为学生学习、讨论的材料。在此基础上，研究者与一线教师合作开展课程干预实验，以研究性学习为载体，引导学生开展议题确定、研究方案设计、资料收集整理、讨论、写作修改与展示等工作。行动研究案例证明，在中国语境之下，文化回应教学的实践可以显著改变课堂状况，有效训练学生思维和写作能力，改善学习形态与师生关系，形成扎根现实生活的批判性思维，最终打造新的社会主体。

…………

干预行动分别在2002—2003年、2012—2013年和2015—2016年进行。来自大学社会学系、教育学系的专家和学校班主任、语文教师互相合作，联合指导学生在语文课堂上开展研究性学习，让他们主动去认识自身所处的社会并将其带到课堂上进行展示。整个研究性学习一般贯穿一个学年，包含选题确定、研究设计、资料收集、报告写作及评估展示等环节。

［资料来源：黄斌欢，陈如珍. 文化回应教学与课程干预的行动研究：基于三个边缘群体实践案例[J]. 教育科学研究，2019（8）：53-59.］

2. 根据行动研究的目的旨趣而分类。

根据行动研究和旨趣的不同，为了回答"我们为什么要开展行动研究"这一问题，伯恩斯（Burns）总结了三类不同的行动研究[①]：一是技术—科学取向的（technical-scientific）行动研究，强调行动研究的规范化与科学化；二是实践—慎思取向的（practical-deliberative）行动研究，侧重于行动研究者的对实践的反思与慎思；三是解放—批判取向的（emancipatory-critical）行动研究，强调批判性地思考作为实践者的教师身处的教育改革脉络。尽管使用的措辞稍有不同，但是，教育行动研究的"技术""实践""解放"三种不同取向的分类方法在学术界形成了一定的共识。例如，陈向明主编的《教育研究方法》将行动研究分为科学的、实践的、批判的行动研究。[②]赵明仁与王嘉毅根据行动研究的不同水平，将行动研究分为技术的、慎思的、解放的行动研究，并对三种不同水平的行动研究进行了详细的比较，充分阐述了其异同点（如表4-1-3）。

① BURNS A. Action research: an evolving paradigm? [J]. Language Teaching, 2005, 38 (2)：57—74.

② 陈向明. 教育研究方法[M]. 北京：教育科学出版社，2013.

表4-1-3 不同水平的行动研究比较[1]

对比项目	技术的行动研究	慎思（或实践）的行动研究	解放（或批判）的行动研究
基本旨趣	有效能地实施变革	促进教育实践的改进	形成更加平等、公正的教育过程和生活世界
变革动因	外界推力	内在生长	内在生长
知识论	知识可以独立于求知者，行动者作为知识消费者	知识是个人的，由参与人士互动而建构	知识是个人的，由参与人士互动而建构，且以追寻平等和公义为圭臬
主要观点	假设世界、知识是客观的；在类似规律性命题（即可用实证验证）的取向下操作；确定性原则；重视效率和节俭	把现实看作在历史、政治及社会脉络中互为主体的存在；视人类为积极创造知识的人；强调理解和沟通互动；在日常生活环境中寻求假设和意义	把现实看作在历史、政治及社会脉络中互为主体的存在；假设必需批判意识形态，且付诸行动；寻求揭示具压迫性和支配性的事物；检视和解释探究所依据的价值系统和公平概念

（1）技术取向的行动研究（technical/scientific action research）。

技术取向的行动研究，也被称作"科学的行动研究"或者"实证取向的行动研究"（positivist approach to action research），其代表人物是行动研究的提出者勒温，反映了第一代行动研究的特点。[2]行动研究被界定为实践者对教育问题的系统性的自我反思和研究。技术取向的行动研究侧重于研究的"系统性"。作为古典行动研究，技术取向的行动研究强调行动研究的科学性，认为行动研究应该严格依照实验或准实验研究的过程和步骤，并对所提出的研究假设进行检验和验证。因此，技术取向的行动研究关注研究过程的技术规范。显然，技术取向的行动研究认为行动研究也属于科学研究范畴之内，行动研究的根本目的仍然在于获得对教育现象的因果关系的解释，进而形成教育规律性认识，产生新的教育知识。在这里，教育行动研究的研究目的、研究过程及其成果的呈现与传统的科学研究并无本质差异。

（2）实践取向/慎思取向的行动研究（practical/ deliberative action research）。

如果说技术取向的行动研究侧重于教育知识的生产，那么，实践取向/慎思取向

---

① 赵明仁，王嘉毅. 教育行动研究的类型分析[J]. 高等教育研究，2009，30（2）：49—54.

② 陈向明. 教育研究方法[M]. 北京：教育科学出版社，2013.

的行动研究则更关注作为实践者的教师对课堂教学实际问题的理解、反思和阐释。实践取向的行动研究的代表人物是英国的课程改革专家斯腾豪斯（Stenhouse）与埃利奥特（Elliot）。[①]在实践取向的行动研究中，一线实践者是专业自主的反思性实践者，持续性地关注和反思自身的教育教学实践。在认识论层面，实践取向的行动研究将知识视作"社会建构"（socially constructed）的产物，因此更强调行动研究的本土化与情境性，认为一线教师应秉持唐纳德·舍恩（Donald Schön）所提出的反思性实践者的理念，对自身的教学实践进行反思，以此达成理论与实践相结合、融合和转化的目标，推动实践的改进。可见，实践取向的行动研究更关注行动研究"对社会实践的改进功能"。[②]

（3）解放/批判取向的行动研究（emancipatory/critical action research）。

解放/批判取向的行动研究是由卡尔（Carr）与凯米斯（Kemmis）在1986年出版的专著《走向批判：教育、知识与行动研究》（*Becoming Critical：Education，Knowledge and Action Research*）中系统性的提出并详细论证，他们将行动研究定义为："行动研究是参与者在社会情境中进行的一种自我反思式的探究，其目的在于增强参与者自身实践的合理性和公正性，以及提高参与者对实践以及实践所处的情景的理解。"[③]可见，与技术取向的行动研究强调研究过程的科学性与规范性，实践取向的行动研究强调课堂教学的实践反思不同，解放/批判取向的行动研究侧重于行动研究对理性、公平和正义价值的追求和实现。赵明仁和王嘉毅总结道，解放的行动研究"主张行动研究在检视和解释所依据的价值系统和公平概念基础上必须批判意识形态、寻求揭示具有压迫性和支配性的事物，并且要把批判性的意识付诸行动，教育目的不能仅仅依赖于外在的权威，实践者具有自我决定性"[④]。简言之，解放/批判取向的行动研究主张行动研究者不仅应关注教育教学的实践改进，更应该深刻地批判和反思实践问题背后存在的社会公平正义等历史性、制度性与结构性问

---

① 陈向明. 教育研究方法[M]. 北京：教育科学出版社，2013.

② 陈向明. 什么是"行动研究"[J]. 教育研究与实验，1999（2）：60—67，73.

③ CARR W, KEMMIS S. Becoming critical：education knowledge and action research[M]. Lewes：Falmer，1986：162.

④ 赵明仁，王嘉毅. 教育行动研究的类型分析[J]. 高等教育研究，2009，30（2）：49—54.

题。[①]如下案例4-1-3为解放性教育行动研究的相关案例。

案例 4-1-3 解放性教育行动研究

解放性行动研究是具批判性的教学实践，其行动模式可采取澳洲迪金大学的批判行动研究模式。这个模式建议教师（多为参与者）搜集资料时提出下列问题：现在发生了什么事？这件事出现了什么问题？我可以做什么？这样处理事件对我（作为教师）有什么重要性？这样处理事件对我的学生有什么重要性？我可以在什么时候、什么地方获得探究这事件的信息？

在解放性行动研究模式指导下，我们对"中国旅游业"一课进行了地理课例分析，运用录像记录课堂教学，用相关电脑软件（APEC小组提供）对教师提问次数、学生活动次数、教师教学行走路线等方面进行统计，由同组教师共同观看录像，提出教学改进建议。该课例共设计了3次，每次设计修改，都在同等水平的不同的班实施，并进行录像分析，历时3周。通过系列的课例分析，教学时间从2节缩为1节，教学节奏从拖沓变为紧凑，教学活动从教师讲授为主变成学生合作归纳为主，教学效果从学生无效记忆变为有条理的有效记忆。有鉴于此，本文就这次系列课例分析为例展开阐述，目的在于探讨通过地理课例分析指导优化课堂教学的作用。

[资料来源：黄晓梅.解放性行动研究指导下地理课例分析与实践[J]. 中国电化教育，2003（7）：40-41.]

二、为什么要选择教育行动研究

作为一种新的研究范式、理念和具体研究设计方法，教育行动研究业已成为我国教育工作者的重要专业实践，特别是对于中小学教师而言，行动研究已成为教师开展课题研究、课例研究、反思研究的主要方式方法。陈向明指出，行动研究应成为中小学教师对自身教学实践进行研究的方式，"由于教师所处的社会大环境和教育小环境都非常复杂，特别是当前面临高风险考试和行政绩效管理的压力，教师的工作都特别繁忙、琐碎，因此教师的研究应该与学术界的研究有所不同，行动研究应该是其首选"[②]。自20世纪80年代左右起，教育行动研究被引介进我国，对教育学术研究与教育实践均产生了深刻影响，教育行动研究的相关论文也呈现井喷的特点，中小学教师参与教育研究的热情也持续高涨，并成为一种潮流。早在20世纪

---

① 王晓芳，黄学军. 中小学教师科研活动与教师专业性的提升：基于工具性、认识论和批判性的视角[J]. 基础教育，2015, 12（3）：105-112.

② 陈向明. 中小学教师为什么要做研究[J]. 教育发展研究，2019, 39（8）：67-72.

90年代，教育行动研究的倡导者郑金洲就敏锐地将"素质教育"与行动研究结合起来考虑，指出素质教育的实施和落地需要作为专业人士的教师"以研究者的姿态出现在素质教育的舞台上，从自己的教育教学实际中发现问题、分析问题、解决问题，实施行动研究"[①]。陈红兵对中小学教育行动研究的研究报告进行了系统性的元分析，分析对象包括2007年至2011年间发表的195篇行动研究报告。[②]可见，教育行动研究的相关学术成果的数量较多，也成为许多中小学教师首选的教育研究范式方法。

作为一项教育改革运动和理论思潮，教师行动研究以及随之而来的"教师作为研究者"（teacher as researcher）始于20世纪70年代以来以英国斯腾豪斯（Stenhouse）和埃略特（Elliott）、澳大利亚卡尔（Karr）和柯米斯（Kemmis）与美国蔡克纳（Zeichner）、科克伦—史密斯（Cochran-Smith）、莱特尔（Lytle）等人为代表的相关实证研究和倡议。而在中国，在"科研兴教，科研兴校"理念的指引下，中小学一线教师主持或参与教育科研工作（以下简称"教师科研"）也由来已久，在教育部2012年发布的《小学教师专业标准（实行）》《中学教师专业标准（试行）》等文件中，"针对教育教学工作中的现实需要与问题，进行探索和研究"被规定为一线教师必备的专业能力的基本内容。

以行动研究为主要方式的中小学教师科研的兴起反映了"探究、知识和实践三者之间辩证和协同的关系，以及理论和实践、知与行、概念化与研究、分析和行动、研究者与实践者之间界限的模糊性"[③]。从实用主义或技术层面来看，无论是西方国家/地区还是中国，作为实践者的教师采用行动研究范式，对学校、课堂中的教学实践活动进行系统性的、有意识的探究，均被政策制定者、研究者视为实现教师专业发展、学校改进的有效模式。而从知识论或批判性层面来看，教师科研又被认为"是一种建立地方化和公共知识的途径"，教师个人知识或实践性知识不再被贬低，教师专业身份也从教育知识的执行者、消费者转变为教育知识的探究者、生产者，这无疑也重构了作为实践者的教师与大学研究者之间在知识生产过程中的权

---

① 郑金洲. 素质教育与教师行动研究[J]. 教育研究与实验, 1997 (3)：17-20.

② 陈红兵. 中小学教育行动研究的元分析[J]. 教育研究与实验, 2014 (6)：15-19.

③ COCHRAN-SMITH M, LYTLE S L. Inquiry as stance：practitioner research for the next generation[M]. New York & London：Teachers College Press, 2009.

力关系，建立起一线教师的实践知识与研究者的学术/研究知识的沟通桥梁。[①]

作为教师的主要研究范式和方法，教育行动研究对教育实践者的专业性、教师专业发展、学校教育改进、教育知识生产均发挥着积极影响。这也是为什么教育工作者选择教育行动研究的重要原因。下文将从工具性层面、认识论层面以及批判性层面等三个角度论述教育行动研究的价值与功能。[②]

（一）工具性层面：教育行动研究是促进教师专业发展的重要途径

改进教学实践、提升教师教学活动的质量、实现学校甚至学区的整体改进，是教师科研"工具性"目的的主要体现。基于一线教师已成为学校改进的主角这一共识，以教师行动研究为主要表现形式的教师科研对于教师专业发展同样产生了积极影响。我国研究者也认为，校本教研、校本教育科研课题等教师科研的活动形式已成为我国教师专业发展的主要方式。[③]具体而言，可从教师研究意识、技能与自信心的提升与教师知识的增长与建构这两方面来陈述教师从事教育科研活动是如何促进其专业发展的。

1. 教师研究意识、技能与自信心的提升。

尽管教师科研对于教学改进、学校改进等有诸多工具性价值，但是毫无疑问，教师在从事教育科研的实践中也面临诸多现实困境，其中最被部分研究者所质疑的就是，一线教师缺乏研究意识、技能与自信心。[④]但正如教师科研自身所提倡的探究精神——"从做中学"一样，教师亲身参与、从事科研活动是转变教师科研态度、提升研究技能、增强研究自信心的最重要也是最有效的方式。

首先，开展行动研究、参与科研活动改变了一线教师以往对科研活动的认识，使得教师形成"批判性的研究态度"，教师变得更加有知识和能力去判断"何谓好的研究"，同时也更有信心来批判性地阅读和评价研究的过程和结论。例如，史奴克（Snoek）和莫恩斯（Moens）2011年的实证研究就发现，经过参与科研活动，

① 王晓芳，黄丽锷. 中小学教师科研活动中的管理主义：基于对相关官方文件与若干结题报告的分析[J]. 北京大学教育评论，2015，13（1）：108—128，190—191.

② 王晓芳，黄学军. 中小学教师科研活动与教师专业性的提升：基于工具性、认识论和批判性的视角[J]. 基础教育，2015，12（3）：105—112.

③ 陈柏华，高凌飚. 教师专业发展之行动研究[J]. 课程·教材·教法，2007（10）：77—82.

④ BERGER J G，BOLES K C，TROEN V. Teacher research and school change: paradoxes, problems, and possibilities[J]. Teaching and Teacher Education，2005，21：93—105.

一线教师对于科研的态度发生了转变，他们形成了对课堂中的行动更加"批判性的态度"，并更有意愿去做出改变的行动。[①]这些都对他们自身进一步作探究活动或借鉴他人的研究发现十分有益。其次，教师的科研技能也获得了提升，荷兰的教师科研倡议者柯尔特（Corte）及其同事2013年的实证研究发现，大部分教师均认为，参与科研活动有助于提升自身的研究技能，体现在选定研究问题、获得搜集资料的方法、分析和报告研究结论等方面。[②]另外，一线教师往往对科研活动心存敬畏，并对自身开展探究活动的能力和技术感到焦虑，因此，在教师科研的过程中，教师对其知识、技能和外部条件的自信心是十分重要的。而参与教师科研活动有助于提升教师的科研自信心，这一判断得到了西方学者实证研究的证实，例如，在卡波比安科（Capobianco）及其同事2006年的研究中发现，在合作探究过程中，教师的科研自信心获得提升，"开始信任他们自身构建知识、创造意义和提升自身实践的能力"。[③]

2. 教师知识的增长或建构。

教育行动研究、教师做科研之所以被认为对教师的专业发展有积极影响，扎根于这样一种理念：教师专业知识的使用和发展是一个相互交织的、循环往复的过程。教师专业发展或教师学习的本质就是教师的知识增长或建构。例如，坎贝尔（Campbell）就认为，教师学习与知识的增长应该是发生在教师工作的地方，"与一个更有经验或知识更渊博的教师一起工作，通过在专业对话中的观察和被观察，以及参与工作坊、课程和会议"等方式，教师学习才有可能发生，而教师科研（如教师行动研究）应该成为教师在实践中、探究中学习的主要形式之一。[④]国外许多

---

① SNOEK M, MOENS E. The impact of teacher research on teacher learning in academic training schools in the Netherlands[J]. Professional Development in Education, 2011, 37 (5)：817—835.

② CORTE M V, BROK P D, KAMP M, et al. Teacher research in dutch professional development schools：perceptions of the actual and preferred situation in terms of the context, process and outcomes of research[J]. European Journal of Teacher Education, 2013, 36 (1)：3—23.

③ CAPOBIANCO B, LINCOLN S, BROWNE D C, et al. Examining the experiences of three generations of teacher researchers through collaborative science teacher inquiry[J]. Teacher Education Quarterly, 2002, 33 (3)：61—78.

④ CAMPBELL A. Connecting Inquiry and professional learning：creating the conditions for authentic, sustained learning[M]//MOCKLER N, SACHS J. Rethinking educational practice through reflexive inquiry. London：Springer, 2011：139—150.

学者的实证研究为这一判断提供了证据。

例如，史奴克和莫恩斯分析了参与科研活动对教师知识增长的影响：他们从三个层面来探讨教师学习的变化，一是个人学习，二是小组学习，三是组织学习。通过"作研究"，教师学习到的"不仅是与研究方法论相关的知识和技能，更多的是态度、参与和身份的变化"，而通过研究的内容，教师认为获得了一些专业技能和对学生/课程的新的理解。而且，探究小组的形成对教师学习带来了积极影响，但要让小组学习更加成功，"一小群教师应该致力于相同的研究，投入相近的时间，以及不要区分研究者和任务的分配者"[1]。另外，除了教学知识的增长之外，参与教师科研活动还有助于一线教师将科研探究活动内化为自身的存在方式。苏庆熙（So Kyunghee）借用了蒂利马（Tillema）和韦斯特赫伊曾（Westhuizen）提出的衡量教师探究的"知识生产力"的三条标准——对问题的理解、视角的转换和承诺，来分析科研活动对教师的影响。研究发现，教师的知识、信念、态度等都发生了一定程度的变化；更为重要的是，对教育教学实践展开系统性探究也成为一线教师对于教学实践的内在态度或"心智习惯"，也就是科伦—史密斯（Cochran-Smith）与莱特尔（Lytle）提出的"探究立场"（inquiry as stance），而相较于知识的增长，这一影响更为深远和重要。[2]

改善教师教学质量、促进教师专业发展一直以来都被认为是以行动研究为主要范式的教师科研的主要目的，这代表着教师教育或培训模式的转型——从知识的传送模式到探究模式。以教育行动研究为主要范式的教师科研活动使得以学校、教学实践和教师自身为中心的专业发展模式成为可能，一线教师的专业发展可不再受政府、师资培育机构的牵制，从而能自主决定专业发展的形式与内容，而非被动地置身于政府与专家学者所主导的"专业化"进程中。另外，正如舍恩（Schon）所提倡的，教育行动研究的"反思性"特征使得在以教师科研活动为核心的教师专业发展模式中，教师逐渐成为"反思型实践者"，因为"当教师实践者有机会开展课堂研究，并与他们的同事在合作的环境中讨论他们的发现时，将有助于他们对自身实

① SNOEK M, MOENS E. The impact of teacher research on teacher learning in academic training schools in the Netherlands[J]. Professional Development in Education, 2011, 37 (5)：817—835.

② TILLEMA H, VAN DER WESTHUIZEN G J. Knowledge construction in collaborative enquiry among teachers[J]. Teachers and Teaching：theory and practice, 2006, 12 (1)：51—67.

践进行反思"①。换句话说，经由对自身实践进行反思、探究，作为专业人员的教师一定程度上掌握自身专业发展的主导权。

（二）认识论层面：教育行动研究拓展"作为专业的教学"的知识基础

教学之所以可以被认为是一门专业，其根源就在于教师的专业判断及其稳固的知识基础；而从事探究活动被认为是保障专业判断、扩展知识基础的重要途径。大卫·哈格里夫斯（David Hargreaves）比较了教学与医学这两个行业的特点发现，与医学行业中实践者与研究者合二为一的情况不同，身为实践者的教师很少从事教育研究活动②。为了使教学成为一门专业，就必须将教师等实践者纳入教育科研的共同体，让教师也成为研究者。而作为实践者的教师开展行动研究等科研活动这一理念的提出是为了重新认识教师个人知识的价值，并提升教师在知识生产领域的话语权。因为教师行动研究等教师科研活动本身是一种"认知方式"，同时也是教育知识生产的方式，"校本的教师——研究者自身是'知者'，也是为自身和他人生产关于教学和学习的知识的主要来源"。

1. 重新发现教师个人知识的价值。

传统上，一线教师被认为有经验而无知识，而作为"经验证的真理信念"（Justified truth belief）的知识则被研究者所垄断。然而，波兰尼（Polanyi）十分反对此种严格分离的、客观的和正式化的知识，并提出了"个体知识"概念，"我们知道的比我们能够表述的多"：在"个人知识"体系里，可言传的知识只占人类知识的极少部分，是露出水面的冰山，而默会知识则是隐匿在水中的绝大部分。③类似的，杜威（Dewey）也对将知识视作"真理"的传统概念进行了激烈的批评。他认为，应该在"行动"的视域下来理解知识；如果没有行动，知识就不可能出现；行动是知识的构成部分；反思和行动的参与意味着知识是一种人类建构

---

① LYLE S. An investigation into the impact of a continuing professional development programme designed to support the development of teachers as researchers in South Wales[J]. Journal of In-Service Education, 2003, 29 (2)：295—314.

② HARGREAVES D H. Teaching as a research-based profession：possibilities and prospects[J]. The Teacher Training Agency Annual Lecture, 1996, 1—12.

③ 波兰尼. 个人知识[M]. 许泽民，译. 贵州：贵州人民出版社，2000.

或重构。[1]波兰尼提出的个人知识、缄默知识和杜威的建构主义知识观，为教师知识的存在提供了合法化的机制，也就是说教师并非仅仅是传达专家知识的工具和容器，教师本身就是知识的载体。

而埃勒巴兹（Elabz）、康奈利（Connelly）和克伦德宁（Clandinin）等人提出并发展的教师实践性知识，重新发现了教师个人知识的本质及其在教学实践活动中的作用。埃勒巴兹通过个案研究发现，教师以独特的方式拥有一种特别的知识，也就是"实践性知识"，它"以特定的实践环境和社会环境为特征，是高度经验化和个人化的，关于学生、课堂、学校、社会环境、所教学科、儿童成长理论、学习和社会理论的所有这些类型的知识，被每位教师整合成为个人价值观和信念，并以他/她的实际情境为取向"[2]。加拿大学者克伦德宁、康奈利更是将教师的个人经验上升到知识高度，认为教师个人实践性知识贯穿教师的实践过程，包括以往的经验、现时的身心以及未来的计划，是教师个人经验的全部。[3]

可见，教师个人知识的价值被重新发现和认识。但这引出了另一个问题：如何挖掘教师个人知识？毫无疑问，教师行动研究等教师科研活动，即教师对自身实践进行反思、探究，是识别、挖掘、利用和提升教师个人知识的主要方式。教师参与科研可以有十分丰富的表现形式，包括日记、口头探究、课堂或学校科研活动等实证研究，也包括撰写文章对教学实践进行反思等概念研究。[4]在教学实践中，一线教师往往通过同侪探讨、撰写教学博客与教学论文、开展公开课和听评课、参与教育课题研究等方式，对自身的教学实践进行探究，进而认识、增进和建构个人化的教育知识。

2. 教师行动研究的产品：实践的知识。

那么，教师对自身实践活动的反思、探究的成果是什么呢？麦金太尔（McIntyre）提出了教学活动中的知识连续体，包含8种类型的知识，其中的两个

---

① 陈向明，赵康. 从杜威的实用主义知识论看教师的实践性知识[J]. 教育研究，2012，33（4）：108—114.

② ELBAZ F L. Teaching thinking: a study of practical knowledge[M]. London: Croom Helm, 1983.

③ CLANDININ D J, CONNELLY F M. Teachers' professional knowledge landscapes: teacher stories, stories of teachers, school stories, stories of schools[J]. Educational Researcher, 1996, 24—30.

④ COCHRAN-SMITH M, LYTLE S L. Inside/Outside: teacher research and knowledge. New York & London: Teachers College Press, 1993.

极端一端是教师的"技艺知识"，另一端则是"研究发现和结论"。而教师行动研究或教师科研所生产的知识则处于知识连续体的中间，以此区别于科学研究和纯粹的教学经验。①科伦—史密斯与莱特尔质疑芬斯特马赫（Fenstermacher）将知识分为"以研究为话语"的正式知识与"以实践为话语"的实践知识②，认为其是简单化的思维，并抬高正式知识的地位，贬低教师个体的实践知识的价值。③因为正式知识掌握在研究者、专家和政府机构手中，而教师在教学中所需要的知识是由大学的研究者来生产和提供的，这种知识往往是正式知识，而非依赖于日常实践的传统智慧。④基于对实践与知识间关系的认识，他们将教师科研活动的产品称作"实践的知识"（knowledge of practice），以此区别于研究者所生产的"为了实践的知识"（knowledge for practice）以及由教师个人经验总结而成的"实践中的知识"（knowledge in practice）。

经由教师行动研究等教师科研活动而生产的"实践的知识"的特性在于，其并不承认芬斯特马赫提出的正式知识与实践知识的两分法，相反，"知识创建被认为是一种教学行为，产生于使用的情境中、并与知者相联系，同时是一个理论化的过程"；而教师要获得"实践的知识"必须对"教学、学习者、学科内容和课程、学校和学校教育"等进行系统性地探究。可见，与专家知识和单纯的个人经验不同，教师对自身实践进行反思和探究，其实质是"一种建立地方化和公共知识的途径"⑤。在生产"实践的知识"的过程中，教师既是研究的消费者，自己实践的研究者，专业发展的设计者，同时也是研究者和政策制定者的信息源。教师科研能够产生新类型的知识，并保障教师的专业性。教师行动研究等教师科研活动"为教师提供了合适的技术和实践的可能性，来超越未经反思、未经批判的专业性的观点和

① MCLNTYRE D. Bridging the gap between research and practice[J]. Cambridge Journal of Education, 2005, 35 (3)：357—382.

② FENSTERMACHER G D. The knower and the known：the nature of knowledge in research on teaching[J]. Review of Research in Education, 1994, 20 (1)：3—56.

③ COCHRAN-SMITH M, LYTLE S L. Relationships of knowledge and practice：teacher learning in communities[J]. Review of Research in Education, 1999, 24：249—305.

④ 同③.

⑤ LYTLE S L, COCHRAN-SMITH M. Teacher research as a way of knowing[J]. Harvard Educational Review, 1992, 62 (4)：447—474.

实践"①，并为教师提供机会来打破关于实践的本质的传统的智慧，重新思考如何改善其实践活动与知识生产活动。

总之，传统的认识论认为，教师是知识的接受者，"教学的知识是从外部到内部流动的，在大学生产，然后运用于学校之中，这实际上是从来源到目的地的知识的线性传递"②。而教师科研活动特别是教育行动研究重新发现教师个人知识的价值，扩展了"作为专业的教学"的知识基础，并使得教师的教学实践不仅成为一门研究支撑（research-informed）的专业，更成为一门"支撑研究"（research-informing）的专业。③教师对自身实践的探究，为教师专业实践提供了不同于专家知识与个人经验传授的知识基础，即"实践的知识"；与此同时，也扩展了传统教育研究的边界。换句话说，在教育行动研究或者教师做研究的视野下，教师既是研究者，又是实践者，教师探究活动已内在于教师的专业实践活动之中。

（三）批判性层面：教育行动研究重构知识生产权力关系，推动教育公平与正义。

1. 重构教育知识生产过程中的权力关系。

传统上，教师的角色是一种道德主体、技艺人员、技工、官僚主体和去技能化的知识分子。④也就是说，教师是专家知识的执行者，而传统的教育研究也往往被大学研究者所垄断，而现在传统对教学的研究已经开始为教师行动研究腾出空间。教师已经开始处于对教学实践进行探究的核心地位，"研究不再是仅由学者提供的、主要是为了正式的或理论的、并通常不会对实践者带来什么影响的知识"⑤。与此相关的是，研究者与实践者两者之间的权力关系也发生了深刻的变化。

实际上，在科伦—史密斯与莱特尔提出的"探究立场"的观念中，一线教师在

① SACHS J. Using teacher research as a basis for professional renewal[J]. Journal of In-Service Education, 1999, 25（1）：39—53.

② LYTLE S L, COCHRAN-SMITH M. Teacher research as a way of knowing[J]. Harvard Educational Review, 1992, 62（4）：447—474.

③ LINGARD B, RENSHAW P. Connecting inquiry and professional learning in education：international perspectives and practical solutions[M]. London：Routledge, 2009, 26—39.

④ CHRISTIANAKIS M. Teacher research as a feminist act[J]. Teacher Education Quarterly, 2008, Fall：99—115.

⑤ COLE A L, KNOWLES J G. Teacher development partnership research：a focus on methods and issues[J]. American Educational Research Journal, 1993, 30（3）：473—495.

知识生产中的地位就发生了变化，"教师教学所需要的知识产生于教师将自己的课堂和学校作为有意识地调查的场所，同时，将他人创造的知识和理论作为有生产的材料，来进行审视和解释"[1]，也就是说，在教师科研过程中，教师是一名研究者、教育知识的生产者，而非消费者。而作为一种"文化创新"的教师科研活动对大学/研究者、传统的教育研究带来了诸多挑战，例如作为研究者的教师的"局内人"立场、探究的内容、方法和正当性等。就像蔡克纳（Zeichner）所言，"我们对教育研究的视野应该包含教师生产的知识和在学院里研究者生产的知识"[2]。教师做研究正在打破传统教育知识生产的等级制结构，而实践者与研究者之间的分工界限也正在消失，当教师进行自身的科研实践活动时，他们就能够在教育知识的生产过程中占有一席之地。实际上，教师科研一直以来被认为是一种解放的活动，通过教师科研，教师能够获得发声的自由、选择和权力，把自身放置在与高等教育的研究者相比较的位置上，研究者在传统上具有较高的地位。总之，教师科研"有助于重新界定教师的角色，并建立在教育中新的位置。"[3]教育知识生产的分工的转变，实际上也意味着，实践者（教师）和研究者的地位的重构，教师科研有利于改变这种知识生产的模式，甚至改变知识的本质。

2. 推动教育公平与正义。

此外，更深层次地看，教师行动研究等教师科研活动的开展也有利于推进教育公平与正义的实现。因为教师的科研活动对于改变控制教育知识的体系有潜在的颠覆性影响，"通过将行动者知识公开化，使其他实践者能够从个体或群体的探究活动中获益"。[4]克里斯蒂安娜基斯（Christianakis）从女性主义的视角来理解教师做研究，认为教师行动研究等教师科研活动是革命性的，特别是在教育知识生产方面，教师科研成为"教师参与在教育知识生产方面更加民主的形式的一种工

① COCHRAN-SMITH M, Lytle S L. Relationships of knowledge and practice: teacher learning in communities[J]. Review of Research in Education, 1999, 24: 249—305.

② ZEICHNER K M. Beyond the divide of teacher research and academic research[J]. Teachers and Teaching: theory and practice, 1995, 1 (2): 153—172.

③ CHRISTIANAKIS M. Teacher research as a feminist act[J]. Teacher Education Quarterly, 2008, Fall: 99—115.

④ ZEICHNER K M. Action research: personal renewal and social reconstruction[J]. Educational Action Research, 1993, 1 (2): 199—219.

具"[1]。通过教师做研究这一解放性的行动，挑战原有的学术研究人员与作为实践者的教师之间的分工体系，教师获得发声的自由、选择和权力，颠覆原有教育等级制度。由此而发，作为教师做研究的目的之一，知识生产本身就与实现社会民主和正义这一解放性目标相关联。

实际上，许多学者反对仅将教师做研究作为一种解决实际问题的工具化的步骤或技术，也并非研究课题；相反，代表着实践智慧的教师科研活动致力于教学、学习和学校教育的彻底的变革。教师做研究本身蕴涵着"社会性"与"批判性"，也就是说必须对"做什么、为什么做、谁来决定以及服务于谁的利益"[2]这些问题进行质疑。而教师科研活动的最终目的在于实现教育公平与正义，并进一步推动社会正义。教师做研究应致力于实现教学、学习和学校的"转型"，也就是说，教师行动研究等教师科研活动是"一个持续的过程，对既存教育系统的目的的基本假设进行质疑，并对教育资源、教育过程和结果发问"[3]。从这个意义出发，教师已超越传统的技术人员，而成为对自身实践以及身处的学校环境、教育系统和整个社会生态进行反思、批判、探究的专业人员。

三、怎样做教育行动研究

（一）教育行动研究的基本过程：行动研究螺旋循环

根据刘良华的论述，行动研究的首倡者社会心理学家勒温（Kurt Lewin）提出了行动研究螺旋循环，并较为完整地设计了行动研究应遵循的一般过程：考察或探察问题情境并收集证据；设定行动方案；执行设定的行动方案；观察或探察行动过程，评价行动效果，并为行动方案的修订提供依据；最后则是"重新设计一个计划、执行和侦察（或观察）的进程……并对'总体计划'做出可能的修改"[4]。勒温构建了包含"计划—行动—侦察（fact-finding）"等多个步骤的行动研究螺旋循环，这也成为教育行动研究的经典过程。在勒温之后，许多研究者

---

① CHRISTIANAKIS M. Teacher research as a feminist act[J]. Teacher Education Quarterly, 2008, Fall: 99—115.

② COCHRAN-SMITH M, LYTLE S L. Inquiry as Stance: practitioner research for the next generation[M]. New York & London: Teachers College Press, 2009.

③ 同②.

④ 刘良华. 行动研究的史与思[D]. 上海：华东师范大学，2003.

在勒温提出的螺旋循环的基础上不断完善，构建了不同的行动研究模型。例如，斯金格（Stringer）提出了"看（look）—行动（act）—思考（think）"三步骤的循环往复的行动研究互动循环。[1]卡尔霍恩（Calhoun）构建的行动研究循环则包含"选择问题域（select area）—收集资料（collect data）—组织资料（organize data）—分析和解释资料（analyze and interpret data）—采取行动（take action）"循环往复、互相影响的五个步骤。[2]澳大利亚外语教育研究者伯恩斯（Burns）更是详细列明了行动研究的11个步骤：探究、识别、计划、资料收集、分析、反思、假设、干预、观察、报告和写作。[3]

而在教育行动研究循环中，凯米斯（Kemmis）与埃利奥特（Elliot）基于对勒温的"循环螺旋"（spiral of cycles）的完善而分别构建的教育行动研究的基本步骤在实践中是较为主流的。凯米斯对勒温提出的行动研究循环进行了完善，提出了所谓的"凯米斯程序"，包括"计划（General plan）—行动（Action）—监控（Monitoring）—评价（Evaluation）—再计划……"的无止境的探究过程。[4]埃利奥特在《为了教育改革的行动研究》一书中基于行动研究的开创者勒温的循环螺旋构建了行动研究的全过程（如图4-3-1）。

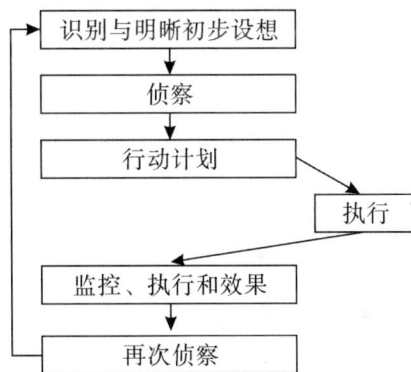

图4-3-1　埃利奥特构建的教育行动研究循环[5]

在国内，许多教育研究者在与中小学教师开展合作行动研究的过程中，对教育行动研究的过程和基本步骤进行了总结和归纳，尝试提出中国本土化的教育行动研究独特模式。例如，胡惠闵总结了"个案描述—个案分析—个案归类—新个案创设—问题研究"五个环节的教师行动研究的模式，强调从个案研究到问题研究的过

①　STRINGER E. Action research: a handbook for practitioners[M]. London: Sage Publications, 1996.

②　CALHOUN E. How to use action research in the self-renewing school[M]. Alexandria: Association for Supervision and Curriculum Development, 1994: 89.

③　BURNS A. Chapter eleven: action research[M]//BROWN J D, COOMBE C. The Cambridge guide to research in language teaching and learning. Cambridge: Cambridge University Press, 2015: 99-104.

④　刘良华. 行动研究的史与思[D]. 上海：华东师范大学，2003.

⑤　同④.

渡。①陈桂生自1997年开始与中小学校密切合作，开展行动研究，他们的研究团队探索总结了合作研究的道路，即教学/教育—课题研究—教师在职培训三位一体的研究理念和教育案例—教育问题—教育行动三步到位的研究历程。②

显然，综合行动研究开创者勒温以及在教育领域的行动研究代表人物凯米斯和埃利奥特等学者所构建的教育行动研究的基本步骤，我们可以发现，尽管教育行动研究的活动步骤存在多种多样的模式，但是行动研究的研究过程仍然存在许多共同特点，即伯恩斯（Burns）所说的"行动研究应该是动态运动的、灵活的、彼此交叉的、循环往复的"③。正如凯米斯与麦克塔格特（McTaggart）提出的"自我反思循环螺旋"所包含的"行动的规划；行动并观察行动的过程与结果；反思行动过程及其结果，进而重新计划；行动和观察；反思……"④，在纷繁复杂、多种多样的行动研究模式和研究步骤中，计划、行动、观察、反思构成了教育行动研究过程的最重要的四个环节。

（二）教育行动研究的四个主要环节：计划、行动、观察与反思

如前所述，本部分将重点介绍教育行动研究过程的四个环节：计划、行动、观察与反思；四个环节的具体步骤和注意要点可见伯恩斯（Burns）的总结（见表4-3-1）。

---

① 胡惠闵. 从个案研究到问题研究：教育行动研究的尝试[J]. 首都师范大学学报（社会科学版），2009（3）：64—67.

② 陈桂生. 到中小学去研究教育：教师行动研究的探求[M]. 上海：华东师范大学出版社，2015.

③ BURNS A. Chapter eleven: action research[M]//BROWN J D, COOMBE C. The cambridge guide to research in language teaching and learning. Cambridge: Cambridge University Press, 2015: 99—104.

④ KEMMIS S, MCTAGGART R. Participatory action research: communicative action and the public sphere[M]//DENZIN N K, LINCOLN Y S. The Sage handbook of qualitative research. London: Sage Publications Ltd, 2005: 559—603.

表4-3-1　教育行动研究的四个基本环节[①]

基本环节	关键问题	关键行动	关键挑战
计划	• 在当前社会情景中，识别哪些问题领域可以调查并改变？ • 设想实践会发生什么变化？ • 期待什么样的结果？ • 参与的主体有哪些？ • 需要什么资源？	• 提出判断/反思/问题 • 与共同参与者进行识别、合作和对话 • 规划初步行动、研究设计和流程 • 确定范围、时间和资源	• 充分阐明关于现状的隐性和显性文化以及专业假设 • 询问专业经验与研究问题之间的关系 • 审视政治、社会和教育制约因素
行动	• 应该采取什么策略和行动？ • 这一行动的特点是什么/它将如何促进实践的改变？ • 涉及哪些道德问题？ • 什么证据表明需要采取新行动？	• 在关键选定的时间段内采取行动 • 认真地、有意识地、客观地观察 • 与共同参与者合作 • 根据新出现的观察结果调整行动	• 避免个人偏见和审视偏好行动 • 质疑对结果的先入之见 • 对不可预测或不受欢迎的结果保持开放态度
观察	• 需要哪些行动证据？ • 应使用什么资料收集方法？ • 需要哪些其他形式的资料？ • 什么样的中期分析是可能的？	• 系统性记录行动所需的证据，并加以评估 • 确定/调整/开发相关资料收集工具和技术 • 阐明充分观察所需的各种视角 • 明确共同参与者在资料收集中的角色	• 紧密联系资料来源与研究目的和行动 • 选择/重新选择资料收集工具 • 明确资料三角互证的技术 • 明确资料收集所需的资源/材料 • 根据相关证据，重新评估和调整行动 • 保持流程的严谨性与彻底性
反思	• 在系统观察中出现和/或反复出现了什么证据？ • 作为干预的结果，出现了哪些预期的和意外的结果？ • 需要如何重新建构研究问题？ • 研究中产生了哪些伦理问题？ • 需要对哪些判断进行斟酌平衡？	• 运用形成性的途径来总结研究发现 • 对可能的修订、重新定向和新问题保持开放态度 • 不断审视个人和职业的先入之见/假设 • 确保对所有参与者产生公平公正的影响	• 复核和交叉核对证据 • 根据新出现的证据，对干预和观察的重点和目标进行调整 • 识别并审视自身的先入之见/假设 • 告知研究参与者进展和目的 • 与参与者一道对证据进行交叉论证 • 客观地分析证据 • 坚持研究活动的主体之间合作的特征

① BURNS A. Chapter eleven: action research[M]//BROWN J D, COOMBE C. The Cambridge guide to research in language teaching and learning. Cambridge: Cambridge University Press, 2015: 99—104.

1. 第一步"计划"，即制订行动计划。

行动研究所谓的"计划"并非指研究计划，而是制订行动计划或干预计划。由于教育行动研究的改进性和"以实践为中心"的特点，教育行动研究的首要步骤是在明确实践问题并对其进行分析的基础之上，制订行动计划，以此来干预教育实践。行动计划的制订主要是要解决三个问题：一是明确实践问题，并对问题进行阐释和建构；二是分析实践问题，对问题产生的原因、所处的外部情景或环境以及问题的特点等进行界定和分析；三是在明确和分析问题的基础上，为了解决相应的问题而制定干预实践情景的行动计划，也就是事先设计的干预策略。

总体而言，行动计划的制定需要至少包含以下几个要素[1]：计划实施后预期达到的目标；对课堂教学试图改变的因素；行动的步骤和时间安排；研究中涉及的人。玛丽·路易斯·霍莉（Mary Louise Holly）及其同事也总结了制订教育行动计划需要考虑的多重因素，包括明确研究目标进而确定行动的原因；明确人物，也就是行动计划的参与者，以及行动的对象；干预行动的具体内容和方式以及采取的策略手段；行动计划持续的时间以及计划安排。[2]当然，行动计划的制订需要考虑到现实情景中主客观的制约因素和条件，研究者采取更多的是现实主义的思路，而非严谨的、纯学术研究的逻辑，因此行动计划也相对灵活，并根据实际情景而不断调整和变通。

2. 第二步"行动"，即实施行动计划。

行动研究试图整合"行动"和"研究"两种不同的活动，"在行动研究中，资料的收集通常与你为了改进情景而付诸实践的策略或行动交织在一起"[3]。因此，行动计划的实施不仅指采取干预策略而改变实践，同时也包括采用多种方法对行动过程中产生的各种研究资料进行收集的过程。同样的，行动计划的实施也对情景高度依赖，需要根据实践活动和情景的变化而不断调整和改进。

在行动实施的过程中，实践者和研究者同时需要收集相关资料，以此作为分析

---

① 陈桂生. 到中小学去研究教育：教师行动研究的探求[M]. 上海：华东师范大学出版社，2015.

② 霍莉，阿哈尔，卡斯滕. 教师行动研究：第3版[M]. 祝莉丽，张玲，李巧兰，译. 北京：中国人民大学出版社，2014.

③ BURNS A. Doing action research in English language teaching: a guide for practitioners[M]. New York and London: Routledge, 2010.

行动计划实施效果的证据基础。换句话说，一线教师在实施行动计划时需要将课堂教学活动与研究资料的收集两者相结合。伯恩斯总结了实施行动计划过程中教师收集资料需要特别关注的要点[①]：其一，研究者应该根据研究问题和实践需要来选择合适的资料收集方式，如问卷调查、课堂观察、访谈、成绩分析等；其二，因为行动研究是"以实践为中心"，因此研究者在收集资料时应注意权衡资料收集与教育教学实践之间的关系，如时间、精力以及可行性等；其三，作为实践者的教师不应套用模式化的研究方法，而应根据研究情景、自身情况，以创造性的方式对相应的资料收集方法进行调整和变通；第四，研究者应明确这样一种理念，资料收集仅仅是手段而非目的，其根本宗旨在于让研究者、实践者更加了解自身所采取行动的情况、反馈和效果等。

3. 第三步"观察"，即检视行动计划的实施结果或效果。

教育行动研究的特点之一是在于"边行动边研究""在实践中研究""通过研究改进实践"。因此，在行动实施过程中，对行动过程及其产生的效果或影响进行观察是行动研究循环的关键环节之一，这也进一步为反思、总结并调整行动计划和策略提供证据支撑。除了常规的传统的资料收集方式（如调查问卷、访谈、观察等），作为实践者的教师在行动干预过程中所收集和记录的相关资料也是检视行动计划实施结果和效果的重要证据材料。王建军就指出："我们建议教师在从事行动研究的过程中记录和积累自己的'教历'……比较系统地记录教师个人对教学实践的设计、观察与思考，一段时间后进行分析和总结，不但能使教师对自己的实践有一个比较清晰的了解，而且也能为行动研究结果的分析提供真实的、体系化的材料。"[②]可见，检视行动计划的实施结果的最后发言权属于既是实践者又是研究者的一线教师，而教师在教学实践与研究过程中产生的各种各样的资料也成为判断行动有效与否的重要依据。王洪林详细介绍了在行动研究过程中，如何借助教学观察、调查问卷、学生访谈和学生反思日志等多种方式来收集资料，以此来检视教学实践的效果（参见案例4-3-1）。

---

① BURNS A. Doing action research in English language teaching: a guide for practitioners[M]. New York and London: Routledge, 2010.

② 陈桂生. 到中小学去研究教育: 教师行动研究的探求[M]. 上海: 华东师范大学出版社, 2015.

案例 4-3-1　基于"输出驱动—输入促成"的读写一体化教学行动研究

（一）教学观察

通过教学观察，笔者发现学生的读写量明显增加，读写兴趣有所提高……笔者在期末对所有学生的作业进行统计，发现一个学期（16周）生均课外自主写作达25篇（最少11篇，最多52篇），每篇平均字数在200字以上，生均书面正式写作4篇（要求3篇）……从教学观察可以看出，总体来说，90%以上的学生都能按要求完成读写任务，20%左右的学生能够超额完成任务，10%左右的学生在上述几项都能够超额完成。笔者随机访谈了8名超额完成任务的学生，发现其中4名学生有明确的读写计划并能有效执行计划。其中2名学生因在备考雅思，每周都有备考计划，因此他们写作的题目绝大部分与雅思真题相关；另外2名学生因要申请留学，需要拿到较高的绩点，希望超额完成任务得到课程的附加分。

（二）问卷调查

问卷调查发现，85%左右的学生对"双主体"一体化学习模式表示欢迎；80%以上的学生认为基于"输出驱动"的窄式阅读更有利于他们深入理解特定专题，也有利于深化口头报告内容；75%的学生表示，"读—写—说"和"听—写—说"一体的活动可以促进语言技能之间的互动，提高综合语言运用能力；90%的学生认为"有声"读写活动有助于提高互动分享，有助于提升成就感。

（三）学生反思日志

学生反思日志可以从一个侧面反馈教学效果并对教学起到一定的反拨效应。笔者随机抽取30名学生的反思日志进行汇总分析，从中可以看出：80%以上的学生认为"双主体"读写一体化学习模式可以激发学习兴趣，锻炼他们独立思考的能力；87%左右的学生对"有声"读写活动表示认可，并认为Moodle平台写作分享可以增强同学之间的互动交流；近90%的学生认为窄式阅读可以加深对某些话题的理解，不过其中30%的学生认为窄式阅读对拓宽知识面的帮助不大。

［资料来源：王洪林. 基于"输出驱动—输入促成"的读写一体化教学行动研究[J]. 浙江外国语学院学报，2016（1）：31-37.］

4. 第四步"反思"，即反思并计划未来的行动。

教育行动研究的本质是一种实践者探究的方式，鼓励教师成为反思型实践者是教育行动研究的核心理念。[①]伯恩斯提到，尽管反思被作为行动研究循环的最后一个步骤，但是"行动研究中的反思更多的是动态的，而非仅仅是循环的最后一个

---

① 王晓芳，黄学军. 中小学教师科研活动与教师专业性的提升：基于工具性、认识论和批判性的视角[J]. 基础教育，2015，12（3）：105-112.

阶段。反思包含你对你正在做的事情与研究发现的创造性的洞察力、思考和理解，反思应该是一开始就进行的"①。可见，反思是贯穿教育行动研究全过程的重要活动，而不仅是一个与计划、行动和观察截然割裂的阶段。

那么，教育行动研究者应该反思什么呢？伯恩斯总结了行动研究反思的四个模块：②一是对教学实践的反思，因为实践与行动是推动行动研究的根本动力；二是对研究过程的反思，行动研究应该是"边研究边反思"；三是反思自身的信念和价值观，这是行动研究建构和生产"个人的实践性知识"的重要前提；四是反思行动研究过程中出现的情绪与体验。在反思的基础上，教育行动研究者应该进一步针对行动中发现的新问题采取新的行动策略，进而制定新的行动计划。

需要特别说明的是，根据教育行动研究特有的"螺旋循环"的理念与要求，教育行动研究的过程往往不能一次性地解决实践问题，而是在不断实践中增进对问题的认识，进而修改研究计划并实施新的行动方案。"行动研究与一般意义上的实验研究存在不同，其不同之处在于：一般的实验研究可能显示为一个主题以及一轮研究，但行动研究往往需要有两轮以上的研究。行动研究更重视在具体的研究情境中调整研究的计划。由此，行动研究常常显示为两轮以上的循环研究。"③简言之，鉴于行动与研究两者的互动循环和螺旋式前进，教育行动研究往往需要经过多轮"计划—行动—观察—反思"的螺旋循环（参见案例4-3-2）。当然，从理念和理想主义的视角来看，教育行动研究的"螺旋循环"是无止境的，可以持续延展下去④；但是，从现实角度来看，教育行动研究也有终止的时候，何时停止行动研究循环取决于行动研究者的考量⑤，包括行动研究的目的是否达到、行动研究的客观条件是否发生变化、行动研究者的兴趣和动力是否持续等。

① BURNS A. Doing action research in English language teaching: a guide for practitioners[M]. New York and London: Routledge, 2010.

② 同①.

③ 陈向明. 教育研究方法[M]. 北京：教育科学出版社, 2013.

④ 刘良华. 行动研究的史与思[D]. 上海：华东师范大学, 2003.

⑤ 同①.

案例 4-3-2 协作思维导图策略促进习作的行动研究

选取山东省某小学四年级一个教学班开展了为期14周、共计三轮的行动研究。

1. 第一轮行动研究

第一轮行动研究的主要目的是通过阅读课文让学生学会思维导图的绘制技巧，使用思维导图初步体验习作构思的外化过程，共历时4周，总计4课时，每课时40分钟，完成4篇阅读、2篇习作。教师通过"激趣导入—学习'下水文'—自由表达，教师小结—师生评议，完善习作"的基本流程，带领学生借助思维导图分析"下水文"，绘制思维导图到第三分支。通过对思维导图作品与课堂教学情况的观察，本研究发现以下问题：学生乐于使用思维导图工具进行协作习作，但习作关键词提取能力较差；学生绘制的思维导图样式单一、习作主题模仿严重；在小组协作过程中，习作能力较差的学生存在感较低。

2. 第二轮行动研究

根据上一轮行动研究情况，本轮行动研究的目标是使学生在协作中提高绘制思维导图、习作构思的能力，共历时6周，总计6课时，每课时40分钟，完成6篇阅读、3篇习作。针对第一轮行动研究中发现的问题，教师在教学实施过程中增加了思维导图的呈现样式，让学生分享有创意的思维导图并进行细化关键词提取的练习，重点关注增加的"组内交流、畅谈习作构想"和"组间协作、反思再构导图"两个策略，有效解决了第一轮行动研究中存在的问题。在本轮行动研究中，教师引导学生用思维导图分析范文，绘制思维导图到第二分支。第二轮行动研究的整体情况（包括思维导图绘制情况、学生协作情况等）好于第一轮，但仍然存在以下问题：①学生过多关注思维导图的绘制，而对思维导图对习作构思的帮助关注不够；②在组间协作环节，学生注意力容易分散；③学生评改热度低，只关注拼写错误与语病。

3. 第三轮行动研究

第三轮行动研究的目标是使学生在协作过程中绘制思维导图并完成习作。本轮行动研究共历时4周，总计4课时，每课时40分钟，完成4篇阅读、2篇习作。针对第二轮行动研究中发现的问题，教师在教学实施中淡化了对思维导图创造性的展示，在协作使用思维导图进行习作构思的过程中制定比赛制度，重点关注"借助思维导图，修改习作标注"策略，其他严格按照前两轮的策略进行。学生自己分析"下水文"，绘制思维导图。在这一轮行动研究中，学生绘制的思维导图作品比前两轮更加清晰、有条理。学生能够根据构思进行有效写作，作文的段落布局比较有序，逻辑上也比较合理。在小组协作过程中，教师有效运用提问技巧，提高学生的课堂参与度和有效发言次数。同时，学生活跃度的不断提高对教师的课堂管理能力提出了更高的要求，解决了第二轮行动研究中存在的问题。

[资料来源：魏雪峰，杨帆，石轩，等.协作思维导图策略促进小学生习作的行动研究[J].现代教育技术，2020，30（6）：47-54.]

（三）教育行动研究的质量评价

如前所述，与其他研究方法相同，教育行动研究也是一种对研究问题系统性地开展探究的活动。因此，教育行动研究的资料收集、资料分析与结论获得同样需要受到科学研究科学性、客观性、规范性、严谨性和准确性等的评价。伯恩斯提到，许多科学研究者特别是量化研究者会质疑教育行动研究的资料太主观而缺乏科学性。因此，他进一步强调，教育行动研究者在行动研究螺旋循环中应时刻谨记行动研究中的效度问题（validity），也就是要确保行动研究结论是可信的、合理的、准确的。[①]福斯特（Foster）极力批评了一些行动研究者所持的"不要在意质量（quality），而要感受其影响（impact）"的观点，认为对资料和证据的可信赖性以及对行动研究过程的质量进行监控是十分重要的。[②]可见，教育行动研究的质量评价关乎行动研究作为一门系统性的研究活动的合法性。

教育研究的质量评判标准一直以来都是被传统的实证主义研究对"质量"的理解所垄断，通过效度和信度来衡量一项研究是否严谨，其核心思想是"通过严谨的科学设计和方法论，使用数据收集和分析技术，来获得准确的发现和对研究结果的正确的解释"[③]。此外，由于实验研究与行动研究在教育干预层面的高度相似性（两者均需要对研究对象或现象进行干预或介入），教育行动研究往往被拿来与实验研究作比较。对此，程江平对实验研究与行动研究做了深入的比较（见表4-3-2）。

---

① BURNS A. Doing action research in English language teaching: a guide for practitioners[M]. New York and London: Routledge, 2010.

② FOSTER P. 'Never mind the quality, Feel the impact': a methodological assessment of teacher research sponsored by the teacher training agency[J]. British Journal of Educational Studies, 1999, 47 (4): 380—398.

③ LANKSHEAR C, KNOBEL M. The handbook of teacher research[M]. Berkshire: Open University Press, 2004.

表4-3-2　实验研究与教育行动研究的比较[①]

比较项目	实验研究	行动研究
研究目的	以验证假设为首要目标，所以在实验研究之前，必须预先提出科学假设，并对事物的情境加以控制，排除无关干扰，准确地探索事物间的因果关系	以解决实际问题为首要目标，允许提出一个大致设想，注重研究过程的开放性，允许不断修正计划
研究构成	实验过程是探求既定自变量与因变量之间的因果关系，要求整个研究过程按照实验程序严格进行，实验对象均等化处理、变革自变量、控制无关变量、控制是实验研究的基本要求	行动研究的过程是企图寻找影响教育效果的一切因素的过程，它不要求像实验过程那样规范，更不要求对特定变量加以控制，允许将一切有效的手段、方法纳入研究范围
研究规范性	实验研究因对研究对象作了均等化处理，有科学的理论假设，严格的条件限制，对实验结果作精确的数量评定，具有较强的客观性，准确度较高	行动研究在取样、研究假设、条件操作、统计手段方面限制较少，主观性大、经验成分多，因果关系分析不清，结果应用受限
研究者的专业性	实验研究对研究者的专业素养要求较高，它需要研究者具有较深的教育理论功底，需要在测量、统计知识和研究方法等方面进行较深入的训练	行动研究由于通常不需要进行严格的研究设计和分析，所以对研究者在统计知识和研究方法方面的要求不是很高

　　从上述对实验研究与教育行动研究的比较来看，我们可以发现，相比于传统的实验研究，教育行动研究往往被诟病于其在研究的准确性、客观性、规范性方面有所欠缺，进而导致在援引传统的实证乃至实验研究范式对行动研究质量进行评价时，往往陷入两难的困境：一方面，承认行动研究对于一线教师教育教学实践的针对性和有效性等优势；另一方面，因不得不借助传统研究的质量评价话语对行动研究进行评价，导致教育行动研究质量评价偏低。但是，质的研究和解释学派方法论的出现就已经逐步打破实证主义对"何谓严谨的研究？"的理解。有不少研究者认为，以行动研究为主要类型的研究如果属于教育科学研究，应该从方法论上借鉴质的研究方法，并属于解释学研究的范畴。因此，有必要对研究的严谨性（rigor）进行重新定义，这既是符合行动研究合法性的需要，也是判断一项行动研究的质量的内在要求。

兰克希尔（Lankshear）与诺贝尔（Knobel）将教师行动研究的严谨性理解为两个层次[1]：一是交流性效度（communicative validity）；二是可信度（trustworthiness）。交流性效度实际上是将判断一项研究的质量高低的权力交给了读者，经由读者与研究者之间的思想、经验层面的互动，探讨研究中的解释和判断是否安全，这种理解并不致力于"推广"，更多的是具备相似经历、处于类似情景的读者和研究者之间的沟通。而研究的可信度是指一项研究是否值得信赖，资料数据的"充分性"以及研究的"逻辑一致性"是判断研究过程及其结果是否值得信赖的两个重要标准。

陈向明也认为，传统实证研究所提到的信度、效度或可推广度难以成为衡量行动研究质量和结果评价的标准。因此，陈向明基于行动研究的特点提出了判断行动研究的质量标准[2]：（1）研究是否有利于发展和改善目前的社会现实，是否解决了实际的问题或者提供了解决问题的思路；（2）研究是否达到了解放实践者的目的，使他们不再受到传统科学研究权威的压迫，提高了他们自己从事研究的自信和自尊；（3）研究设计和资料收集的方法与实践的要求是否相容（如时间、经济条件、专业文化等）；（4）研究是否发展了实践者（如教师、社会工作者、护理人员）的专业知识，加深了他们对实践的了解，改进了他们的工作质量和社会地位，使他们的专业受到社会更大的重视；（5）研究是否符合伦理道德方面的要求，是否与具体情境下的行动目标以及民主的价值观念相容。陆春萍和王嘉毅也总结了教育行动研究的多个效度，包括[3]：实践效度，即研究是否促进了学校改进和社会进步；伦理效度，即研究是否有助于和谐良好的伦理关系的构建；反思效度，即研究者是否将反思贯穿行动研究始终；交流验证效度，即行动研究是否促进不同参与者的充分交流、讨论和分享；推广效度，即研究成果是否公开并得以推广。

因此，教育行动研究应遵循不同的效度，以保证研究的质量。在具体技术层面，如何保证资料和数据的真实性与客观性，以往的研究者也提供了不同的

① LANKSHEAR C, KNOBEL M. The handbook of teacher research[M]. Berkshire: Open University Press, 2004.

② 陈向明. 什么是"行动研究"[J]. 教育研究与实验, 1999 (2)：60—67, 73.

③ 陆春萍，王嘉毅. 教育行动研究的效度问题[J]. 教育研究与实验, 2001 (1)：64—67, 73.

思路和技术，包括：三角互证（triangulation）、参与者交叉验证（participant check）、外部人员的审查（outsider audit）、研究者的反身性（reflexivity）等，其中尤以三角互证、参与者交叉验证以及研究者的反身性最为重要和常见。

首先，行动研究者在进行资料分析进而得出研究结论或判断时，应通过三角互证等方式对资料进行检验与核查。"三角互证"得以实现的一个前提是必须有多样化的数据/证据及其来源，例如访谈资料、学生成绩、田野调查笔记、照片、教案等，通过不同来源的数据之间的比对和映照，给行动研究者和外部合作者"关于正在发生什么的一个整体的、全面的和准确的图景"。例如，当教师提及"学生大部分是外来工子女，学习基础都比较差"时，研究者不能单单只听受访教师的判断，可能还需要其他资料的印证，包括学生的考试成绩资料等。可见，"三角互证"着眼于资料收集和分析过程，并通过资料和方法的不同来源进行相互印证。[①]这一方面可以让教育行动研究者对所研究的教育问题获得多元化和更全面的理解，另一方面也可以使得行动研究的资料分析更加牢固和可信赖。[②]

第二，除"三角互证"外，教育行动研究的参与者之间也可通过参与者交叉验证来提升研究的效度，保证行动研究的质量。参与者交叉验证指的是研究者将研究结论和发现或者研究报告的草稿发给关键参与者，请他们阅读，并进行反馈，以防止研究者的"偏见"和其他偏差。当然，教育行动研究的成员或参与者是多元的，可能包括教师、校外研究者、行政管理者、学生、家长和同侪等。值得注意的是，参与者交叉验证并非仅仅在于"确认信息的真实性"，更多的是为了获得不同主体对同一种信息的不同的解释。这也是参与者交叉验证的真正价值所在。

最后，研究者（同时也是实践者）的反身性，也就是所谓的自我反思。"教师自身是他们所要探究的环境/情景中的行动者。"这是行动研究与其他研究范式最大的不同。但这一点也影响着资料和研究结论的可信赖性。实际上，教师行动研究中对收集到的数据/证据的可信赖性很大部分需要依赖研究者的"自律"，这种"自律"不仅体现在学术伦理方面，也反映在研究者或资料收集者对自身视角的认知、

---

① ELLIOT J. Action Research for Educational Change[M]. Buckingham: Open University Press, 1991.
② BURNS A. Doing action research in English language teaching: A guide for practitioners[M]. New York and London: Routledge, 2010.

反思以及接纳自己的"偏见"的勇气上。因此，实践者和研究者的反身性十分重要。研究者可通过构建探究共同体，并通过坦诚的反思和讨论，来克服彼此可能的"偏见"。

四、教育行动研究报告的写作方式

（一）写作之于教育行动研究的重要性

教育行动研究是实践者在教育情景中对自身教育活动的系统性、有意识和反思性的研究。与其他研究方法相同，教育行动研究者也需要通过写作的方式来分享研究过程、研究发现、研究结论，推动行动研究从私人化走向公开化。"公开"是对教育行动研究的应然要求。刘良华将"公开"作为教育行动研究的必要条件和重要元素，而"公开"的内涵之一就在于"'发表'自己的研究过程和研究成果，使自己的研究成为'公开的'探究而不是私下的琢磨"[①]。

而从知识生产角度来看，教育行动研究是教师实践性知识生产的重要途径，而撰写研究报告、发表学术论文等写作也成为建构和体系化教师个人实践性知识，并将之与教师共同体、学术共同体分享和交流的基本手段。"公开实践者的知识"被许多学者认为是教育行动研究的关键环节之一，"行动策略发展并实施之后，实践者可以公开自己的知识……实践者的收获与洞察得以开放地在批判性讨论中得到检验……公开实践者的知识可以使他们的知识免于被遗忘或忽略，让他们的知识参与到社会公共决策的过程之中"[②]。可见，"公开"也是教育行动研究可以成为科学研究的重要前提条件：一方面只有将研究过程、结论公开化，才能促进知识的传播，使行动研究所产生的研究发现得以接受其他实践者和研究者的评论、审议乃至质疑，进而促进学术研究的进步；另一方面"公开"行动研究的过程和结果，可以增强研究对实践的影响力和辐射力，进而改进实践，这也是教育行动研究的宗旨所在。

可见，通过写作进而公开化行动研究的过程和发现，是教育行动研究的重要环节。"写作"甚至也可被认为是教育行动研究的一种独特的研究方式，即"以写作

---

① 刘良华. 行动研究的史与思[D]. 上海：华东师范大学，2003.
② 陈向明. 质的研究方法与社会科学研究[M]. 北京：教育科学出版社，2000.

的形式进行研究"。"写作是一个丰富的学习过程，是一个描绘、综合、分析、解读及交流经验的过程，更是一个逐渐发现研究成果的过程，它可以帮我们记录发现的过程，并为我们解读这一成果的价值……它决定了我们的所见所闻（以及所思所想），决定了我们能看到什么和想看到什么，而这两者通常是相互关联的。"[1]因此，教育行动研究应鼓励教师写作、表达和公开发表自己的议论、观点乃至情绪情感体验，使写作成为教师专业实践和探究的重要组成部分。

（二）教育行动研究报告的基本模块

由于教育行动研究在研究目的（改进实践）、研究主体（实践者即研究者）、研究情景（实践情景即研究情景）、研究过程（行动研究螺旋循环）等方面的独特性，教育行动研究的写作方式也有自身的特点。伯恩斯总结了分享研究过程和结果的几种方式，其中，除了传统的学术论文或学位论文之外，还包括口语交流、视频交流、博客、摘要式报告等。[2]刘良华指出，相对于传统的学术研究，教育行动研究者的"写作"方式有其独特性，教育行动研究的"公开发表""公开传播"并不限于在正式的、有刊号的学术期刊上发表，内部刊物、会议发言、小组讨论等公开场合的批判性讨论都是研究公开的形式，甚至"教师自己制作图表、实物教具，制作录像、录音或照片等活动都被视作'协作的方式'"[3]。陈向明也认为，教育行动研究的研究报告有自己的特色，叙事故事、自传、生活经验、诗歌、文学文本等都可以成为行动研究报告的呈现方式。[4]因此，教育行动研究的写作方式、研究结果的呈现形式是多元的、开放的、灵活的、包容的，并没有固定的格式规范或模式模板。

但是，正如刘良华所言，"出色的行动研究报告往往在'规范'与'故事'之间权衡，既显示行动研究的规范过程，又显示行动研究自身的个性和特点"[5]，教育行动研究的报告也需要遵循一定的规范。与传统学术研究的论文或研究报告类

---

① 霍莉，阿哈尔，卡斯滕. 教师行动研究：第3版[M]. 祝莉丽，张玲，李巧兰，译. 北京：中国人民大学出版社，2014.

② BURNS A. Doing action research in English language teaching: a guide for practitioners[M]. New York and London: Routledge, 2010.

③ 刘良华. 行动研究的史与思[D]. 上海：华东师范大学，2003.

④ 陈向明. 质的研究方法与社会科学研究[M]. 北京：教育科学出版社，2000.

⑤ 同④.

似，教育行动研究的较为正式的研究报告和论文同样需要涉及"研究背景或问题提出""文献综述""研究设计与研究方法""研究结果""研究反思和讨论"等基本模块。有研究者总结了行动研究报告的不同类型、水平以及相应的要求，例如，实用级的行动研究报告在写作框架上要由"研究问题""解决研究问题的行动方案""行动研究实施结果"三部分构成，而精致级的行动研究报告架构由"研究问题""文献回顾（简单）""解决问题行动方案""方案实施结果"四个部分组成，至于完整级的报告架构由"研究问题""文献探讨""研究设计""研究结果与行动方案""结论与建议""参考文献"六个部分组成。[①]实际上，遵循传统的论文写作模式，教育行动研究论文或报告的基本组成部分是相似的。例如，陈功、宫明玉的《多元反馈模式促进深度学习的行动研究》一文就遵照这一模式，包含：引言、文献回顾、研究方法（研究问题的提出、研究实施和数据收集以及数据分析）、第一轮行动研究、第二轮行动研究（每轮行动研究又包括计划、行动、观察与反思）以及最后的讨论和启示等多个模块。[②]

即便如此，教育行动研究的论文也有自己的特点。首先，教育行动研究报告需要详细介绍和论述研究者、实践者所处的特殊实践情景和环境，以及在研究过程中采取了什么行动计划或干预策略。第二，教育行动研究报告需要详细介绍多轮行动方案的实施情况以及相应的调整方案，并往往将"计划—行动—观察—反思"的行动研究螺旋循环的开展过程作为研究报告的主体部分（参见案例4-3-2）。第三，教育行动研究十分重视和强调对行动方案和干预策略的反思，因此，"反思"也成为研究报告和论文的重要组成部分。邹红霞等所撰写的《盲校学生八大非学科能力培养与评估的行动研究》一文中就较好地描述了行动研究中"反思"的具体协作方式，并将反思作为推动行动研究循环的重要动力之一（见案例4-4-1）[③]。

———————————

① 王琳. 教师行动研究论文写作中常见问题之分析[J]. 教学与管理，2005（25）：35—36.

② 陈功，宫明玉. 多元反馈模式促进深度学习的行动研究[J]. 外语教学，2022，43（3）：60—66.

③ 邹红霞，张悦歆，赵逸寒，等. 盲校学生八大非学科能力培养与评估的行动研究[J]. 中国特殊教育，2021（6）：37—44.

案例 4-4-1　盲校学生八大非学科能力培养与评估的行动研究

第一轮行动研究反思：

八大能力的提出是以视障学生身心发展情况与其特殊需求为基础的，由此能够基本保证符合视障学生实际发展的需要，有助于提高他们的综合能力。然而，在现阶段仅仅是提出了八大能力，并阐述了各自的内涵，尚未明确培养方案以及具体培养内容，因此在培养过程中存在盲目性、随意性等问题，可操作性较低，需要在下一轮行动中加以解决。

第二轮行动研究反思：

盲校学生障碍程度不一，其教育需求复杂多样。通过评估发现，由于视力缺损的原因不同、家庭教育环境不同等因素，每个视障学生的八大能力发展是不平衡的，学生之间个体差异较大，因此课程内容对每个学生的适宜性非常重要。但是在本轮行动研究中构建的八大能力培养课程体系内容尚未凸显如何满足每个学生的个性化需求，因此在下一轮研究中仍需继续探索。

第三轮行动研究反思：

通过本轮研究的具体教学实践建立了"初始评估—选课走班—学分达标—能力归档"四步培养过程的规范，由此实现了个性化的能力培养。尽管本轮研究历时三年多，但截至2019年底本轮研究结束时，即便是从一开始就参与本课程的学生也至多进行了3年多的学习。也就是说，那些从一年级就参与本课程的学生届时才刚进入四年级；其他年级的学生则没有从起点介入本课程。而本课程旨在建构贯穿小学6年的完整的八大能力培养课程体系，因此目前所得的阶段性评估数据并不能完整描述视障学生在完整经历6年课程后的发展变化。所以在后续实践中还需严格落实培养内容，并收集、保存和分析评估数据，完成对视障学生整个小学阶段的动态评估，为学生能力的发展变化提供完整、可靠的数据支持。

[资料来源：邹红霞，张悦歆，赵逸寒，等. 盲校学生八大非学科能力培养与评估的行动研究[J]. 中国特殊教育，2021（6）：37-44.]

此外，受教育叙事研究（Narrative study）的影响，在教育行动研究的各种写作方式中，以叙事的方式来呈现行动研究的过程和结果是一种较为重要和流行的方式，十分契合行动研究实践性、情境性和反思性的理念。叙事写作模式以口语化的表达方式介绍行动研究中的教育事件、教育故事，具有天然的亲和性和可读性，也容易引起读者的共鸣。[①]因此，在实践中，许多教育行动研究者会选择用叙事写作

---

① 陈向明. 质的研究方法与社会科学研究[M]. 北京：教育科学出版社，2000.

的方式整理、报告和讨论自己的行动研究过程以及自我反思。当然，叙事写作风格的行动研究也有一定的不足，如研究性被弱化、不够简明、难以处理量化数据、对读者的"非线性思考"提出更高要求等。[①]

关于教育行动研究报告所应包含的基本内容，美国肯特州立大学的玛丽·路易斯·霍莉及其同事介绍了三种不同的报告框架，包括典型的标准化的学术研究报告、叙事模式的记叙体研究报告以及整合后的研究报告框架。[②]表4-4-1所列即整合后的行动研究报告的基本框架。

表4-4-1 整合后的教育行动研究报告的基本框架

基本模块	关键内容
摘要	写出研究报告的结论，对研究进行简要概述，包括与研究问题相关的主要知识。
我的研究兴趣何在？	有什么关注的事情和问题？有哪些令人好奇的事？我的问题是什么？（我怎么才能……）我为什么对此感兴趣？（价值、信念）我已经了解了哪些内容？（通过我的经验）其他人了解了哪些内容？（文献、同事）我有什么预感？我期待要发现什么？
为了改进实践，我做了哪些尝试？出现了什么问题？我是如何应对的？	谁参与了研究？我做了哪些尝试？活动什么时候开始？（时间安排）研究的地点在哪里？行动是如何展开的？为什么我尝试了这些事情而不是其他？随着研究的进行，我的计划发生了哪些变化？
我是如何记录过程的（我是如何监测我的行动的？）	我是如何记录观察到的内容的？我观察到了什么？我是如何进行采访的？我采用了哪种采访形式？我采访了哪些人？我保留了哪些记录文件和实物？我阅读了哪些文献，或者我咨询过哪些人？我是如何征得学生、学生父母和学校的允许来收集和分享数据的？
我如何解读这些数据？	我是如何分析数据的？我是如何将各个部分进行整合的？我是如何形成我的理论的？我是否运用了公共理论？我是否做出了论断？
我如何证明我的判断值得信任、真实可靠？	明确阐明研究者的角度。综合采用多种角度。运用（内部/外部）指标。提供原始数据（成绩单、学生作业、调查结果）。预感得到了证实/否定。研究者对自己及行动进行反思。

[①] 霍莉，阿哈尔，卡斯滕. 教师行动研究：第3版[M]. 祝莉丽，张玲，李巧兰，译. 北京：中国人民大学出版社，2014.
[②] 同①.

（续表）

基本模块	关键内容
我学到了什么？我做出这些解读的依据是什么？（结果和分析）	包括与研究问题相关的论断以及做出论断的依据。
这些行动如何使生活变得更美好？接下来我要做什么？	这些行动对以下产生了什么结果：（1）我自己和我的价值观？（2）我的学生？（3）我的处境？这些结果是否契合我的价值标准？对我的实践有何影响？关于行动研究过程以及成为教学中的研究者，我学到了什么？我还有哪些问题？下一步我打算怎么做？

［资料来源：霍莉，阿哈尔，卡斯藤. 教师行动研究：第3版[M]. 祝莉丽，张玲，李巧兰，译. 北京：中国人民大学出版社，2014.］

值得一提的是，教育行动研究写作并无固定模式或格式。因此，上述教育行动研究报告框架并没有固定的格式，而是以提问方式列明了教育行动研究报告需要介绍、叙述、阐释的关键要点和内容，以此来促进行动研究者对研究目的、过程和结果的整体性的反思和自省。因此，这一教育行动研究报告框架可以成为行动研究者描述和反思研究过程及其结果的"脚手架"或催化剂。

附：教育行动研究的典型案例

在我国教育领域，教育行动研究业已成为重要的教育研究范式之一，尤其深受学校一线教育工作者（包括教师、管理者及其他实践者）的青睐，并应用于专业实践之中。一大批优秀的教育行动研究的典型案例不断涌现。

为了更深入地了解、理解教育行动研究的具体实施情况，并从操作性的角度帮助广大读者更好地掌握教育行动研究的具体步骤和要求，我们选择了魏雪峰等人撰写的《协作思维导图策略促进小学生习作的行动研究》一文作为典型案例，并在具体论述过程中予以相应介绍和点评。该教育行动研究的具体开展情况简要介绍如下[①]：

---

① 魏雪峰，杨帆，石轩，等. 协作思维导图策略促进小学生习作的行动研究[J]. 现代教育技术，2020，30（6）：47—54.

一、研究问题

"习作难"是小学语文教学中普遍存在的问题，亟须解决。信息技术与学科教学的深度融合是教育改革的重要方向。思维导图作为一种思维可视化工具，以其优化学生构思能力、发散学生思维、促进学生创造性表达等特点在语文习作教学活动中被广泛应用，但使用方式仍以学生独自使用为主，缺少同伴协作。学生在协作环境中，通过与同伴交流与互动，更易实现个人学习成果的最大化，更易丰富习作材料，梳理习作思路。该研究提出学生协作绘制思维导图促进习作的学习策略，并在小学四年级的习作课开展了三轮行动研究。

二、文献综述

思维导图在小学习作课上的应用。通过分析以往研究成果，该研究发现：目前关于思维导图在习作课上的应用，主要关注学生独自使用思维导图，而缺少同伴协作思维导图的研究。

小学习作教学中的协作策略。该研究发现：现有的基于信息技术的协作学习研究更多地关注通过新技术激发学生兴趣，但对学生的写作构思关注不够。

三、教育干预策略（协作思维导图促进习作的策略）

研究提出了贯穿习作全过程的三个协作思维导图策略：（1）作前引导策略。发散思维、梳理习作思路；适时引导、形成习作逻辑；分析"下水文"、明晰习作构思；（2）作中指导策略。开展组内交流、畅谈习作构思；选取关键词、绘制思维导图；开展协作交流、完善习作构思；从整体出发、修改思维导图；引导学生反思、完善思维导图；（3）作后评价策略。呈现思维导图，集体评改习作；参考评改标注，修改思维导图和习作。

四、教育行动研究方案

选取山东省某小学四年级一个教学班开展了为期14周、共计三轮的行动研究。在行动研究开展前，开设为期1周的思维导图课程，让学生掌握思维导图的操作。同时，对学生进行前测，包括思维导图成绩和书面习作构思成绩两部分。在行动研究过程中，以小组协作的形式开展习作学习。按照思维导图前测成绩进行分组。实验班共分为12组：4人组有9组，6人组有3组。采用的教材为江苏教育出版社出版的

《小学语文（四年级上册）》，在每轮行动研究中，将阅读与习作相结合，阅读作为日常思维导图构思训练，在习作课中呈现思维导图作品和习作作品。结合常规语文教学，与教师一起设计三轮行动研究方案。

五、教育行动研究过程与循环

本部分内容参见案例4-3-2。

六、研究结果

（1）协作思维导图策略显著提升了小学生的习作构思水平。在行动研究过程中，协作思维导图策略不断完善，对小学生习作构思水平的提升也逐渐显著。在第一轮行动研究后，小学生的习作构思成绩后测显著高于前测。在第一轮行动研究的基础上，修改完善学习策略，开始第二轮行动研究，习作构思成绩后测显著高于前测。在第二轮行动研究中，小学生逐渐采纳并应用习作构思，提升效果显著。进一步修改完善学习策略，并应用于第三轮行动研究，该策略显著地提升了小学生习作构思成绩。

（2）协作思维导图策略显著提高了小学生的思维导图成绩。在行动研究过程中，小学生的思维导图成绩均有显著提升。在第一轮行动研究结束后，小学生思维导图后测成绩显著高于前测。针对发现的问题，修改完善策略，并在第二轮行动研究中应用。第二轮行动研究结束后，小学生思维导图成绩显著提升。在此基础上，继续完善学习策略，并应用于第三轮行动研究，小学生思维导图成绩显著提升。[①]

本章小结

本章对教育行动研究进行了较为全面的介绍。首先，本章介绍了教育行动研究的定义、内涵及其发展历史，并重点介绍了第一代、二代、三代行动研究的代表人物、代表作和主要观点。第二，本章归纳总结了教育行动研究的四个特点：系统性、参与性、改进性和反思实践循环；并强调教育行动研究倡导综合采用多种研究方法，开展混合研究设计。第三，本章基于参与者结构特点、行动研究的目的旨趣

---

① 魏雪峰，杨帆，石轩，等. 协作思维导图策略促进小学生习作的行动研究[J]. 现代教育技术，2020，30（6）：47—54.

等维度对教育行动研究进行分类。第四，本章从工具性、认识论和批判性层面详细论述了教育行动研究具有自身的独特价值和功能。第五，本章结合具体典型事例，介绍了教育行动研究的基本过程及其所包含四个主要环节，即计划、行动、观察与反思；并对教育行动研究的质量评价方法与特点做了介绍。最后，结合典型案例，本章论述了教育行动研究的写作模式，特别是教育行动研究报告的基本模块。

思考问题

1. 什么是教育行动研究？教育行动研究与其他研究范式或方法（如实验研究法、混合研究法）的异同。

2. 教育行动研究的类型及其具体特征。

3. 如何从工具性、认识论和批判性等三个层面来理解教育行动研究的价值和功能？

4. 教育行动研究包含哪些基本环节？如何评价教育行动研究的质量？

5. 教育行动研究的写作方式具有哪些独特性？如何撰写教育行动研究报告？

第五章
案例研究

内容提要

如何利用案例研究方法开展高水平的教育研究，这是许多教育工作者普遍关心的问题之一。案例研究方法在把握研究对象发展特点的基础上，通过经验积累和典型观察，有利于形成科学判断和实践指导，并逐步显现出主体性、现实性、情境性、典型性等特征。该方法应用的一般过程包含案例研究对象的选择、案例研究的资料收集和分析、案例研究的文本生成等部分。案例研究作为一种独特的研究方法，在教育研究中具有明显的优势，但也同样需要根据教育伦理和研究过程进行理论反思与规范评估。

本章重点

1. 案例研究方法的主要特征。
2. 案例研究成果的主要分类。
3. 案例研究的一般过程。
4. 理论在案例研究中的作用。
5. 案例研究方法的效果评估。

作为一种具有代表性的定性研究方法，案例研究已成为社会科学领域的一项重要研究方法。因教育制度和文化环境的独特性以及互联网等新技术兴起带来的变化，在教育治理过程中涌现出很多以往理论难以解释的现象与问题，学界也迫切期待通过案例研究构建适合本土情境的教育理论体系。在这种现实需求逐渐凸显的同时，许多中小学教师和科研工作者积极开展案例研究，因此，国内案例研究领域的成果在数量和质量方面都有了明显提升，高质量案例研究成为许多教育研究者持续追求的目标之一。为此，了解和把握案例研究的一般过程及其注意事项是研究者在开展相关研究时应当审慎对待的任务。

一、案例研究的基本含义

（一）案例研究的定义和特征

案例是对日常生活中典型事件与情境的陈述，在一定程度上成为针对性地传递教育目标的有效载体。1870年，时任哈佛大学法学院院长兰德尔通过还原事件过程和分析典型判例的示范性教学拉开了案例研究的序幕。以管理学、教育学等为代表的应用性学科纷纷将案例研究作为主流情境教学模式之一，使用案例研究方法的学术论文也在学术界科研成果中占有独特而重要的一席之地。其中，以哈佛商学院案例库为代表的国内外案例组织管理机构在案例资源共享与利用方面的影响力与日俱增。

1. 定义。

在工商管理、行政教育等领域，对案例已有较深的认识，在谈到工商管理案例时，格柯认为："案例，就是一个商业事务的记录；管理者实际面对的困境，以及做出决策所依赖的事实、认识和偏见等都在其中有所显现。通过向学生展示这些真正的和具体的事例，促使他们对问题进行相当深入的分析和讨论，并考虑最后应采取什么样的行动。"[①]

作为一种定性研究方法，案例研究的目的在于通过研究者在真实情境中的体验和想象来提升人们对某些现象与事物本质或意义的认识。有学者认为案例研究就是以一个人、一个团体或一个事件为研究对象，广泛地收集各种资料，综合运用各种

---

① 郑金洲. 案例教学指南[M]. 上海：华东师范大学出版社，2000：1—2.

方法（包括质的方法和量的方法）与分析技术，对负责情境中的现象进行深入探究的研究方法。[①]也有人认为，个案研究是一种个别的、深度的、描述的且偏向质的研究方法，期望通过对个案的深入了解来探究其与全体的相同与不同之处。[②]在相同与不同之间，体现的是事物之间的普遍联系和特殊联系。吴康宁教授认为案例研究是"研究者用来窥探其自身与个案都安放于其中的那个世界的一个窗口"[③]。这个窗口并非仅为研究者敞开，其真正的意义在于让所有读者都可以接近这个窗口，去找到他们与案例所描述的世界之间的诸多联系，无论是相同的，还是相异的，哪怕只有一次共鸣、一时惊异，也圆满了研究的价值。纵然有关案例研究方法的定义多样，归根到底，它就是一种扎根现实、聚焦个案，通过收集多种资料和证据，深度调查当下现象，分析其中的缘由、变化与影响过程的经验主义研究方法。

2. 特征。

案例研究通过个案揭示的问题虽属个例，但仍然具有一定的普遍性。因为个案本身的特殊性，在一定的条件下具有规律性和普遍性。由此可见，案例研究方法在把握研究对象发展特点的基础上，通过经验积累和典型观察，有利于形成科学判断，逐步显现出以下四个特征。

（1）主体性。

案例研究与研究者个体的教育实践过程有着密不可分的关系，因而比较有利于发挥研究者的主体性作用。由于案例研究与学校教育的日常工作和生活背景紧密联系，有利于研究者进入角色，能够比较自然地运用自己所熟悉的思维和表达方式来进行研究与交流。这也是案例研究吸引广大教育工作者积极参与的内在心理基础。例如，教师以自己和自己身边的人和事为主，个人亲历的感受为基础，通过叙事和描述，反映教育情境中大量的生动细节和信息资源。

不过，开展案例研究，与研究者的专业背景、兴趣喜好、资料来源等主体性因素密切相关。要通过案例（单一事例或多个事例）得出归纳性的结论或预测未来时，研究者必须对这一事件所涉及的各部分的互相依赖关系及这些关系发生的方式

① 杜鹏，李庆芳. 质性研究的六项修炼[M]. 北京：经济管理出版社，2019：81.
② 范明林，吴军，马丹丹. 质性研究方法[M]. 2版. 上海：格致出版社，2018：240.
③ 吴康宁. 个案究竟是什么：兼谈个案研究不能承受之重[J]. 教育研究，2020，41（11）：4—10.

进行深入的研究。无论是从确定研究对象的角度，还是从获取的调查信息到最后的分析结论，都带有研究人员的主观意愿。"虽然人们在讲述自己故事的时候是以一种个人独特的形式，但他们总是从整体文化环境中运用原始文本。这样，他们一方面讲自己的故事，一方面根据更广义的故事叙述着故事。"[①]当然，案例研究可进一步展现社会诸要素之间多重连续的相关关系和共变关系，发现主导性的变化机制或发展逻辑，并最终通过结构化的方式呈现出社会全体的完整图景。由此可见，案例研究是理解复杂现象的独特方法，研究者可以依据自身条件和优势，运用科学工具、遵循案例研究规范，深刻把握研究对象及其变化，促进复杂性知识转变为普遍性知识。

（2）现实性。

案例的叙述要把事件置于一个时空框架之中，应该关注教育管理者所面临的现实疑难问题，最好是近年来发生的事情，展示的整个事实材料应该与整个时代背景相呼应。案例研究来源于实践，是在现实生活情境下研究当前的现象。案例研究的结果能被更多的读者所接受，给读者以身临其境的现实感，而不局限于学术研究圈。

由于案例研究的现实性，人们常有的一种误解就是案例研究不能概括世界运行的规律。在案例研究过程中，研究者需要进入研究对象所生活的自然情境之中，通过观察及收集资料等方式对有关现象或行为展开研究，并进行概念建构。所以从某种意义上讲，案例研究的概括化是基于现实分析，而非基于数据。但是，我们对事物的认识和理解一般是基于个体经验和现实境况，通过与研究对象互动，对其行为和意义进行建构，从而获得解释性理解。在自然情境中收集资料，对事件及细节进行整体的细致的描述、自下而上地归纳资料形成理论、在研究者与研究对象的互动中完成对事实的解释和建构等。因而它能全面、真实地描绘现实情境下所研究问题的来龙去脉。换言之，从理论层面而言，案例研究是从对现实问题的关注开始的，不仅可以丰富抽象理论的构建，还能够指导其他具体事宜。

---

① 古德森. 教师生活与工作的质性研究[M]. 蔡碧莲，葛丽莎，译. 北京：教育科学出版社，2013：63.

（3）情境性。

一个好的案例必须包含一个典型的问题或情境。没有问题或情境不能算作案例，当然，问题或问题情境缺乏典型性也不应被选作案例。一个好的案例，可为读者提供一个特定的问题情境，使读者对案例的背景信息有足够的了解。不同个体、不同群体、不同地区的教育情景是不能复制的，而单纯的量化研究容易忽视这些差异性，这就给案例研究方法的应用和发展提供了重要契机。在案例研究中突出情境，意味着研究者需要把自己的观察和一系列相关的事实、事件或观点联系在一起，从而在更大的整体或框架下理解所从事的研究。通过对案例问题情境的分析所得出的结论，是一种规律性的认识，具备了良好的普适性和可迁移性特征，能够起到举一反三的作用①。案例研究方法是在自然情境中而非人为控制的环境中，对研究对象进行研究的，这使得研究过程具有更强的空间感，更注重探究在特定情境里事物的性质及相互关系。

案例是发生在一个特定的时间和空间范围里的事件，作为特定情境中的研究对象，案例比较集中地反映了研究者所关注的事情和问题，如对一堂课、一件事、一次活动及一个人的研究。案例研究的情境性，使研究体现了一定的整体性和典型性，有助于对特定事件的反映和认识。通过关注情境，研究者可以发现现象中最有趣的部分，识别最相关的事件，从而有所取舍。案例研究的情境性特征还体现在研究者需要介绍相关的教育情境和过程动态。为了凸显研究的情境性，研究者需要说明选择这个情境的理由，帮助读者明确案例对象的特点。

（4）典型性。

一个好的案例可以使读者有身临其境的感觉，并对案例所涉及的人产生移情作用。案例研究一般要求所研究的案例具有典型性，以准确反映研究问题的关键和普遍规律。换言之，案例研究的对象是基于一个事件或事实，也就是在真实情境中发生的而非杜撰的，同时必须是具有问题特征的，也就是富有典型性的。虽然选择案例比较容易产生代表性或概括性的顾虑，但正是通过某一案例，详细地描述事物的现象是什么、分析其中的原因，并从中发现或探求事物的一般规律和特殊性，推导出研究结论或新的研究命题，使得案例的典型特性在研究中逐渐清晰地呈现在读者

---

① 周俊. 教育管理案例教学[M]. 杭州：浙江大学出版社，2020：94.

面前。也就是说，这种典型性是案例研究的鲜明特征，只要一个个案较好地体现某种共性，那么，对于这个共性来说，这个案例就有了典型性。

不过，个案研究总体的边界比较模糊，不同于调查研究中的样本总体情况，因此个案本身并不一定需要具有代表性。正如有学者所言，在个案研究中，个案所要求具备的，不是代表性，而是典型性[①]。当然，如果案例选择比较冷门，案例本身的代表性会受到质疑，对于现实的影响也往往有限，而研究工作开展后的数据收集也会受限。但是，案例研究通过深入特定情境的复杂性接近真相，尽管过程总是迂回曲折，但这个接近真相、追寻意义的过程本身就具有典型性，也是案例研究的目的所在。在案例研究中，关系隐藏在纷繁复杂的现象和数据背后，由研究者通过对经验数据的解释和说明以揭示事物的内在关系。进而言之，案例研究的典型性，体现在对现象的敏锐反应，需要研究者从典型事件中寻找意义，进而引起深刻的反省。如果某一个案例较好地体现某种共性，那么，对于这个共性来说，该个案就有了典型性。因此，案例研究是基于分析的形式逻辑保证案例的典型性和概括性，同时也解释了小样本案例研究的合理性，无论案例多少都不寻求统计学意义，而专注案例本身的逻辑分析意义。

（二）案例研究成果的主要分类

一个案例的生成，是基于某一矛盾或问题，对具体真实且典型意义的事件所作出的客观而准确的记录。当然，案例研究中包含着问题的事件，但并非所有的事件都可以成为案例。能够成为案例的事件，必须包含问题或疑难情境在内，并且也可能包含有解决问题的策略和方法。因此，案例研究因其所关注的问题或方法不同而分化出不同的表现形式，主要分为描述性案例、理论性案例和解释性案例。

1. 描述性案例。

描述性案例旨在对处于真实生活背景中的特定现象或事件发生的过程和结果进行完整而详尽的"描述"。案例研究者以观察者的角度，通过观察、发现和反思，以教育实践事件作为案例题材，把相应的实践经历和事件作为叙事对象。案例开发者是案例实践中的观察者、发现者和思考者。案例研究对过程的展示突出了历史因

---

① 王宁. 代表性还是典型性：个案的属性与个案研究方法的逻辑基础[J]. 社会学研究，2002 (5)：123-125.

素和时间因素的重要性，有助于实践者进行过程设计。例如，透过一个人或一类人"上大学"的教育现象，我们看到教育结构失调是离开乡土的动因。案例研究凭借其在深入细致考察现象的过程和现象发生的社会、经济、政治、文化情境，理解行动者的感受和他们赋予实践的意义等方面突出的优势，获得了学术界的认可。①那么，如何从整体上寻找"概念化"的理论解释，将为一种理想化的解决路径提供思路。无论是单一案例还是多案例比较，都通过细致考察与深描加工，揭示依照事物发展的变化和差异，思考其中的影响因素。在描述性案例中，研究者需要注意的是，描述性案例从事件发展变化的角度出发展开研究，当研究者第一次有机会去观察和分析先前无法研究的现象或事件时，即有资源、有条件或机会关注、进入某个独特情境和该情境下的教育现场去研究，此时适宜采用描述性案例研究。这种案例通过深度调研分析，能更好地分析和理解某一情景下的案例发展过程。案例研究适合研究某一个或某一类事物发展变化的过程、特征及内在相关因素的影响机制，可以弥补定量研究的缺点。目前关于描述性案例的研究包含有单案例和多案例两种方法。与多案例研究相比，单案例研究方法尽管外部效度较低，但更具深度，可以更清楚地揭示实践中事物发展的机制和特点。

2. 理论性案例。

理论性案例要求研究者对研究情境的社会历史背景进行批判性反思，以便读者能够明白基于当前情境的理论是如何浮现的。案例研究问题有的始于实践现象，有的始于理论，在理论文献与实践现象的共同作用下形成了案例研究问题。和定量研究相比，案例研究实际上是一种非常困难的研究类型，需要研究者有深厚的学术功底，能熟练驾驭定性和定量研究方法，有非常清晰的理论构建、检验和发展的学术自觉，需要具备理论运用与实践操作的应用能力。此外，要根据理论基础进行客观分析，依据理论抽样原则，根据构建理论的需要来选择研究对象，从丰富的资料中发现、发展和检验理论。例如，一些学校是如何适应技术变革的？为什么随着时间的演进，一些学校成功了，而另一些却失败了？在确定研究问题的过程中，尽可能地对相关的概念有所定义，这样更有利于将概念操作化。尽管概念的操作化往往以

---

① 苏敬勤，王娜，高昕，等. 案例学的构建：学理基础与现实可行性[J]. 管理世界，2021，37（9）：207—214.

牺牲概念丰富的理论内涵为代价，但这也便于在研究中发现新的理论模式。不过，当前教育领域的案例研究在理论运用的规范性、研究资料使用的类型、研究过程的透明化和研究结果的汇报等各个方面还有极大改善的空间。例如，基于时间序列纵向视角，对研究对象进行数据资料的编码并寻找证据链，挖掘学校管理者决策背后隐藏的制度逻辑规律，进行深入的因果关系阐述。

3. 解释性案例。

解释性案例研究旨在对当前正在发生的、研究者不能控制的现象或事件产生的原因或事物中潜在的因果联系进行解释或归因分析。这种类型的案例研究在一线教师中比较常见，并因其独特的成果表达方式而形成比较稳定的研究形式。为了呈现案例的变化，在案例研究中可以融入一些量化方法。因为案例研究中涵盖了很多的情节和细节，对案例研究不断深挖，能发掘出具有理论意义的、好的量化的研究假设。经过反复验证，增强研究的信效度，使得构建出的解释框架更具有普适性。其研究过程是对某些重要的教育现象或对已知两个教育变量之间的因果联系作出解释。例如，教师对职业生涯的满意度为何如此低？为了探明原因，研究人员可以在某个学段（如幼儿园或小学）选择几位流露出上述倾向的教师开展调查研究。研究者决定围绕被研究学校所处的外部环境和管理制度、教师的教学负担和工作量、学校的风气和纪律状况、教师在学校的地位和待遇、教师的生活方式与专业发展等方面展开调查研究，以厘清上述这些因素中哪个因素起主要作用以及它们之间的相互作用关系。再比如，为了查明某一教育改革方案及其实施效果，研究人员决定围绕以下基本问题展开调查研究：方案是在什么背景下出台的？实施过程及其效果如何？围绕这样的问题所开展的案例研究便是解释性案例研究。

二、案例研究的一般过程

目前，案例研究在教育学科领域的知识传播、实践引导等方面发挥着越来越大的作用，已然形成了良好的氛围。案例研究的一般过程包含案例研究对象的选择、案例研究的资料收集、案例研究的文本生成等部分。

（一）案例研究对象的选择

1. 案例研究对象。

研究者对研究对象的选择，首先要看其对研究对象的控制程度。好的案例选择要体现公共性与价值性的关怀，带给读者启发性。教育领域的案例研究一般关注学校教育的现实问题，围绕教育活动是什么、为什么而展开。通过学校创造性的实践活动总结和探求学校发展中新的客观事实，从中提炼和得出一般结论，并普及和推广一般结论到更多的学校教育实践活动中，进而从整体上提高教育水平。因此，案例研究能比较准确地解释教育实践活动、行为方式的差异性及其原因。有关研究对象的关键构念贯穿故事始终，在展示故事的情境条件时还给出了总结性的结论。如下案例5-2-1从教师短缺的角度展现了研究者是如何用情境、过程和关系确定研究对象的。

案例 5-2-1　教师短缺现象的产生与认识[①]

当前，中小学的女教师比例较高是全国普遍现象，特别是小学，女教师占绝对优势，不管是班主任还是主要课程的执教老师，都以女教师为主。根据教育部发展规划司发布的2018年《中国教育统计数据》，我国初中阶段的女教师所占比例为56.78%，小学阶段女教师所占比例为68.75%，而且这一比例有继续上升趋势。小学女教师是教学、管理和科研方面的重要力量，在小学日常运行中发挥着重要的作用，尤其是在小学教师性别结构严重失衡的情况下，这种作用更加凸显。一旦年轻女教师的生育高峰来临，"全面二孩"政策所带来的师资短缺问题，一线城市基层学校所面临的现实难题将更为突出，首当其冲的就是日渐增长的适龄入学人口难以享受到应有的教育机会。由于女教师怀孕人数的悄然增长，无形当中增加了其他教师的工作负担，再加上有的学校班主任、任课教师本来就很匮乏，必然给学校管理带来严峻的挑战。所以，有些学校在处理这一问题时，已闹出不少新闻，例如怀孕需学校校长批准、要求女教师排队怀孕的；由其他老师分担怀孕教师职责，导致有的班级班主任一月一换，家长激烈反对；学校威胁教师如果怀孕，评职称、晋升会受到影响；等等。

---

① 陈武林. 一线城市S小学教师"产假式"缺编难题的破解之路[EB/OL]. （2021-10-18）http://ccc.chinadegrees.com.cn.

2019年9月，中央全面深化改革委员会审议通过的《关于减轻中小学教师负担进一步营造教育教学良好环境的若干意见》指出"切实减轻中小学教师负担，让中小学教师潜心教书、静心育人"。事实证明，教师负担已成为影响教师健康发展、学校健康发展与办人民满意教育的重要因素，因而为教师减负刻不容缓。我国中小学原有编制化管理模式下都是1：1的师资配备标准，学校教师都是缺一不可的，工作负担更是要科学分配。然而，很多学校主要通过购买服务聘请教师、增加在岗教师工作量等方法来解决这个问题，这显然有违为教师减负的精神。作为建校时间刚满五年的新校，S小学地处一线城市，学生共1900余人，教师94人，师生比为1：20，教师平均年龄为32岁，其中男教师22人，女教师72人，女教师比例高达77%，明显高于全国平均水平，而且35岁以内的年轻女教师占女教师总数的71%。女教师人数占据绝对优势，男教师几乎成了宝。尤其在小学低年级，男教师所占比例更少。如此严重失衡的性别比例，使得S小学"产假式"缺编问题日渐显现出来，这或多或少将影响到学校的正常教学。再加上S小学所在地区属于城市的产业集群区和外来人口密集区，由于教师编制管控受限，新招足够数量的教师来弥补缺口不太可能，将使教师资源不足问题更加突出，教育承载能力不足问题逐渐显现。

2. 选择与确定。

案例的选择与确定是基于抽样基础上合理把握研究对象的过程，即选取能够提供和研究目的相关的丰富信息的对象。案例是具有生命力的，在案例研究中最重要的想象力实际上是价值关联的能力。研究者对实践情境进行回顾与思考，是触发案例研究的重要条件，也是案例研究对象和材料的主要资源。做一项案例研究容易，做一个好的案例研究难，通过好的研究对象讲道理更难。毕竟接近真相的道路总是迂回曲折的。因此，开展案例研究，提出一个好的研究问题是重点也是难点。面对复杂、独特的教育现象，如何发现一个有趣的话题，并在此基础上提出有新意、有深度的研究问题，与合适的理论进行有效的对话，是开展案例研究初始阶段所应考虑的范畴。

因此，案例研究对象的选择与确定，无疑需要回应时代问题与主体需要，以更好地彰显文本的价值。如前所述，案例研究具有情境化特征。这就要求研究者在一定经验基础上，通过对教育现象进行深度观察，发现有趣、重要且学界尚无人研究的现象，将其表述为研究问题。不过，任何事物都无法脱离其环境而被理解，理解涉及整体中各部分之间的互动关系，因此案例研究对象的确定是依赖于研究者的整体思维的。理解本身不是一种简单复制行为，而是一种伴随着时代和环境变化不断创造的过程①。当然，这并不意味着不需要回到前人文献中去讨论，相反地，更需要研究者以阅读大量相关文献为前提，其中由现象观察提出的研究问题可能在后续文献回顾过程中，受到某些文献启示而得以进一步完善。案例研究对象的展示集中在问题、理论的典型概括中。同时，从社会背景和个案历史中寻求知识支持，指导案例选择，然后寻找合适对象进行案例选择和研究设计，为后续收集案例资料和分析资料奠定良好的基础。以下案例5-2-2的撰写过程正是基于学校整体视角，通过理解文化建设与学校发展的关系，选取移民文化背景下的新建学校作为研究对象，对学校领导在新建学校的文化选择和决策方式等方面的作用进行分析，并结合现实对有关学校特色文化建设方案进行综合评估，探讨学校特色文化的发展过程。

案例 5-2-2　新建学校的文化发展之路②

　　新建学校因其历史、地理和文化因素等，尚未形成与众不同的鲜明特色，但也就是这种成长中的学校文化底色，才能更清晰地描摹出本真的特色文化内涵。在此基础上，根据学校的办学风格和优势，形成一定的优势项目，并充分发挥优势项目的引领性和辐射性，培育和发展出独特的学校文化理念及办学特色。眼下，新建学校如雨后春笋般在许多城市地区迅速发展起来，这些学校的硬件建设，地方政府的投入可谓是非常慷慨。可是，学校说到底还是一个文化育人的地方，学校特色文化的建设，最终要落实到人才培养上，也要落实到教育思想观念与方法的调适中。因为学校文化不是游离在教育教学之外的一块招牌，只有在实际教育中深入人心、产生效果，才具有生命力。学校特色文化与教育活动本身是水乳交融、互相支撑的。

　　由此可见，特色文化是教育观念的集中体现，无论在任何发展阶段，学校始终依托校本资源、发挥自身优势，以符合教育规律、满足学生发展需求等基本原则，从而发挥特色文化的引领、辐射作用。其作用在于：以特色带动学校整体发展，便于让学校找到自己的位置，在各自不同的发展水平中不断生长出新的优势和亮点，进而实现高质量的发展，形成独具特色的办学品牌。

---

① 井润田，孙璇. 实证主义 vs. 诠释主义：两种经典案例研究范式的比较与启示[J]. 管理世界，2021, 37 (3)：13, 198—216.
② 陈武林. 新建学校特色文化发展的困局与突破[EB/OL]. (2021—10—18) http://ccc.chinadegrees.com.cn.

本案例将描述的对象是中国南方城市的一所新建学校长洲小学（化名），该校领导班子在讨论决定本校特色文化时，凭借各自的立场和理解表达了对学校未来发展的文化情怀，进行了富有建设性的对话。新建学校发展中究竟是成绩本位还是文化本位，不同的选择体现出学校办学理念的差异，也是矛盾冲突产生的导火线。对于这所缺少文化积累、迫切需要发展的学校来说，面对眼下的困惑，应该采取什么样的文化道路？

深圳，一个因改革开放而快速发展起来的移民城市，绝大多数为外来人口，文化背景、价值取向多元。在多元开放的社会背景下，也必须看到我们正面临着触目惊心的文化断层、信仰缺失等现象。作为深港文化之根的B区，更是工业、人口大区，地方社会经济的特色发展并不容易。为促进区域教育均衡发展，2015年开始，全市试行以社区街道等为片区设置大学区招生制度和进行大学区积分入学办法工作试点，此举可能激化择校矛盾，对新建学校也存在极大挑战。长洲小学是一所新建学校，在校生有998人，教师85人。该校位于深圳市B区，由于外来务工子女人数逐年增加，该区教育局为了满足教育需求，迅速建立了一批像长洲小学一样的、为了满足外来人口子女教育需要的新学校。该校建校两年以来一直中规中矩开展学校教育工作，经过全体师生的共同努力，学校不断发展壮大，现代化的功能设施日臻完善，教育教学质量稳步提高，办学效应也不错，但始终没有找到一条独到的特色发展之路。如何找到最适合这一所新建学校的文化生长点，成了学校领导们必须直面和破解的难题。

为了确立学校办学特色，形成自身的文化育人优势，学校决定召开特色文化建设务虚会。学校领导们在年初江浙一带的前期考察中发现，有些学校为了凸显特色文化，在校园墙壁上贴满"特色"标语，满校园都充斥着"特色"口号。深入观察了解后方才发现，个别学校连基本的学生一日常规都没有，课程表上体、音、美等课程的课时安排不达标，自行车在校园内到处乱停乱放，部分教师上课的水准甚至连常态课的基本要素都不具备。为了避免类似的形式主义现象，让这次务虚会取得预期效果，三位学校主要领导包括崔校长、分管德育和教务的李副校长、分管后勤和财务的刘副校长，决定事先讨论、确定核心思路，再到务虚会上集体决议。

（二）案例研究的资料收集

案例研究以案例对象的相关领域为主要信息来源，重在指导教育活动的实践规范。在科学化的程序设计与规范性的资料收集过程中，研究者可以采用与研究目的相关的任何方法来收集资料和数据，深入挖掘资料背后所折射的问题及其本质。一开始可先确定某一方法收集资料，此后可根据实际需要转换或增加其他的方法进行资料收集。

1. 资料收集前的准备。

运用案例研究方法从事教育研究时，首先要有基本构想并进行一些前期准备工作。比如学校集团化改革实施以来，一些集团学校一直在高速成长，并形成了一定的办学竞争力，其高速成长的过程和原因是什么？研究这一课题时，首先需要寻找有代表性的集团学校案例，并在此基础上调查并展开案例研究。因此，资料收集前的准备工作应以初步理论为基础，以便于到现场搜寻资料时深入挖掘相关信息。具体而言，资料收集的准备工作主要包含以下方面：（1）通过培训掌握理想的技巧技能。包括提出好的问题、做好的倾听者、具备灵活性和伸缩性、抓住研究问题的本质、排除先入之见。（2）参加有关特定案例研究的训练。包括了解研究的目的、需要收集哪些证据、可能的变动及应对、与理论假设相关的证据、发现研究设计中的问题。（3）制定案例研究草案。包括案例研究草案的目的、资料收集程序、起草案例研究报告的大纲、需要研究的问题、指导撰写研究报告。（4）筛选研究的个案，并尝试实施实验性的案例研究。通过实验性案例研究，发现问题，弥补设计或草案的不足，有时能帮助更清楚地了解某些概念[①]。

其次，除在采集前应提出较为明确的采集需求，根据资源可得性等确定采集对象外，调研访谈是最为关键的环节。调研访谈作为案例采集的典型方法，需要在案例采集时同步关注时间、空间与知识三重维度。其中，时间维度通过访谈主要管理者，并对关键节点、决策情境进行追问，把握后续访谈聚焦点，勾画故事线。空间维度可结合故事线与学校架构，访谈职能部门人员，深入探究关键事件的落地执行，同时进行多方印证。学科维度需结合专业知识确定教学主题与理论基础，围绕知识框架补充提问。因此，将案例采集过程结构化为三维模型可以更好地厘清调研访谈思路，实现案例数据采集效果的最大化。

2. 资料收集的过程。

相对于定量研究而言，案例研究包含了太多的质性细节，需要在呈现事实和观点时更加严谨与丰富。这就要求案例研究需要采取科学的数据收集方法，遵循逻辑严谨的研究步骤，关注案例构建理论过程中的一些基本、关键环节。案例研究作为

① 王革. 管理学中案例研究方法的科学化探讨[J]. 中国行政管理, 2011 (3) ：116-120.

一种研究思路，包含了各种方法，涵盖了设计的逻辑、资料收集技术，以及具体的资料分析手段，是经由系统化的资料收集与分析，并发掘与发展暂时已验证过的理论[①]。在涉及的材料方面，需要收集研究对象各方面的材料，运用定性和定量等多种具体的分析方法进行分析。

首先，要明确资料来源。案例研究的数据来源主要包括六种途径：相关文档、档案、访谈记录、实地观察、参与性观察和实物证据，且资料之间最好能够相互检验。通常情况下，资料的来源越多，研究效度越高。在案例研究中，大部分的资料数据都是由研究者本人与个案的近距离接触与联系而直接收集的（必要的时候也可使用测量和问卷的方法）。这些数据包括文档、访谈、现场观察等各种类型，可以是一手数据，也可以是二手数据[②]。

其次，在搜集资料的过程中，研究者根据问题进行线索追踪。这就要求研究者成为一个好的倾听者，具有足够的灵活性与伸缩性，既要牢牢抓住问题的本质，并时刻提醒自己不要偏离最初的研究目的与方向，又要根据预料不到的情况及时调整和修改原有的研究方案；既要投入自己的主观性，又要尽力克服和摆脱自己的先入之见或偏见对研究的影响[③]。案例研究数据收集方法多样，可以通过观察、访谈等方式获得一手数据，也可以通过档案、资料等整理获取二手数据，但无论采用哪种方式收集数据，案例研究需要采用的是理论抽样而不是统计抽样[④]。访谈、观察等一手资料的获取在定性研究中变得格外重要，这是研究者从局外人向局内人角色转换的保证，这样他们才能获得进入案例"此地此时"情境的体验过程[⑤]。具体而言，包括对案例对象的相关人员进行多次深度访谈，例如对学校的相关负责人、教师和合作一线员工进行半结构化访谈，对案例对象进行实地观察，同时查阅其内部资料、收集公开的二手资料等。在案例研究中，由于只针对一个案例展开分析，因此对数据资料丰裕程度就提出了更高的要求。具体表现在案例数据资料要涵盖多

---

① 王建云. 案例研究方法的研究述评[J]. 社会科学管理与评论，2013（3）：77-82.

② 案例研究方法所使用的资料主要包括两方面：一是政策文件类资料、互联网资料、会议及讲话资料等二手资料；二是访谈、观察及实地调研所获得的一手资料。

③ 夏正江. 论案例研究在教育中的可能方式[J]. 外国中小学教育，2007（8）：5-11.

④ 王梦洺，方卫华. 案例研究方法及其在管理学领域的应用[J]. 科技进步与对策，2019，36（5）：33-39.

⑤ 欧阳桃花. 试论工商管理学科的案例研究方法[J]. 南开管理评论，2004（2）：100-105.

个来源渠道，包括非正式访谈、田野调查、情境体验、档案查询、文档数据等。既要内容丰富，又要体现时间线上的逻辑关联性。案例研究数据主要为描述性文字材料，包括历史访谈、档案资料等二手资料，但仍有很多时候需要基于现场访谈获得的一手数据开展研究。当然，进行案例调查与访谈时要注意构思的严密、细致、全面等。以下资料5-2-1是笔者开展以学校发展规划为主题的案例研究时，撰写的所需资料的部分清单。

> **资料 5-2-1　学校发展规划资料清单**
>
> 1. 学校校史发展历程资料：从建校开始，经历职校、综合高中、外国语学校高中部的变迁；时间；历任校长；办学理念校风校训的变化；等等。
>
> 2. 学校申报关键荣誉称号或奖项的资料：智慧校园建设的过程性资料；申请奖项、荣誉或称号的申报资料；所取得的社会影响（如报道、分享会等）方面的资料。
>
> 3. 学校特色课程建设资料：学校已有全部科目门类、架构；英语+二外的课程门类、结构、体系；体育门类与体系；美术的四大体系八大课程；德育课程体系的资料；等等。
>
> 4. 学校获得×市高考工作奖项的相关资料：特别是近五年进步奖获得方面的资料；最好能提供近年来学校所获得的高中教学质量分析报告或结果反馈的资料；证实学校"学生培养能力"很强的资料；方便项目组确立学校发展目标及相应的量化指标。
>
> 5. 学校有关新高考改革的相关方案或制度：如选课走班制度设计与实施的相关资料：何谓2018级、2019级 "三旧一新"模式？选课走班教学管理服务平台是什么？具体在三个年级中如何开展？
>
> 6. 教师队伍规模、数量、结构与培养方面的资料：教师平均年龄；不同教龄段教师的比例；近五年新引进教师的数量与比例；不同教龄段教师成长方面的资料；除学校工作总结中已提到的外出培训、加强教研组建设，若还有不同教龄教师培训制度建设方面的资料也请补充；青年教师培养的"六个一工程"。
>
> 7. 平板实验教学的相关资料：如学校开展平板教学实验，积极参加广东省信息化中心学校、中国教科院"未来全息教育云+端"项目、福田区基础教育质量监测实验基地学校项目建设的方案、过程资料、实施效果等。
>
> 8. 学生发展动态管理系统和教师"多元评价"的相关资料：如该系统中学生发展评价的相关指标；教师如何多元评价；等等。
>
> 9. 学校现有行政架构、体系资料：分哪些中心，各自的职责、功能是什么。

第三，对收集资料进行多次分类汇总、交叉比对和综合分析，遇到缺失数据等及时进行确认和补充，确保数据信度和效度。通常，对于案例研究的对象来说，虽然收集资料围绕研究问题及确定的样本进行，但在研究过程中往往会有突现的研究问题和其他意料不到的情况，因此在收集资料的过程中应该把握好重点和全面的关系，为进一步的研究做好铺垫。就像案例研究步骤指引着整个案例研究过程，事前准备一份资料收集计划并且随着研究进程不断对其修改，可以使研究者更有效地收集资料[①]。此外，为了避免单一资料来源所造成的偏差，研究者应该尽可能利用多种方法收集资料，例如利用观察、访谈、年报和会议记录等方法收集资料，以体现三角互证的精神。同时，要保证数据来源的多样性和系统性。学术中常用数据三角测量来对数据来源的多样性进行要求。数据三角测量在研究中使用各种数据源，包括时间、空间和人员等维度的数据。单一数据中的弱点都可以通过其他数据的优势来弥补，从而提高结果的有效性和可靠性。如果有的研究受到实际限制，只能从单一渠道获取数据的话，也可以考虑从宏观、中观和微观这些不同的分析维度来进行数据收集。案例收集要围绕事件发展的时间轴展开，收集到的数据在时间的延展性和内容的丰富性两方面都要充分而且详细。

3. 资料的使用和分析。

研究对象往往有其产生的历史背景，要对案例研究对象的相关资料合理分析，从中发现该对象的现实样态和发展状况，同时对相关实践和方法以及最终导致变化发生时所处的时代有所了解。因此，资料的使用和分析主要包括以下部分：

第一，把信息整理成不同序列，构造一个类别矩阵，然后把资料归到不同的类别中。在此基础上，检验资料，确定资料的呈现方式，编制流程图和其他图表，编制不同事件出现的频率关系，如均值、方差，检验图表和不同图表之间的复杂关系，并按照时间先后或其他顺序对信息资料进行排序。同时，将案例描述的具体细节与人们理解其本质的一般性概念和理论联系起来。在分析自变量和因变量关系时，大多数情况下我们是在基本层次对因果关系展开探索[②]，因此概念中的因果分

① 项保华，张建东. 案例研究方法和战略管理研究[J]. 自然辩证法通讯，2005 (5)：62—66，111.

② 戈茨. 概念界定：关于测量、个案和理论的讨论[M]. 尹继武，译. 重庆：重庆大学出版社，2014：43.

析是非同寻常的。在资料信息整理中，对因果关系和操作数据的有效把握提醒研究者要对从参与者处收集的访谈数据可能存在的偏见或误解保持敏感性。

第二，收集好资料之后，需要确定资料的分析单位。当这些资料都可以体现案例研究中的概念时，案例研究的构建效度就有了基础，然后结合案例研究对象明确个案关系。分析单位的界定，关系到研究方法或资料收集方法的有效性。当然，随着研究过程的实际变化，分析单位也应结合研究主题做相应调整和完善。此外，除了分析过程中的概念运用之外，还需要力争让呈现出来的证据符合逻辑，有连贯性，能形成一条完整的证据链。不过，为了避免研究者个人的主观偏差，案例研究资料的审视需要另一个或多个作者对概念的提出和测量进行独立的测评，并进行交叉验证[①]。

第三，合理把握资料中蕴含的背景素材，特别是对研究对象所处时代主要趋势的描述，有助于研究者和读者理解整个案例研究。因此，研究者需要收集背景资料，即使限于篇幅不能完全成文，也可有选择地简述，这样留下来的资料也有助于研究者和其他人进行后续相关研究。不同于实证研究结论需建立在大样本分析基础之上，在案例研究中，案例数量的增加仅起到复制或差别复制的作用，不同案例的重复、对比、扩展并不能为理论构建带来贡献。对于案例数量，需根据案例研究具体情况而定，并非越多越好，每一个案例都可以视作一个独立的实验，遵循复制法则。

第四，数据分析时要坚持以数据为基础的事实举证。在数据分析阶段，首先要确保概念的清晰性与可测量性。研究人员需要对多渠道来源的数据呈现出来的事实依据加以论证或者否定，而不是自己主观选择性地展示。数据的举证既可以是原始收集的资料，也可以是统计概括后的数据资料。对理论的坚实性和实证资料的丰富性进行取舍是非常困难的，如果对每一个案例都面面俱到地描述，就会造成文章过于冗长，而使读者陷入文字的海洋中。因此，借助构思精妙的表格、附录和其他视觉辅助手段来呈现数据，对于案例研究者是非常有必要的，这样可以为理论构建提供丰富而坚实的经验性证据。案例的资料分析分为案例内分析和案例间分析，分析

---

① 于文轩. 中国公共行政学案例研究：问题与挑战[J]. 中国行政管理，2020 (6)：105–112.

流程可以依次进行，也可以在对每个案例进行初步分析之后，最后汇总分析。研究者可以利用各种图表、与相关人员交流等方式来使自己加深对资料的理解，从而孕育出初步的理论模式。对单个案例的分析，研究者分析到有足够的证据和理由能支持研究问题的答案时，这一步就可以终止了。对于多案例分析，还要进行案例间分析，将初步的理论演绎到下一个案例，以此来不断完善初步的理论，这可以看作对初步理论的研究内检验。案例间的分析过程往往是循环往复，直到得出一个较为完善的理论或者已经可以对要复证的命题做出判断后，再进行研究结果的比较。案例研究的数据分析，一方面需要对理论框架中的问题要素进行检验，以明确一系列要素"是什么"的问题；另一方面还需对要素的相对重要性及其相互影响的关系进行探索和构建，从机理上回答案例对象发展的"为什么"和"怎么样"的相应问题。

案例 5-2-3　调研资料转化为案例文本[①]

F校长提出一个支持适龄教师生育的原则："天经地义，大力支持。"他挺担心接到怀孕教师的电话，因为基本上都是请假，但他认为女教师怀孕是件值得恭喜的事，无论是不是二胎，大家理应打心底里为女教师高兴。为此，学校专门加强对孕期女教师的关怀，在学校设立母婴室，里面冰箱、微波炉、靠背椅、婴儿床、玩具垫应有尽有。据悉，这是为了休完产假但还在哺乳期的女教师准备的，有了婴儿床，教师甚至可以把宝宝带到单位照看。

适当减少孕期女教师的工作量。新学期初，F校长会与适龄生育的女教师交流，了解其生育想法与计划。也提醒女教师一旦怀孕应立刻向学校教务处汇报情况，以便校方及时应对。有生育意愿的女教师提前申请，报备学校部门，以便学校提前预备、安排相应的顶岗师资。当然，生不生二孩是教师的私事，学校只能建议同一个教研组的教师最好能轮着来，不要同时休假。为了能及时掌握学校女教师怀孕的情况，学校办公室的教师做了一张表格，清楚地列出有多少人怀孕，每个人的预产期是什么时候，产假何时结束。由于每人情况不同，扎堆休假的情况也会发生。那时候，校长只得出面约谈男教师，请男教师多承担任务，身体力行帮助学校化解课时压力。

---

① 陈武林. 新建学校特色文化发展的困局与突破[EB/OL]. (2021-10-18) http://ccc. chinadegrees.com.cn.

> 　　L老师，小学体育老师兼学校国标队教练，第一个学期是怀孕初期，依然任教二年级体育课和负责国标队的日常训练，但就以引导和口头传授为主，没有大幅度的动作示范。第二个学期是孕中期和孕后期，由于体育课的特殊性，同科组的男老师主动承担了大部分的课程，尽量减少她的课程负担。但由于她是学校唯一一个国标教练，所以训练队还是继续带，好在队伍已经初具规模，学生们已经有了一定的自主性。怀孕期间，她带队出去比赛三四次，怀胎九月还带队去市体育馆比赛。总之，可替代性的工作学校可以适量减轻，但是无可替代的，在身体情况允许的前提下还是要完成。

（三）案例研究的文本生成

　　案例研究文本的生成，就是从故事到理论的过程，也是从描述现象到解释现象的过程。大量研究说明，案例研究方法是验证理论、评判理论以及构建新理论的有效方法，能够具体回答"是什么""为什么"和"怎么样"的问题。因此，案例研究的文本生成过程兼顾理论验证和理论构建的特点。

　　1. 文本结构。

　　开始撰写研究报告时，最好要考虑一下案例研究文本会有哪些读者，如学术界同事、政策制定者、学位论文的评审人、项目资助者等，然后根据读者的需求来决定研究报告应当怎么写。研究报告初稿出来后，还应当把它交给案例事件的参与者和信息提供者加以检查与确认。通过不断提高案例的实质内容质量和完善形式体例结构，编撰出优质的案例文本，为把握教育规律、规范教育教学行为、解决教育实践中的疑难问题等方面发挥案例研究的指导作用。

　　至于研究报告的结构，常见的安排是开始陈述研究的目的与问题，说明与研究有关的背景，并对有关的资料来源进行阐述；接着研究者陈述自己所使用的研究工具，说明自己是如何进行研究的；最后是报告研究的结果，并对研究的结果进行分析与讨论。基于此，案例研究的文本结构包含：第一，依据案例对象提出问题与研究目的。第二，对研究问题进行相关文献综述、推导和提出论文分析框架、理论命题或者提出分析案例的理论视角。第三，遵循案例研究报告写作中要求的步骤，撰写规范性的研究案例。第四，分析研究案例并从中验证第二步骤的理论命题，或者发现教育实践中产生的新事实、新思想。第五，提出研究结论并明确今后课题。形式体例结构方面，应充分展现标题中的案例特性、找准关键词、精确陈述案例内容、充分展示案例对象发展变化过程。

2. 文本撰写。

案例研究以记叙为主，主要是叙述和说明。甚至可以说，案例研究的过程是讲好一个故事，是通过故事来说明道理。一篇论文的关键之处在于作者通过布局，将现象变成有趣的案例，又将有趣的案例问题化，以便凸显数据背后问题的症结，再借助理论角度化危机为转机，找到研究的亮点[①]。就整体的案例撰写来看，案例正文应更具备趣味性、易读性、普适性，基于"故事线—框架—理论—应用—发现"提出系统性解决方案。因此，案例撰写更应关注对案例对象的情境化，而非如以往案例撰写一样，仅仅将某一情境作为案例情节展开的背景介绍。

首先，在撰写研究案例时，尽量运用客观数据、准确的语言和事实说话，避免用含糊的或主观判断的语言。案例研究的表述方式并不局限于叙事，它还包括议论和说明等重要的形式。有相当多的案例研究，叙事在其中只占很少的比重，而主要的篇幅在于对所叙之事的讨论和分析。在这时，案例研究是以叙事为基础、以议论说明为主要表达方式。研究案例的撰写者应在案例调查中学习，在求证中提高自身的判断能力，让研究案例落到实处。比如笔者第一次访问某知名小学时，被接待人员告之："我校已跻身世界一流名校行列。"这是非常含糊又自夸的语言，如果将其原话写入案例，将会严重地影响案例的可信度。因此，只有运用准确语言，描述客观事实而做出的案例研究才会真正有说服力。

其次，在研究过程中，不仅要做实每项研究工作，也要如实记录每个研究环节及其研究结果，从而使研究有史可查。撰写研究案例时，忌讳用主观判断的、含糊的语言，强调通过调研访谈取得第一手资料的重要性。要注意案例细节，从细微之处往往可以观察到新事物、新事实。第一手资料如实验室观察的数据一样重要，它必须是真实、客观、可信赖的，是研究性论文的立论依据。案例的撰写重要而复杂，如汉森（Hansen, A. J.）所说："这是一个复杂的过程，但当它进行顺利的时候又真令人兴奋。这部分是由于它使人思想开放，使人重新经历重大事件并真正参与对话，而这就是生活。从案例作者的角度看，我愿意把案例说成是对真实事件的描写，其中所包括的意思，能够引起大家思考和争论的兴趣，并且富含启发

① 杜鹏，李庆芳. 质性研究的六项修炼[M]. 北京：经济管理出版社，2019：149.

性。"①

再次，在案例的叙写上，事例的描述中要有一定的冲突并反映教育教学工作的复杂性。在写作和形式表现上，案例研究有点类似于戏剧小说的构造手法，需要做到起承转合间自然衔接，对教育现象进行故事再现，同时注意体现不同群体的相应需求及其观点的对话交流。对于案例的描述要具体、明确，不应是对事情大体如何的笼统描述，也不应是对事情所具有的总体特征所作的抽象化的、概括化的说明。同时，在描述中要把事例置于一个时空框架之中，也就是要说明故事发生的时间、地点等，而且要能反映出教育教学工作的复杂性，揭示出人物的内心世界，如态度、动机、需求等，进而反映出故事发生的特定的背景。在基于过程的故事讲完之后，研究者可对案例发现进行讨论，与研究问题及其背景进行呼应，通过理论对比来实现故事的升华。下面的资料5-2-2通过对S小学应对教师结构性短缺问题的反思性判断，根据学校教师管理过程中的主要力量、关键因素、核心难点，以便更为全面地评价学校组织变革过程中的教师专业发展需求，最终理解促进学校发展与稳定教师队伍的双重意义。

资料 5-2-2　教师管理的个案反思②

S小学所面临的教师临时性短缺问题以及相应做法，折射出目前中小学因女教师怀二胎出现的师资困境。面对众多的年轻教师，面对让人喜忧参半的二胎，学校领导提前做好充分的思想准备和工作安排，积极主动适应，从制度设计和人文关怀等方面形成团结向上的组织氛围。参照过去的做法，学校尝试通过给没有生育计划的教师增加工作量、找临聘教师等方式来救急，同时，在学校的学科教研组结构上进行变革，考虑学科、年级、男女比例等因素的合理配置，一定程度上缓解了教师短缺问题，学校各项工作也逐步进入正常运转的轨道之中。

首先，理顺了学校干群关系，学校教学工作得到妥善安排。F校长坚持抓好教师队伍建设，一方面把共同的发展愿景和个人发展目标有机结合起来，及时形成教育共识，引导教师个体积极配合学校的教学工作安排。有怀孕准备或已怀孕的教职工在抓好教学工作的同时响应国家二胎政策，做到"两不误、双促进"，把可能带来的负面影响降到最低、最小。另一方面，重视师德建设，挖掘教师潜能，确保学校

---

①　王俭. 论教育案例开发[J]. 教师教育研究，2005 (2)：10-14.

②　陈武林. 一线城市S小学教师"产假式"缺编难题的破解之路[EB/OL]. (2021-10-18) http://ccc.chinadegrees.com.cn.

上下各年段、各学科有领军人才，发挥模范带头作用，以点带面，整体提升，全面开花。

其次，提高了教师资源使用管理效益。学校结合现代学校制度建设要求，在核定员额内通过分类设岗、竞聘上岗、量化考核、完善评价机制等举措，深化教师管理制度改革，分步施策优化学科教师结构，保证各学科教师定岗任用、责任到位，提高了管理效益。但令人欣慰的是，实行同工同酬后，临聘教师也大都尽心尽职，有几位教得很好的临聘教师，学校也以提高福利待遇的办法留住老师。

但是，单靠学校独自面对这一难题，始终不是长久良策，这种"补位"方式离真正的教师"到位"还有一定的差距。全面二胎政策针对特定的人群，由政策所带来的短期集中生育现象导致人们对未来基础教育资源配置的强烈需求，既对学校生源学位供给提出更高要求，也影响着学校教学工作任务的有效落实。一般而言，学校教师女性人数比例和产假比例相对高于其他多数行业，学校的管理与运行还需要配备一些专职的行政管理人员、教学辅助人员和工勤人员，但现行标准均未考虑到这些，以致部分非教学岗位长期占用教师编制，加剧了学校编制的紧缺。

很多女教师毕业以后直接进入中小学工作，面临的不仅是工作压力，还有结婚生子的压力，在全面二胎政策放开后，又要面临生育二胎、照顾孩子和家庭的压力，这些因素均影响着女教师的身心健康和事业发展。但是S小学的教学工作量分配方式是否合理依然是个问题，今后还需通过长效机制保障教师的工作效果和教学质量，避免个别教师因超负荷工作量引发新的矛盾，最终影响教师集体的工作状态。政府和教育部门应当提前做好充分的资源配置工作，帮助学校渡过师资临时性短缺困境，如根据学校女教师年龄结构与生育状况，在现有编制标准的基础上，确定弹性编制系数，预防二胎生育造成的用工紧张，确保女教师生育不会对教学秩序和教学质量产生实质影响。但目前编制放到学校有可能难度较大，因此在县或区层面上如何进行教师资源整合，统筹区域内师资科学配置，显得尤为必要。假如区域内建立师资协调互补机制，一旦哪所学校需要教师，便可直接去教育主管部门申请使用，而不是将解决问题的压力推给学校自身。

最后，形成假设与理论化，跟文献进行对话，对矛盾的、支持的文献进行比较，最后达到理论饱和，结束研究，整理成果。案例对象背后隐藏的问题，可能是既有理论无法解释的经验现象，这时需要研究者先对故事进行抽象和升华，形成一组命题，然后引入更宏观的视角来支持这些命题，并与相似的研究发现进行比较，最终完成将故事理论化的工作。研究者经常寻找一些构念来组织描述性的数据，并帮助他们在自己的数据和文献中报告的其他研究成果之间建立起联系[①]。不过，有些案例所折射的新现象尚处于概念性阶段，难以获取大量实证论据，案例研究则有助于对这一新现象的形成机理进行深入分析。

三、案例研究的理论思考与评估

近年来，人文社会科学领域研究逐渐引入自然科学领域的研究方法，注重科学研究的程序性、规范性与严谨性，从而提升研究的科学性与有效性。2020年8月，习近平总书记在经济社会领域专家座谈会上指出，时代课题是理论创新的驱动力，新时代改革开放和社会主义现代化建设的丰富实践是理论和政策研究的"富矿"，我国教育研究领域理论工作者大有可为[②]。案例研究作为一种独特的研究方法，扎根于社会发展大背景之中，又嵌套于教育变革的实践理路，同样需要进行相应的规范评估。

（一）理论在案例研究中的作用

案例研究不需要预先进行理论假设，但需要选择合适的理论视角。一直以来，诸多案例研究文献都未能详细呈现出案例分析过程，导致由案例现象上升为理论的逻辑显得模棱两可。当在新的研究领域或在现有研究问题不充分时，案例研究方法往往能更准确地把握现象以及构建理论。因此，选择合适的理论视角是解读案例研究对象或现象的关键。

首先，理论对于案例研究是不可或缺的重要组成部分。研究者根据理论视角所具有的核心概念来进行案例分析。当然，故事是理论化的基础，理论框架构成了故事的内置脉络，离开了特定的理论视角，案例文本内容展现给读者的可能是完全不同的版本。由于缺乏理论上的自觉，当前的案例研究在日益繁荣的表象背后掩盖着诸多的缺陷，主要表现为：研究对象选择上的盲目、理论深度分析的不足、结论反思的欠缺等。其中，最令人忧虑的问题是研究者们普遍缺乏从案例中抽取先例性规范的意识。一个好的理论视角应该是具有洞察力的，紧密与现实配合的，贴合数据分析层次的。因此，理论构建型案例研究没有必要预先提出理论假设，但有必要预

---

① 高尔 P G，高尔 M D，博格. 教育研究方法：实用指南[M]. 瞿书杰，胡秀国，郭书彩，译. 北京：北京大学出版社，2007：294.
② 习近平. 在经济社会领域专家座谈会上的讲话[EB/OL]. [2020-8-24]. 新华网.

先确定案例分析的理论视角，以确保研究结论具有理论价值，而不是空中楼阁。案例研究不仅可以用于分析受到多种因素影响的复杂现象，还可以应用于具有开创性的研究，尤其是以构建新理论或精炼已有理论中的特定概念为目的的研究。当然，不论是本土理论，还是西方理论，始终应注意关注案例所反映出来的共性问题，探讨一般性的框架下发现的运行规律。这就需要在案例研究中重视国情、校情、学情等背景下的视野建构，写好案例中的故事元素，抓住典型案例中蕴含的特殊现象、普遍现象和具体问题的解决方案。同时，借鉴不同理论解释实际案例，发展基于教育教学实践的理论体系，从而实现理论与实证的联结。

其次，只有好的案例研究才能产生理论输出，好的案例研究最终一定要产生理论输出和理论贡献。案例研究是扎根于真实数据的"自然呈现"，但也需要一定的理论观念介入数据收集活动当中，在防止先入为主造成结论偏误的前提下进行理性分析。也就是说，数据解释的选择要有理论基础，如此呈现出来的分析才具有逻辑性和系统性，以减少产生事理逻辑上的疑虑。假若研究者未采用任何概念框架，而直接收集并分析案例，较容易陷入繁杂的实证数据中，导致研究难以提炼出有价值的理论观点。前述的教师管理研究个案正是借助教育组织行为学和教师专业发展理论，把学校改革看成是组织学和行为学的问题，其关键是改造学校这个组织，从而激励校长和教师，这将对进一步推动组织行为学基础理论应用与课程教学发展起到积极作用。同时，结合中小学教师的职业特点，在中小学教师职业发展的概念、影响因素基础上，通过加强培训、工作环境营造和改进学校管理等措施提高中小学教师专业发展水平。基于此，理解学校人事管理的规律和现状，明晰学校组织变革与教师队伍治理体系的意义和途径，形成教育人力资源管理和教师专业发展的知识脉络。尽管案例研究方法所获得的发现和结论有待进一步质疑和检验，但事实上，我们既要审慎发挥案例研究的优长，又要理性对待案例研究所遭受的各种质疑。在了解案例研究方法的使用条件和限度后，研究者要能够规范地运用案例研究方法，深入探析研究对象，不断总结、系统反思案例研究本身的优长与质疑，形成自己的案例研究的方法论，并用这种方法论来指导具体的研究，反过来才能对理论构建起到更好的助益作用。

再次，在案例分析过程中，需要通过理论破解案例背后所蕴含的问题。从理论发展的角度来看，案例整体理论解释机制是在一系列案例发现、构念关系分析基础之上，注意结合理论开展分析，通过不同阶段关键构念之间的关系分析，构建一个完整的案例整体理论解释机制，实现理论归纳与实践升华。诚如有学者所言，理论饱和度检验是验证所构建的理论是否完善的重要步骤，在质性研究过程，只有充足的样本，才能保证理论达到饱和度[①]。一般情况下，只有理论达到饱和度之后，才可以停止采样工作，否则采样工作将持续。不过，案例研究始终需要研究者对现象进行深度描绘，展示有关现象的具体细节、所处的情境、偶然性的事件、现象中参与者的思想和感觉、行为或语言体现的意义等。通过深入分析，逐步明晰研究主题、构念甚至不同变量间的关系，进而系统地比较数据分析过程中所形成的理论框架与分析单元的相应证据，并及时评估理论框架与案例数据的吻合程度和饱和程度。事实上，案例研究对研究者的理论素养要求很高，不仅要充分把握相关主题文献和理论基础，聚焦研究问题、找准理论贡献点，还需将零散的过程事件和行为模式归纳成统合性框架。对理论逻辑的整体阐述是提升研究质量的重要保证，因此，涉身案例研究的初学者一定要重视对理论和文献的掌握和理解，尤其要加强理论逻辑方面的思维能力训练[②]。案例研究遵循的是整体思维，这意味着研究者需要通过对每个案例抽丝剥茧进行微观分析以反映现实宏观规律的整体性。在每个看似分离、零散的理论模式与命题归纳的基础上呈现出掩藏其后的一个高度内嵌的整体逻辑，是理论构建的终点，也是高质量的案例研究的重要评价内容。

> **资料 5-3-1　个案研究的实践作用[③]**
>
> 　　总体来看，既有研究对教师人际互动问题已有一定关注，但多是从理论层面较为笼统地说明教师人际关系的类型差异及其所面临的困境，却忽略了从具体实践出发对教师人际互动展开更具针对性和细致性的描述，并以此为基础反思该行为背后所引发的学校管理冲突及其对学校发展的潜在影响。随着现代学校制度建设的逐步推进，教师人际互动状态已成为深刻影响学校办学质量的重要因素。通过对教师人

---

① 胡强. 基于扎根理论的科技期刊微信运营策略分析[J]. 中国科技期刊研究，2016，27（8）：880—887.

② 井润田，孙璇. 实证主义 vs. 诠释主义：两种经典案例研究范式的比较与启示[J]. 管理世界，2021，37（3）：13，198—216.

③ 冯晓敏. 学校管理为什么这么难：基于F校教师人际互动样态的个案分析[J]. 中国教育学刊，2021（4）：69—74.

际互动细节的研究，总结其主要样态，有助于破解当前学校管理难题。基于此，本研究选取F校作为个案，重点考察其管理团队与教师群体在学校管理中所呈现的人际互动样态，旨在探寻学校管理如此艰难的深层原因，并为改善教师人际互动关系和提高学校内部治理水平提供对策建议。

作为一种富有解释力的社会科学研究方法，个案研究的重点是对具体情境中相关现象及其问题等展开系统性分析。学校管理中充斥着基于不同因素而形成的教师人际互动关系，这些关系类型多样、形成机理复杂，必须进入学校管理内部才能做出透彻研究。因此，借助个案对学校管理中的教师人际互动关系进行深入剖析，不仅能充分展现其背后所隐藏的人际互动矛盾，还能深刻反映出学校管理中所面临的人际交往困境。

本研究选取F校为研究个案，其原因有三：一是基于相似的组织结构与管理体制，F校所表现出的教师人际互动特征，以及由此引致的学校管理难题与其他中小学存有一致性。二是为加快改善学校办学质量，区教育局于2014年将F校纳入区域优质学校建设项目，着力促进其管理方式的现代化转型与团队领导力的系统提升，积极实现其教师人际关系的优化。相关实践探索使F校教师对人际互动问题及对学校管理产生的影响有着深刻体会。三是作为一所合并而成的九年一贯制公办学校，F校拥有庞杂的学校管理团队与教师群体。F校于2008年由原区域内有着五十多年建校历史的两所初中和一所实力较为薄弱的村小合并而成，目前教职工有200余人，包括1名校长、5名副校长和12名中层管理者，这些管理岗位基本由原三所学校的管理者继续担任。受合并前各学校办学水平和管理文化的影响，F校教师在面对教育教学改革时，仍有部分教师不愿主动适应和积极参与，甚至在原学校人际关系基础上形成"小团队"来抵制学校管理。F校管理团队的复杂构成与教师群体对学校管理的聚讼不休，无疑为该校的教师人际互动带来巨大挑战，也使学校管理变得阻力重重。

借助与校长的熟人关系，研究者于2016年3月至6月对F校展开实地调研。期间选取校长、副校长、中层管理者，及具有不同学科背景、不同年龄层次的教师共34人，通过半结构式访谈法，着重从学校管理的职责划分、教师人际互动的主要过程，及其影响因素等方面收集调研资料，并在开放式编码的基础上，对学校管理中的教师人际互动样态做进一步阐释，以期探查出有效化解学校管理难题的可行策略。

（二）案例研究中的教育伦理问题

案例研究是关于某一个实际情境的描述和分析，这一情境并不一定合乎逻辑，甚至没有明显的学科界限，也没有确切的结论。但由于制度和文化环境的独特性以及互联网等新技术兴起带来的变化，我国学校教育领域涌现出一些以往理论难以解释的现象与问题，学界也迫切期待通过案例研究构建适合本土情境的教育理论。随着这种现实需求逐渐凸显，许多倡导和支持案例研究的活动应运而生。与之相应，国内案例研究领域的成果在数量和质量方面都有了明显提升，越来越多的高质量案例研究得以在国内外权威期刊上发表并传播。研究者在案例研究过程中，需要注意的伦理规范主要包括以下两个方面。

一是研究者与研究对象的伦理契约。对研究个案的深度分析，需要深入研究对象的日常生活中展开观察和访谈，一旦涉及较为私密和敏感的话题便有可能使研究对象感到不安，甚至对他们正常的生活、工作和人际关系造成影响。因此研究者必须有审慎的伦理考量，坚守彼此之间的伦理契约，最大限度减少对研究对象的影响，降低潜在的伤害。由于案例研究针对具体的研究对象，涉及研究对象的各方面内容，因此，在案例研究中，要注意尊重、信任与细心询问，明确提问和委婉了解相结合，这些都要求案例必须坚持谨慎性原则。例如，要让研究对象对研究的基本信息知情并同意接受访谈，同时尊重研究对象个人隐私，避免其他无礼行为，还要兑现对研究对象的各种承诺。

二是研究者与研究资料的情景理性。案例研究同其他定性研究方法一样，重视研究者与研究对象之间的联系，而研究过程即是双方彼此了解、持续互动的过程。当下，越来越多的教育研究者在案例研究中选用研究对象明确、理论与实证相结合、线上线下全面收集资料、定性与定量相结合的混合研究方法。一般情况下，许多研究的结果是要公开的，案例研究也不例外。在现实的研究过程中，大多数研究者也往往难以基于其有限的人力、时间、精力、资金等方面的科研资源来研究所有地域及其对象，只能选择具有典型性与代表性的地域或者案例进行研究。相应地，研究者也可通过具有典型性与代表性的个案研究得出一般规律，并在此基础上选用理论建构与实证检验、定性和定量相结合的混合范式进行研究。①研究者在案例研究中获得的是对理论与实践、感性与理性、情境与意义在特定教育情境中如何相互作用的一种体验，是源于实践的情境理性和行动智慧。案例的实质是可能性，是一

---

① 唐权. 混合案例研究方法的应用困境与应对策略[J]. 科学与社会，2022，12（2）：79-96，136.

种预先的设计与达成目标的干扰或阻碍因素之间的冲突，也就是事先的设计与现实的可能性联系的产物①。因此，经历和体验这种融合的过程就成为案例研究的必然途径，研究时必须注意信息的发布是否经过研究对象的同意，是否涉及研究对象的一些隐私和秘密。

三是研究中保持审慎主观理解。解决实际问题是开展案例研究的主要目的，这就使得案例研究带有很强的实践导向，不仅在于材料的收集和处理，还在于构成了问题解决的基本过程。从某种意义上讲，案例研究也因而具有行动研究的一些基本特点。因此，其成果的产生也是一个从私密性到公开化的过程。与此同时，深入开展案例研究，促使研究者能够更多地关注、了解和参与教育实践研究，进而提升教育科研能力。案例研究作为一种探索和发现的过程，因为描述了真实的情境，有利于引导实践者结合自身实际，对照案例中反映的困境和问题进行决策、采取行动。而作为案例的读者，想象如果自己处在案例描述的情况下该怎么做，然后通过与他人进行交流讨论，从而表达自己的意见并讨论哪些意见最为有效。案例研究是从复杂的教育现象中一次次抽象出有趣的、重要的理论构念，并对其进行反复验证，因而该过程必然包含大量研究者的主观理解。案例5-3-1中，研究者选取某县为例，是因其与当地的一些官员较为熟识，能够为其进入现场开展研究提供便利条件。该案例认为执行者的偏好对政策执行影响很大，应在执行者中倡导公共伦理，培育公仆意识，引导执行者形成对公众的强烈责任感，以高超的行政技术和高尚的职业道德，在复杂的执行过程中自觉地执行政策。政策效果的评估具有多种标准，其中，公众满意是最为根本的标准，应让民意成为检验政策执行效果的试金石。当然，他的结论只是基于华中地区某县而得出的，这种"分析性的扩大化推理"仍需进一步论证。此外，中西不同政体背景下政策的政治性执行和行政性执行是不同的，相关的讨论仍需进一步深入。

---

① 余保华，杨晶. 教师专业化视野下案例教学的伦理尺度[J]. 高等教育研究，2017，38（3）：72—77.

案例 5-3-1 关键的管理官僚：两所学校的对比分析[①]

在行政官僚弱作为的状态下，管理官僚有着较大的自由裁量权，政策执行的结果很大程度上取决于管理官僚的主观偏好。当管理官僚重视的时候，可以集中资源执行政策，即使在资源不足的情况下，也能够想方设法获得资源，创造条件执行政策；但在管理官僚不重视的情况下，即使资源充足，政策执行也不一定能够开展起来。在阿兰·奥登总结的教育政策成功执行的八种关键因素中，包含注重政策执行的微观过程、基层管理官僚的支持、教师的认同和参与几个因素，若要使这几个因素发挥作用，均离不开管理官僚的工作，所以管理官僚在行政性执行的过程中起着关键的作用。从中央到县的政策文本中都规定了校长的责任，反映了管理官僚在该项政策执行中的重要作用。光明小学和第二小学（以下简称"二小"）的案例对比分析，明显反映了管理官僚在阳光大课间活动开展中的关键作用。

1. "未摸索出路子"的二小

二小的管理官僚并未对活动给予过多关注，活动进展缓慢。该校从2013年秋季学期开始筹备阳光大课间活动，2015年2月才开始将活动开展起来，到2015年秋季学期，该校的阳光大课间活动仍只是在每天上午进行，下午不进行，活动的项目只有韵律操一项，参加的年级只有四年级和六年级。在2014—2015学年，该校仍没有将阳光大课间活动时间纳入学校的课表和作息时间表，到2015年秋季学期才开始纳入进来。二小BO校长表示："当前我们还没摸索出路子，平时没有精力问这事！"

活动开展状况不佳与管理官僚的不重视有着较为密切的关系，管理官僚并未在活动中发挥应有的作用，主要体现在以下几个方面。

一是该校并未真正制定相关规章条例。该校的台账资料中也有《阳光大课间活动实施方案》《阳光大课间活动安全应急预案》《阳光体育活动先进个人、先进班级评比实施方案》《眼保健操管理制度》等规章条例，但这些条例都是该校为应付上级检查制定的，从内容上看都只是一些宏观的规定，对于一个学校的实施来说缺乏可操作性。国家明确要求学校要按照课程标准开足体育课，规定小学一至二年级每周四课时，三至六年级和初中每周三课时。二小并没有开足体育课，还制定了应付检查的假课程表。分管政教工作的SZ副校长告诉笔者："这些资料好弄，你要啥我就有啥！你要不弄呢，工作运行不下去了……你看这个表是应付检查的，找学生填的，这个表也是为了应付这个检查重新制的表……形式，不起作用。"事实上，在二小，不仅阳光大课间活动的检查流于形式，还有其他一些活动的检查也流于形式。

① 李元. 公共政策的行政性执行和政治性执行研究[D]. 上海：上海交通大学，2020.

三是管理官僚并未对活动中存在的问题积极解决。全校的韵律操仅由该校的音乐教师R一个人执教，体育教师无一人参加，这种现象固然和该校体育教师的师资力量存在关系，但该校的管理官僚无一人去解决这个问题。在平日活动的开展中，一些教师的积极性较差，管理官僚也并未对此进行管理。负责喊操的体育教师 WX 对此很有苦衷："我天天整队，六一班六一班，我批评了，我不能天天批评，就你 WX '过劲'些么（土话，厉害的意思），都你都你（都，土话，"就"的意思），都你一个体育老师'过劲'些么，校长、副校长，还有政教主任都不管，就你管！"

2. 光明小学管理官僚的重视

相比较而言，光明小学的管理官僚对阳光大课间活动较为重视。光明小学的AO校长在A县是位有名的校长，敬业精神强，教育理念新，很支持阳光大课间活动的开展。光明小学的W副校长亲自参与活动的开展，有时候自己会去检查，有时候会查看检查人员的打分表了解情况。政教处负责人LY每天都会对活动进行督查，并在周一的例会上对活动开展中存在的问题进行反馈。管理官僚的重视不仅体现在亲自参与到一些例行性的工作中，更体现在当活动开展遇到梗阻时，能够积极想方设法地去解决。

W副校长的一次策略性谈话。W副校长坦言，自己在活动开展的过程中也遇到过令她苦恼的问题。有一段时间六年级学生活动的纪律很差，班主任并未进行管理。由于六年级是毕业年级，学习任务稍重，很多班主任不重视阳光大课间活动。"但苦恼不是办法，还是要积极地想方设法解决。"她认为自己不能直接批评六年级班主任，这样做可能取得不了好的效果，她冥思苦想，决定周一升旗仪式结束后，单独把六年级的班主任和学生留下来沟通一下。为了取得效果，W 花时间认真地写了一个讲话稿。对于这次谈话，W 至今还很引以为豪，"把六年级学生留下来是一方面，主要还是为了说给六年级的班主任听"。W 通过和六年级学生谈心，间接地对六年级班主任提出了批评，明确了要求。为了这次沟通的成功，W 事先还做了其他准备：为了防止升旗仪式结束后，六年级老师和学生走掉，她特意安排 LY 把住退场的路口。此外，在运动会大课间项目比赛的过程中，W 还聘请了家长志愿者参与打分，她认为这样让家长也了解了阳光大课间活动，增进家长对这项工作的支持。

针对一年级学生的速记要领。由于一年级学生的年龄小，课间活动要领不容易掌握，这给体育教师增加了较大的工作量。为了让一年级的学生也能够较好地参与活动，2014 年秋季学期，原政教处主任 WY 编制了包括从眼保健操开始到退场结束的《阳光体育大课间活动步骤要领速记》（以下简称《速记》）：……跑步指令发，双臂腋下夹，"1、2、3、4"喊声齐，紧跟旗手齐刷刷。跑操途中莫打闹，距离远，大步跑，距离近，小步跑，间距均匀了最是好……《速记》受到了老师和校领导的欢迎，W 副校长在全校推广了《速记》。管理官僚针对低年级学生特点，找到了适合他们学习的方法，有效地解决了问题。

3. 小结：管理官僚的关键作用

光明小学和二小都存在着在阳光大课间政策执行中资源缺乏的问题，如两所学校都缺少体育教师，场地有限。但两所学校政策执行的结果却不一样，光明小学之前的跑道是泥土跑道，天气干燥时，跑起来都是灰。为了克服困难，活动开展前老师和学生拿着水桶去跑道洒水。校园内因建教学楼，本来就小的操场只剩下一半，活动开展时，除了操场，校园里的空地、走道等都站满了学生。市教育局的检查人员 WM 说："你做得好不好是一回事，做不做是态度问题，只要你想做了，哪怕做得不好，像我们检查多了，你是做假，还是平时都认真去做，我们都能看出来。有的学校确实缺少资源，但想开展还是能开展起来，人家校长的努力，我们能感受得到。有的学校做不好，会拿缺这缺那做借口，当然确实是存在这些问题，但我感觉这不是不开展活动的主要原因！"资源固然是影响大课间政策执行的重要因素，但绝不是决定因素，从两所学校的案例对比分析发现，管理官僚在阳光大课间政策执行中起到了关键作用，光明小学的 W 副校长、两任政教处负责人的重视与二小管理官僚的低关注形成了鲜明的对比。当笔者问起 JX 股长为何同是县直学校但阳光大课间活动开展情况有较大的差距，他的第一反应是："大课间关键看校长。"

（三）案例研究的效果评估

案例研究法是教育研究中的常用方法，但学术界对这种研究方法的科学性、研究结论的可推广性存在着普遍的质疑，并因其过于微观而怀疑其学术价值。例如，有些案例研究成果未真正使用规范的案例分析技术，结论多是通过研究者基于个人经验主观分析得到的。案例研究对于教育研究和实践的意义至关重大，因此必须采用正确的案例研究方法才能推进学科知识的纵向积累以及对实践经验的精准概括。要避免某些案例研究成果未真正使用规范的案例分析技术，结论多是通过研究者基于其个人经验主观分析得到的情况出现。甚至有些案例研究缺乏科学的研究设计、未经过数据检验，使得案例研究分析过程略显神秘。否则，由此开展的案例研究不但会在一定程度上影响研究结论的信度与效度，还会导致许多由局部、地方案例素材得出的研究结论具有明显的局限性，进一步加剧学界对案例研究的轻视和质疑[①]。

① 王梦洁，方卫华. 案例研究方法及其在管理学领域的应用[J]. 科技进步与对策，2019，36（5）：33—39.

因为案例研究对研究者的理论功底要求较高，而业界又尚未形成一套统一的研究步骤与研究规则，只能依靠案例研究者所做的大量工作来评判其科学性。因此，保证其研究信度与效度是进行效果评估的重要前提。

1. 案例研究方法的效度检验。

效度是研究方法或一个研究的科学性问题，它说明了一个研究用什么方法描述所研究问题或对象，用什么逻辑方法得出结论，描述是否准确，结论是否正确。其中，效度分为建构效度、内在效度、外在效度。建构效度是对所研究的概念形成一套正确的、可操作性的测量；内在效度指从各种纷乱的假象中找出因果联系，即证明某一特定的条件将引起另一特定的结果；外在效度是关于研究发现是否可以推论到研究的个案之外的问题。只有能够进行复制，研究结果才被认为具有坚实的基础。判断研究案例好坏，主要在于所选择的案例是否具有代表性，案例资料的来源是否真实、客观，并强调第一手资料的重要性。如果研究案例的调研设计、资料收集、论述方法科学、客观且严密，那么基于研究案例推导出的研究结论也相应地具有可信度和说服力。这就要求研究者应广泛收集有关资料，详细了解、整理和分析研究对象产生与发展的过程、内在与外在因素及其相互关系，以形成对有关问题深入全面的认识。此外，可通过文献梳理来指导案例研究，增加案例研究的外在效度，将案例研究得出的结论与原有文献进行对比分析，并对差异之处进行解释，以便详细展现案例研究的理论贡献。

在强调经验材料基础性作用的同时，证据材料与其思想提炼之间要形成适宜的平衡关系。信息来源的多样化、系统化，进而形成证据三角形，是保证案例研究内容真实性、科学性、全面有效性的基本前提。在个案的描述、解释以及探索等方面，研究者存在着信息收集、深挖、捕捉、筛选、处理等方面的主观性选择。而这种主观性选择既受到外在客观环境因素的制约，同时也受到研究者自身的注意力、关注点、研究思维、认知判断等方面的影响[①]。作为一种研究方法，案例研究一直被认为不如实验法或问卷调查法那样令人信服，对其最大的质疑是认为案例研究缺

---

① 王振波. 国内案例研究方法的图景概况与审思评判[J]. 管理案例研究与评论，2022，15 (3)：335—346.

少严谨性①，原因之一在于有的研究者没有按照规范的程序进行研究，或者违背教育伦理要求，或者使用模棱两可的论据，导致研究结论失实或不具科学意义上的信用。

2. 案例研究方法的信度检验。

案例研究方法的信度检验是科学检测案例研究过程的可重复性。信度表明案例研究的每一步骤，例如资料的收集过程都具有可重复性，并且如果重复这一研究，就能得到相同的结果。一般情况下，案例研究采用案例研究草案、建立案例研究数据库、资料检验等方面提高信度。为了保证案例研究的信度，运用该方法时可注意对访谈资料以及二手资料进行控制和检验，特别是在研究设计阶段，研究小组制订研究计划、方案，并分类建立数据资料库，以为其他研究者提供参考，提高研究信度。

检验案例研究的信度，首先要明确研究所依据的具体范式是量化还是质性。因为质的研究与量的研究所依循的思维范式不同。量化方式是基于客观立场对分类计量、因果假设论证或统计推论的关注，而质性方式是在互动理解过程中关注社会现实的建构及其特定社会文化情境下的经验和解释。在质性研究范式下进行的研究，量化研究中常用的信度、效度、推论等检测概念便不再适用。然而面对实证主义者的质询，质性研究者希望在一定程度上突破情境局限而使研究结果在更大范围内具有借鉴意义，因此不得不讨论研究结果的效度和推论问题。至于信度，学术界达成的基本共识是，在质的研究中不讨论信度问题②。此外，案例的二手数据要来源于多种渠道，可根据三角验证法，将来自不同渠道的二手样本资料以及一手访谈资料进行交叉比对，剔除不符合三角验证的资料，形成三角证据链。好的案例分析研究结论要能得到实证检验，相较于其他竞争性理论，能更好地解释研究问题，由研究结论得出的各推论都正确，且相互之间不矛盾③。不同证据间相互支撑印证，以保证案例材料的饱满度。因此，为了确保案例研究的信度，具体问题必须清晰属实，

① 何建华，丁栋虹. 中国创业研究中案例方法应用述评[J]. 科技进步与对策，2014，31 (5)：156—160.
② 陈向明. 质的研究方法与社会科学研究[M]. 北京：教育科学出版社，2000：101.
③ 王梦洺，方卫华. 案例研究方法及其在管理学领域的应用[J]. 科技进步与对策，2019，36 (5)：33—39.

从问题出发进行研究设计，结合案例对象系统地收集、管理数据，然后科学分析数据。

3. 案例研究方法的结果检验。

一个好的案例是在丰富和简约之间的适当平衡，而平衡的标准和目的就是看能否有助于引导人们从某个特定的角度对实践情境进行观察与思考[①]。事实上，普遍性与特殊性的张力始终存在，两者是一个连续谱的两个极端，我们只能尽力在其中定位自己的研究，但可能很难证明有一个完美的点恰好平衡了两者之间关系。案例研究必须兼顾普遍性和特殊性，既不能研究不具有代表性的独特案例，又不能只考虑具有普适性而缺乏可研究性的案例。教育实践形式多样，内容丰富多彩，案例研究设计虽已在案例的选择上尽量做到突出代表性和典型性，但是不可避免有其特殊性，从而可能影响到整体结论的普适性。当然，案例研究所取得的效果不能由研究者主观意愿决定，也不能由研究过程的复杂性决定，其需要在研究过程中秉持科学的研究原则或研究程序[②]。同时，案例研究的结论是否有突破某一案例的可能、研究是否处于超越案例的概念层次以及案例发现是否适用于新情境等方面是考验案例研究理论价值的关键因素。因此，在考虑其典型性时，可以进一步从多角度出发开展案例的比较研究，进一步探索教育影响多样性的可能。当然，不能以案例数量来评判案例研究方法的品质，如果对单个典型或特殊案例进行细致的研究同样能够发现新的理论关系，改进旧的理论体系，就应当更加聚焦于案例核心议题的深度研究，而非泛泛地对众多案例进行表面研究。

此外，案例研究方法在专业知识、经验的积累和传承的过程中，起着其他研究方法不可替代的作用。一个好的案例，应该包含着不同主体和相关力量围绕着某一个中心事件，表达他们各自的立场、态度、意志、价值观，乃至争取自身权益甚至是权力争斗的波澜起伏的冲突过程。研究者透过个案这个窗口究竟能窥探到什么样的世界，不只取决于窗口本身，也取决于世界本身及研究者本人[③]。可见，案例研

---

① 张肇丰. 试说教师的案例研究[J]. 课程·教材·教法, 2004 (8)：64—69.

② 唐权, 杨振华. 案例研究的5种范式及其选择[J]. 科技进步与对策, 2017, 34 (2)：18—24.

③ 吴康宁. 个案究竟是什么：兼谈个案研究不能承受之重[J]. 教育研究, 2020, 41 (11)：4—10.

究方法虽然能够帮助研究者透过现象看到本质，但我们在任何时候都不可能完全了解并解释我们置身其中的这个世界。当然，与实证研究相比，案例研究来自研究对象的主观性相对较弱，因而更显客观细微。案例研究基于实践特色，在发现教育问题、阐明理论内涵等方面可有效填补量化研究的不足，在量化无法解决的情况下可以进行案例研究并适当外推。案例研究可以获得其他研究手段所不能获得的数据、经验知识，并以此为基础来分析不同变量之间的逻辑关系，进而检验和发展已有的理论体系。案例研究有如此多的渠道收集资料，可对主题进行如罗伯特·K.殷所说的三角形证据的分流论证。案例研究法能够运用多种或选择其中几种需要的研究方法，根据现实条件获取资料，但不使一种方法压倒另一种，遵循事件发展主线，理论构建目标明确，直奔主题，少走弯路，追求品质。因此，案例视角是多层次的，应当根据教育中的相关领域和研究问题进行界定，合理表达立场、态度、价值观，使案例研究具有学科贡献、方法贡献以及学术传承贡献。

资料 5-3-2　个案研究效果反思[①]

本研究的经验证据丰富了社会学理论中对跨阶层社会关系网络的讨论，其研究结果表明，不仅自主建立的跨阶层社会关系网络有产生资本的可能，被动建立的跨阶层社会关系网络也有同样的效果。在日常生活层面形成的跨阶层社会关系网络能够填补社会竞争结构中的缝隙——结构洞，并为低阶层赋能，在自身之外有效通过社会关系网络获得社会及文化资本。

本研究的经验证据同样也回应了教育社会学研究中对结构与行动者能动性的讨论。批判理论认为，社会结构在客观和主观两个层面制约了低下阶层的教育成就，一方面，结构制约了低下阶层取得教育成就所需的资源；另一方面，结构又制约了他们的能动性，使得其主观上没有打破结构的动机，更想象不到打破结构的方式，而有限的反抗则会将其代入再生产不平等社会结构的怪圈中。政策驱动下形成的跨阶层社会关系网络为打破社会结构的桎梏提供了可能，它使贫困家庭产生更多教育所需的社会、文化资本，并通过这些资本获得进一步改变结构的能动性——不断地产生着打破结构桎梏的认知和行为。

---

① 张雯闻，方征. 政策建构的跨阶层社会关系网络如何推动贫困家庭子代教育：一个精准扶贫的个案研究[J]. 全球教育展望. 2021, 50 (3)：3—18.

> 需要注意的是，本研究仅仅研究个案，其目的在于挖掘因果机制，而非推断因果关系，因此其结论的适用性有局限，不能将其作为跨阶层社会关系网络影响低下阶层子代教育的普遍机制。同时，本研究表明，精准扶贫政策建构的跨阶层社会关系网络能够生产贫困家庭在教育场域中所需的社会及文化资本，却未能深入讨论政策建构的跨阶层社会关系网络在"何种情况下"或"何种程度上"影响贫困家庭社会及文化资本生产。本研究所涉及的经验证据表明，M个案中所呈现出的机制是有前置条件的。

本章小结

教育领域的案例研究要从教育问题转向教育智慧，真正做到在实践中讲好案例故事。案例研究通过对研究对象尽可能地、完全直接地考察与探索，进而对研究问题形成深入的理解，为构建和验证实践智慧和理论话题提供有力支撑。案例研究不仅具有探索功能，还兼具描述性与解释性的功能。要推动建构案例研究方法论的理论哲学以及不同学科间的对话，特别是案例研究方法与教育科学领域的广泛交融与共生性发展，促进教育研究水平的提升，使案例本身更具有丰富性、包容性和教育性，不断丰富教育理论建构，为教育教学实践提供有益参考。

在对教育现象和教育规律的探究过程中，要形成真正有机的对话和沟通机制。案例研究方法在对研究对象进行系统的信息资料收集、准确的现象描述、客观的现象再现时，要坚持科学的案例方法论指导。当然，案例研究方法有其自身的伦理规范和效果评估范式。案例研究没有一种标准化的数据分析方法，证据的提出和数据的解释带有一定的倾向性，研究者在视角上的偏差乃至偏见都会影响数据分析的结果。因此，在案例研究过程中，还要有效协调好案例研究中的定量与定性关系，不断探索定性和定量研究的相关理论与方法，努力形成新的研究方法，并不断继承、创新和发展案例研究中的混合研究方法，从而推动案例研究方法的发展。当下教育实践纷繁复杂，亟须对这些实践经验进行系统性的梳理和总结，这就需要教育研究者对案例本身进行深入的调研，将研究对象及其问题的细节精准地呈现，将事件本身有效地还原，以便对教育活动之成功或失败的原因做出精准的判断，从而为教育者提供有建设性的意见。

思考问题

1. 什么是案例研究？它具有哪些关键特征？适用于探讨怎样的研究问题？

2. 案例研究应该如何去做？包括哪些关键步骤？

3. 案例研究运用过程中的信效度问题如何检验？

4. 撰写案例研究的文本时，案例选择、数据收集、数据分析、研究结果普适性等的基本逻辑是怎样的？

附录：学术伦理与道德

　　教育研究的对象是教育教学活动，学生、教师、家长、教育管理者等作为人的存在是教育研究的主要对象，而且，对于基础教育阶段的学生来说，他们还是身心发展未成熟的未成年人，教育研究不能对研究对象造成不良的影响甚至伤害。另外，教育研究活动可能是研究者个人完成的，大型的或者特殊的教育研究活动则往往需要多人合作、建立紧密合作的团队才能够完成并取得预期的研究成果。这就涉及研究者之间的平等、尊重等人际伦理问题。因此，研究伦理与道德是教育研究中的基本前提和规范，也是保证研究可持续性的重要保障。如果违反了研究伦理道德，研究不可继续进行，更无法发表共享。

　　伦理是人们相互关系的行为准则，或指具有一定行为准则的人际关系。[1]学术伦理是学术领域指导学术向善和维持学术领域关系秩序的价值标准与规范，是学术主体在学术研究过程中（即科学知识的生产、交流、传播、评价）应该遵循的内在价值要求。其表现为：学术道德规则、规范；学术伦理关系的内在规约之理；学术精神和学术价值观，即学术道德哲学。[2]教育科学研究作为促进教育改革和发展、增加教育知识生产和教育人才培养的事业，是一项复杂的系统工程，研究的基本伦理和道德规范是科学研究的基石。学术不端行为诚然与外部的环境、制度规范有关，但学者们自身学术道德修养、学术求真的科学精神缺乏或者不足才是导致学术

---

　　① 陈至立. 辞海[M]. 7版. 上海：上海辞书出版社，2020.
　　② 龙红霞. 学术伦理及其规制研究[M]. 重庆：重庆西南师范大学出版社，2017：19.

不端的真正元凶。^①这就需要教育科学研究者遵守一般和特定的伦理规范来保障教育科学研究的有序进行。学术伦理是研究者在学术活动中应该持有的关于研究工作目的、价值与基本方式的立场，重在强调学术研究中的伦理精神和内核的价值观，体现一种普遍的、客观的、不容违背的"法"精神；而学术道德只是学术人在学术活动中通过"悟其理"，并将之"化于心"，然后所表现出来的个人学术品性。一方面，学术伦理要高于学术道德，它突出条理，更具理性层次，更具抽象概括性；另一方面，如果说学术道德是学术人在学术实践活动中所应遵循的道德规范，那么学术伦理则是确立这一规范的价值内涵和逻辑起点。^②高校一般设有学术道德委员会，以对研究者在研究中的涉及的伦理道德方面进行审查，该委员会基本上会对所有研究生学位论文，甚至本科生学位论文进行严格的查重，从管理上防范违反学术理论的不端行为。在现实生活中，也不乏严重违反学术伦理的典型案例。如知名演员翟天临因在直播中坦言不知知网为何物，引起社会广泛关注，教育部也高度重视，新闻发言人表示，第一时间要求有关方面迅速进行核查。后北京电影学院发布情况说明表示，已成立调查组并按照相关程序启动调查程序。北京市委教育工委、北京市教委组成专项工作组进驻学校督促指导开展工作，北京市纪委市监委对相关问题的调查工作进行督导。北京大学光华管理学院发布说明指出，已正式启动对翟天临"涉嫌学术不端"事件的调查，并已作出初步认定，将依法依规处理。翟天临本人也向社会公开发布了致歉信。^③最后北京电影学院撤销了其博士学位和博导资格，北京大学光华管理学院对翟天临做出博士后退站、合作导师停止招募博士后资格处理结果。可见，学术不端行为不仅败坏了学术风气，而且对个人、导师、学校带来了巨大的不良影响，国家对此采取"零容忍"的严肃处理态度。在教育科学研究和研究生培养中，国家也十分重视研究伦理及其教育。教育部先后印发了《关于加强学术道德建设的若干意见》《关于进一步加强和改进师德建设的意见》《关于严肃处理高等学校学术不端行为的通知》《关于在学位授予工作中加强学术道德和

---

① 龙红霞. 学术伦理及其规制研究[M]. 重庆：重庆西南师范大学出版社，2017：9.
② 罗志敏. "学术伦理"诠释[J]. 现代大学教育，2012（2）：7-13，111.
③ 胡浩. 教育部回应翟天临"涉嫌学术不端事件"，对学术不端行为绝不姑息[EB/OL]. (2019-09-16) [2022-08-30]. http://www.moe.gov.cn/jyb_xwfb/s5147/201902/t20190218_369820. html.

学术规范建设的意见》《关于学位论文作假行为处理办法》等系列文件，以加强研究中的伦理道德建设。下面从学术伦理和学术道德两个层面谈谈研究生在教育科学研究中所应当遵从的学术伦理与道德。

一、学术伦理

概而言之，教育科学研究中的学术伦理可以概括为对教育学术的敬畏之心，通过教育研究服务社会与国家发展的深切关怀，并对自身遵守伦理规则抱有坚定的期许。

（一）对教育学术的敬畏之心

北宋大儒张载认为读书人的使命是：为天地立心，为生民立命，为往圣继绝学，为万世开太平。这广为流传的"横渠四句"可被看作读书人的精神坐标。作为教育专业的研究生、未来的教育研究工作者，应有明确的身份认同，要把追求真理和探究知识作为人生理想。教育作为一门专业有其内在规律，需要教育研究工作者付出巨大的心力，心无旁骛地研究，探索"教育天地之心"。办人民满意教育是一个极为复杂的系统工程，而且随着时代精神、教育理论的创新和人民对美好生活期望的发展而发展。教育学科从宏观、中观到微观包含的内涵非常丰富：宏观层面的理论教育学包括教育学原理、教育哲学、教育史学。中观层面的部门教育学包括高等教育学、中等教育学、初等教育学、幼儿教育学、特殊教育学；边缘教育学包括教育心理学、教育社会学、教育经济学、教育政治学；教育活动与过程包括教学论、学习论、课程论。微观层次的应用教育学包括教育管理学、教育统计学、教育卫生学、教育评价学、教育建筑学；各种专业教育学又包括音乐教育学、语文教育学、美术教育学、历史教育学、数学教育学等。[①]如此丰富的教育学科召唤着我们为之奋斗终生。当前我国教育改革正向高质量发展，教育越发展，其内在规律越隐蔽，需要教育研究工作者以耐心、精心、恒心去捕捉和钻研。解释教育发展内在规律，探究教育发展之"道"与"路"是教育科研工作者的初心和使命。

（二）通过教育研究服务社会与国家发展的深切关怀

一个职业存在的根本价值在于贡献他人和社会的能力。教育作为国家的重要事

---

① 胡德海. 教育学原理[M]. 兰州：甘肃教育出版社，2006：41.

业，是促进人力资本建设，促进社会进步和提高国家竞争力的重要战略举措。教育研究既要关注教育教学基本理论问题和前沿动态，又要关注教育改革发展中的重大的、具体的问题，扎根中国大地办教育，并且通过研究教育教学中的实践和政策问题，助力教育教学理论的发展。教育部在《关于加强学术道德建设的若干意见》中指出，广大教育工作者要置身于科教兴国和中华民族伟大复兴的宏图伟业之中，以培养人才、繁荣学术、发展先进文化、推进社会进步为己任，努力攀登科学高峰。要增强事业心、责任感，正确对待学术研究中的名和利，将个人的事业发展与国家、民族的发展结合起来，反对沽名钓誉、急功近利、自私自利、损人利己等不良风气。研究生教育是我国教育体系中的顶端，属于"国之大者"，研究生教育培养的是高级专门人才。攻读研究生固然能够为自己获得更好的工作积累人力资本，但同时要树立通过教育研究促进教育改革发展从而为人类社会进步和国家发展服务的崇高理想。只有把个人目标与国家和社会目标统一起来，在服务国家和社会的崇高理想引领下，才能够让自己的教育工作走得更远，走得更高。

（三）自身对遵守伦理规则的坚定期许

高等教育是社会的良心和灯塔，研究生作为高层次人才自然要成为道德的楷模，不论在日常生活中，还是在教育研究工作中都要率先实践社会主义核心价值观，弘扬中华优秀传统文化，不仅要独善其身，还要兼济天下。研究生要扣好科研生涯中的第一粒扣子，严格遵守学术规范，踏实做人，严谨问学。文章千古事，得失寸心知。研究生只有在坚守学术伦理和规范的正道上，才能搞好科研，做好学问。我国当代教育家李秉德先生曾经语重心长地告诫我们，无论是为人、治学，还是教书、育人，都必须要老实、认真、负责，丝毫不能马虎，更不能投机取巧。[①]李先生认为为人之道和治学之道是相通的，都离不开"老实"二字，即老老实实做人，老老实实做学问。老老实实做学问有两层意思：一是认真，一是有恒。认真，就是说不管是读书，还是搞研究，都要真正弄懂弄通，学教育专业，既要讲理论，又要讲应用，理论与实际应紧密联系，要实事求是。有恒，诚如范文澜所说的："板凳要坐十年冷，文章不写一句空。"[②]

---

① 李秉德. 李秉德教育文选[M]. 北京：教育科学出版社，1997：扉页.
② 同①，399-400.

二、学术道德

学术道德是在学术伦理的指引下在学术活动中应该遵守的基本规范。学术道德失范包含两方面内容：其一，学术行为不符合学术道德规范，是学术行为越轨；其二，学者内在精神世界系统被破坏、动摇、否定。学术行为越轨是学者内在精神世界的这种状态的外部表征。学术道德失范以学术人心灵意义系统的危机为基本内容，并表现为行为层面的越轨现象。学术道德失范表现为抄袭剽窃、弄虚作假，粗制滥造、学术泡沫，学术霸权、宗派林立等。[①]为了防止和避免学术失范就需要良好的学术道德。为社会科学界广为认可的美国心理学会制定了研究者所应遵守的道德规范清单（如资料附1），我国研究生学位论文中也要有独创性声明。下面结合教育研究的特征，把教育专业研究生在研究中所应遵循的学术道德归纳为求真、尊重他人劳动成果和保护隐私三个方面，并进行叙述和讨论。

资料附1 遵守道德规范情况核查清单[①]

☐是否获得了未出版测量工具、程式，或数据这些可能被其他研究者认为是自己的作品的使用许可书？

☐在稿件中是否恰当地引用了他人已出版发表的作品？

☐是否准备好了回答机构审查时可能提问的问题？

☐是否准备好了回答有关知情同意和所用询问程式的编辑问题？

☐如果研究涉及动物受试，是否做好了回答有关动物关怀和在研究中合理使用动物之类的问题？

☐所有的署名作者是否都审读过稿件？他们是否都同意就文章内容承担相应的责任？

☐是否充分地保护了研究的参试、顾客病人、组织、第三方，或其他稿件信息涉及方的秘密？

☐所有作者是否就署名顺序都达成了一致意见？

☐是否取得了稿件中所用全部版权材料的许可书？

---

① 杨云霞，高宝莹. 学术道德规范与知识产权概论[M]. 西安：西北工业大学出版社，2016：27—28.

② 美国心理协会. APA格式：国际社会科学学术写作规范手册[M]. 席仲恩，译. 重庆：重庆大学出版社，2011：16.

1. 求真。

（1）研究有价值的问题。教育科学研究的价值就在于为教育知识库添砖加瓦，增添新的知识，哪怕只有一点一滴。这就要求教育科学研究以有价值的问题为着眼点，通过研究者的努力得出有价值的研究发现。在教育科学研究中，发现好的问题，得出具有原创性的成果并非易事，但这是我们努力的方向。由于外在的客观原因和研究者内在的主观原因，教育科学研究中存在着多出成果、快出成果的浮躁风气，有一些成果看起来内容很多，学术名词很新，但不一定有实质性的内容。中共中央、国务院于2020年印发了《深化新时代教育评价改革总体方案》，提出扭转不科学的教育评价导向，坚决克服唯分数、唯升学、唯文凭、唯论文、唯帽子的顽瘴痼疾。教育科学研究要锚定教育理论和教育发展中的真问题、关键问题进行扎实的、卓有成效的研究，不能一味地求新、赶时髦、凑热点，研究者应增强研究中的社会责任感，正确对待科学研究中的名和利，克服急功近利的思想和做法。现实中有些教育研究的问题意识不强，对于现有研究进展了解不透，对于教育实践和政策中存在的问题掌握不明，使得研究成果比较空泛，针对性不强，研究意义不显著。厘定有价值的研究问题是开展有价值的研究的基础，这是教育研究者需要具备的意识，也是从研究道德层面应该坚守的良好品质。

（2）真实性。真实可靠的数据和资料是研究的基础，教育研究工作者要提供真实的数据，而不能提供杜撰的和虚假的数据。新闻上不时爆出一些科研工作者学术论文发表后，被发现修改了实验数据和图片，最后导致撤稿的恶性事件。这种学术道德失范的行为，对人类科学知识不仅没有贡献，反而会形成误导，还败坏了学术风气。

研究方法的科学使用是保障数据真实性的重要策略。教育专业研究生经常使用问卷调查法，问卷的可靠性是衡量数据真实性的重要方面，在问卷调查中要注重信度的检核。在质的研究中则注重通过观察法、访谈法和实物收集法得到资料，并进行三角验证，以提高资料的真实可靠性。比如，在访谈中我们请老师谈谈他们在课堂和教学改革中的做法，很多老师会侃侃而谈，谈到在课堂上运用多元的教学方法，充分地体现了学生的主体性和参与性。但是当我们进行课堂观察时却发现老师们基本上不会采取这样的教学方法。实际上，并不是老师们在访谈中有意地"说谎",而是因为在访谈中人们会不自觉地说出自己理想中的课堂教学而不是现实中的,对两者没有进行很好的区分。在这个时候,如果研究者只是通过访谈法收集资料就具有很大的片面性,对资料的真实性造成很大的威胁。通过不同方法获得资料,并进行三角验证就能够比较好地验证资料的真实性。

美国心理学会要求作者在论文发表后,数据保留至少五年,同时与数据相关的信息如数据处理的软件和处理过程性资料也要保留至少五年,以重复该项研究。同时,美国心理学会也提出要避免数据的重复发表和分割发表,即把同一组数据或者思想观点在两个不同的地方发表,以及把同一个研究得到的结果分割成几块通过多篇文章发表。①

(3)严谨的科研态度。态度往往决定事情的成败,教育研究者的科研态度对科研工作质量有着至关重要的影响作用。研究生作为科研工作的初学者,更要养成良好的科研态度。教育部印发的《关于加强学术道德建设的若干意见》提出:坚持实事求是的科学精神和严谨的治学态度。要忠于真理、自觉维护学术尊严和学者的声誉。要遵守学术研究的基本规范,把学术价值和创新性作为衡量学术水平的标准。在学术研究工作中要坚持严肃认真、严谨细致、一丝不苟的科学态度,不得虚报教育教学和科研成果,反对投机取巧、粗制滥造、盲目追求数量不顾质量的浮躁作风和行为。养成严谨的科研态度是研究生的基本素养,是开展有质量的教育科研的前提和基础。科研态度影响教育研究工作的全过程和方方面面,大到研究设计的严谨性,小到语言表达的流畅性和逻辑性。北京师范大学生物学何大澄教授曾经在一篇题为《学一点逻辑》的短文中对学位论文中存在的问题进行了批评,他认为目前在各种学位论文答辩或评语中说"行文流畅,逻辑严谨"已成为套话;但实际上,真称得上"严谨"的并不是太多,而现象或数据堆砌、重点和层次不清、概念随意更换、自相矛盾、强词夺理、以点代面、把别人的观点先乱推一阵再加批判、小数据大结论等,反倒是泛滥成灾。"在国内首次发现"等流行说法更是从表述上就体现了逻辑的不通。如果说"在国内首次发现印第安人"还说得通,但说到数理化生等的现象与规律,既然是"发现",就应当是该知识领域的"首次";既然是

---

① 美国心理协会. APA格式:国际社会科学学术写作规范手册[M]. 席仲恩,译. 重庆:重庆大学出版社,2011:10—11.

首次，又何有国内外省内外之分？不重视逻辑是学术风气浮躁的表征之一，反过来也加重了这种浮躁风气。[1]

2. 尊重他人劳动成果。

（1）尊重知识产权，防止剽窃和自我剽窃。知识产权是民事主体所享有的支配创造性智力成果、商业标志以及其他具有商业价值的信息并排斥他人干涉的权利。这一定义的特点是：突出知识产权的主体是民事主体，昭示知识产权的私权性质；指出知识产权的保护对象是智力成果、商业标志和其他具有商业价值的信息；明确揭示出知识产权的支配权属性，表明其具有支配权的一般属性和特点，以便与请求权相区别；表明这种支配权既包括权利的原始取得人对保护对象的全面支配权，也包括通过转让、许可使用或其他方式继受取得权利的人对保护对象的全面或受限制的支配权。[2]科学研究的使命是促进知识的生产和积累，以及通过知识的转移促进实践的改进。科学研究者通常会把有价值的成果发表或出版，一方面促进知识的传播，同时形成知识产权而使研究成果的归属形成保护。科学研究需要在继承基础上发展与创新，是一个站在巨人肩膀上前行的过程。我们需要虚心学习前人的研究以为我们的研究奠定基础或启发新意，在我们的论文或著作中，要防止剽窃和自我剽窃。剽窃指的是把他人的文字、思想观念和概念说成是自己的，自我剽窃则指的是把自己以前出版发表过的作品当成新的一样呈现。[3]如果直接引用了他人的成果，要逐一引注。如果是用自己的话转述他人的成果，同样需要逐一引注。对于这一点，很多研究生并没有明确的意识。另外，引用文献不准确或错误引用，会影响读者的理解，也表明作者不够严谨和粗心大意，会影响作者的学术声誉。[4]对于如何引用，美国心理学会做了详细的说明，下面做一介绍。

直接把别人的材料，或者自己以前出版发表过的材料，一字不变地搬来使用；重新复制测验项目；原封不动地再现对于参试的指令文字，这些都构成直接引用。引用时在文章中脚注或尾注中要包括完整的文献信息。在英文中，如果直接引用40

---

① 何大澄. 学一点逻辑[J]. 中国教师, 2006 (11)：20—21.
② 张玉敏. 知识产权的概念和法律特征[J]. 现代法学, 2001 (5)：103—110.
③ 美国心理协会. APA格式：国际社会科学学术写作规范手册[M]. 席仲恩, 译. 重庆：重庆大学出版社, 2011：160.
④ 侯杰泰, 邱炳武, 常建芳. 心理与教育论文写作：方法、规则与实践技巧[M]. 北京：中国人民大学出版社, 2019：153.

个以内的单词，可以把所引用的材料融入行文，用双引号把所引用的材料围起来。如果是超过40个单词的材料，需要用独立的段落来展示，可不用双引号围起来。研究生可能会困惑的问题是，在中文写作中，一次最多能够直接引用多少字？他人的单篇论文或著作，我们最多可以引用多少字？如果我们的引述太长或采用他人的某些图表，可能需要得到原作者或版权人的书面同意。一般来说，从单一期刊文章或书中的某一篇章取用不多于3个图表、400字节，不用正式向美国心理学会申请核准。不过，不同出版社的要求不尽相同，需小心核查。[①]另外，转引的文献也需要多留意。比如在论文或著作报告中看到了在自己的研究中也想引用的文献。这个时候我们最好尽一切可能找到原文再引用。这是因为作者在引用时难免会在自己的视角下理解和选取原文，甚至不排除有错误的可能。如果实在找不到原文，我们在引用时也应该诚实地注明此文献是转引自哪篇。只是看了他人的引用文献后进行引用，但在标注文献出处时直接标注原文，这是不诚实的做法，应该避免。

（2）合作者。多人合作是开展高质量、大型的教育研究的重要方式，尤其在注重交叉学科研究的情形下更需要开展合作研究。此外，在研究生培养中，鼓励研究生发表科研成果，以促进自身的学术成长，加强团队建设以及促进知识的增长与创新，所以研究生与导师的合作研究就显得非常重要。在科研成果发表的署名中，有重要贡献的人都应该分享科研成果。一般来说，在一项研究工作开始前，项目组就应该对成员的分工、数据资料的使用权限与分享成果的顺序达成比较明确的共识，期间如果任务有调整，那么在成果中所分享的荣誉也应该进行相应地调整。成果的署名应该按照作者的实际贡献进行排序。在中文期刊的发表中，贡献最多者为第一作者，后面作者按照贡献大小依次排序。需要留意的是，作者的相对地位（如院系领导、年轻教师、学生）不应成为决定署名顺序的因素。[②]

中文期刊也逐渐实行通讯作者制度，这对于鼓励团队合作大有益处。第一作者是在论文研究过程和撰写中贡献最多的人；而通讯作者则是该论文研究的负责人，起到研究设计、经费筹措、项目管理以及对研究中数据资料真实性负责的人，也往

---

① 侯杰泰，邱炳武，常建芳. 心理与教育论文写作：方法、规则与实践技巧[M]. 北京：中国人民大学出版社，2019：153.

② 美国心理协会. APA格式：国际社会科学学术写作规范手册[M]. 席仲恩，译. 重庆：重庆大学出版社，2011：15.

往是该课题组最权威的人。如国内教育研究领域的旗舰期刊《教育研究》于2022年开始实行通讯作者制度，其要求是：第一，所有作者必然是对论文做出实质性贡献的研究者。第二，通讯作者必须是研究负责人、成果责任人、通讯联络人，一般为师生合作中的导师，或同行合作中的整体设计者、过程把关者与课题（项目）主持者。第三，凡有意署通讯作者的文章，务由意向通讯作者本人投稿。意向通讯作者资格应得到论文所有作者同意。杂志社只与意向通讯作者联系沟通。第四，务请作者严守科研诚信，根据参与研究的实际情况确定意向通讯作者，不为署而署。杂志社保留是否署名、是否将不遵守约定的作者纳入黑名单的权利。第五，在一篇文章中，最多支持一名作者为通讯作者。[①]中文期刊通讯作者制度的逐步实施，为科研合作提供了重要的制度保障，同时，要想把科研合作开展好，把科研团队建设好，就需要按照实际贡献的大小做好成果署名工作。

3. 保护隐私。

（1）自愿。在科学研究中，研究对象总是慷慨的、无私的帮助者，虽然从大的方面来说，我们所进行的教育研究能够为研究对象带来潜在的、长远的益处，但对于具体的研究对象来说却是遥远的。所以教育研究中需要遵守自愿参加的原则。在邀请研究对象时，我们应该坦诚地、不夸大地交代清楚研究目的以便研究对象进行判断。不能以依靠上级行政指令，或夸大意义来要求和诱导研究对象参与。在实际的教育研究中，特别是政府委托的项目中我们经常会借助教育行政部门的力量进行问卷调查。在这个过程中如何既巧妙地借力，又让研究对象给予充分的配合，是需要非常留意的。比如，笔者曾经作为课题实施负责人开展过一个面向全省的教师队伍建设问卷调查，七个调查小组到122所中小学发放问卷。在每所学校，调查人员把填写问卷的老师集中起来，让教育局和学校陪同人员回避，给老师介绍完调查目的和数据处理方式后承诺会完全保密，不会对他们造成任何不利影响，并对填写问卷老师致以诚挚的感谢。这个调查得到了填写问卷老师的充分认同，问卷的信度良好。试想，如果老师是在不安全的心理状态下、不情愿的心态下填写问卷的，问卷的信度就会是另外一个状况。若研究对象因为自身的原因拒绝参加研究，研究者应该给予完全的理解。如果研究对象在研究过程中由于可以理解的原因要退出研究，

---

① 教育研究编辑部. 教育研究建立通讯作者制度[J]. 教育研究，2022，43（1）：10.

我们也应该给予理解。实际上，研究对象不能自愿参加的研究，一方面有违研究伦理，另一方面对数据和资料的质量也会产生较大的威胁。至于如何提高研究对象的意愿，首要的是研究对象要认可研究的价值，愿意参与研究。同时可以通过一些小技巧，比如在预算许可情况下尽可能准备一点小礼物，让研究对象感受到研究者对其的重视和尊重，等等。

（2）收集资料方式征得研究对象的同意。当研究对象同意参与研究后，收集资料的方式也需要得到他们的同意。如在访谈中为了提高记录资料的准确性，我们经常会录音，在录音之前，研究者就需要征求研究对象同意，如果不同意，我们则用笔记尽可能地记下要点。研究者不能在访谈前未征求研究对象同意的情况下偷着录音，这是违背研究伦理的做法，既不尊重研究对象，同时对研究对象而言，也形成了潜在的威胁。在参与式和非参与式观察中，如果我们要拍照、录音录像同样需要征得研究对象的同意。另外，研究者应该在访谈结束后把访谈转录文本发给研究对象进行核查，以便确认访谈内容是否是"真实"的。此外，当完成论文和研究报告后，也需要给研究对象阅览，以便确认研究者在诠释资料中是否误解了研究对象的意图，或者研究对象对论文中的观点是否有不同看法。

（3）匿名。研究者经常会采取中立的态度对研究对象进行全面的描述与分析，为了让研究对象在安全的心理氛围中提供全面的信息，也为了保护研究对象不因研究受到不利的影响，若研究对象并非自愿在研究中出现真实姓名及相关信息，研究者应对相关信息进行严格的匿名处理，使读者不能识别调查的地点与对象。

参考文献

中文著作（含翻译）：

[1] 巴比. 社会研究方法：第13版[M]. 邱泽奇，译. 北京：清华大学出版社，2020.

[2] 约翰逊，克里斯滕森. 教育研究：定量、定性和混合方法[M].马健生，译. 重庆：重庆大学出版社，2015.

[3] 陈桂生. 到中小学去研究教育：教师行动研究的探求[M]. 上海：华东师范大学出版社，2015.

[4] 陈向明. 质的研究方法与社会科学研究[M]. 北京：教育科学出版社，2000.

[5] 程猛. "读书的料"及其文化生产：当代农家子弟成长叙事研究[M]. 北京：中国社会科学出版社，2019：41.

[6] 弗里克. 扎根理论[M]. 项继发，译. 上海：格致出版社，2021.

[7] 杜鹏，李庆芳. 质性研究的六项修炼[M]. 北京：经济管理出版社，2019.

[8] 弗里克. 质性研究导引[M]. 孙进，译. 重庆：重庆大学出版社，2011.

[9] 杜晖，刘科成，张真继. 研究方法论：本科、硕士、博士生研究指南[M]. 北京：电子工业出版社，2010.

[10] 杜为公，杜康. 国家社科基金申报指导与技巧[M]. 北京：清华大学出版社，2021.

[11] 斯特劳斯. 忧郁的热带[M]. 王志明，译. 北京：中国人民大学出版社，2009.

[12] 福柯. 疯癫与文明：理性时代的疯癫史（修订译本）[M]. 刘北成，杨远婴，译. 5版. 北京：生活·读书·新知三联书店，2019.

[13] 范明林，吴军，马丹丹. 质性研究方法[M]. 2版. 上海：格致出版社，2018.

[14] 莫兰. 方法：天然之天性[M]. 吴鸿渺，冯学俊，译. 北京：北京大学出版社，2002.

[15] 风笑天. 社会研究方法[M]. 5版. 北京：中国人民大学出版社，2018.

[16] 葛兆光. 思想史研究课堂讲录：视野·角度与方法[M]. 增订版. 北京：生活·读书·新知三联书店，2019.

[17] 霍尔顿，沃尔什. 经典扎根理论：定性和定量数据的应用[M]. 王进杰，朱明明，译. 北京：北京大学出版社，2021.

[18] 马奇，麦克伊沃. 怎样做文献综述：六步走向成功[M]. 陈静，肖思汉，译. 上海：上海教育出版社，2011.

[19] 刘良华. 教育研究方法[M]. 3版. 上海：华东师范大学出版社，2021.

[20] 霍莉，阿哈尔，卡斯滕. 教师行动研究：3版[M]. 祝莉丽，张玲，李巧兰，译. 北京：中国人民大学出版社，2014.

[21] 戈茨. 概念界定：关于测量、个案和理论的讨论[M]. 尹继式，译. 重庆：重庆大学出版社，2014.

[22] 托马斯，兹纳涅茨基. 身处欧美的波兰农民[M]. 张友云，译. 南京：译林出版社，2000.

[23] 塞德曼. 质性研究中的访谈：教育与社会科学研究者指南[M]. 周海涛，译. 重庆：重庆大学出版社，2009.

[24] 拉鲁. 不平等的童年：阶层、种族和家庭生活[M]. 张旭，译. 北京：北京大学出版社，2010.

[25] 乔金森. 参与观察法：关于人类研究的一种方法[M]. 张小山，龙筱红，译. 重庆：重庆大学出版社，2015.

[26] 格莱斯. 质性研究入门指南：第5版[M]. 崔淼，苏敬勤，译. 北京：北京大学出版社，2021.

[27] 穆斯塔卡斯. 现象学研究方法：原理、步骤和范例[M]. 刘强，译. 重庆：重庆大学出版社，2021.

[28] 邓津，林肯. 质的研究手册1：方法论基础[M]. 朱志勇，王照，杜亮，译. 重庆：重庆大学出版社，2019.

[29] 高尔 P G，高尔 M D，博格. 教育研究方法：实用指南[M]. 瞿书杰，郭书彩，译. 北京：北京：北京大学出版社，2007.

[30] 比克伦，卡塞拉. 质性研究论文写作指南[M]. 李庆，译. 北京：社会科学文献出版社，2019.

[31] 怀特. 街角社会：一个意大利人贫民区的社会结构[M]. 黄育馥，译. 北京：商务印书馆，1994.

[32] 吴毅. 小镇喧嚣：一个乡镇政治运作的演绎与阐释[M]. 北京：生活·读书·新知三联书店，2018.

[33] 布斯，卡洛姆，威廉姆斯. 研究是一门艺术[M].陈美霞，徐华卿，许甘霖，译. 北京：新华出版社，2009：1.

[34] 项飙，吴琦. 把自己作为方法：与项飙谈话[M]. 上海：上海文艺出版社，2020.

[35] 项飙. 跨越边界的社区：北京"浙江村"的生活史[M]. 修订版. 北京：生活·读书·新知三联书店，2018.

[36] 波兰尼. 个人知识[M]. 许泽民，译. 贵州：贵州人民出版社，2000.

[37] 古德森. 教师生活与工作的质性研究[M]. 蔡碧莲，葛丽莎，等译. 北京：教育科学出版社，2013.

[38] 卡麦兹. 建构扎根理论：质性研究实践指南[M]. 边国英，译. 重庆：重庆大学出版社，2009.

[39] 郑金洲. 案例教学指南[M]. 上海：华东师范大学出版社，2000.

[40] 周俊. 教育管理案例教学[M]. 杭州：浙江大学出版社，2020.

[41] 周勇. 江南名校的中国文化教育[M]. 北京：教育科学出版社，2010.

中文论文：

[1] 陈柏华，高凌飚. 教师专业发展之行动研究[J]，课程·教材·教法，2007（10）：77-82.

[2] 陈德祥. "马克思主义中国化研究"学科硕士学位论文选题的现状及对策：以120个学位点的801篇硕士学位论文为样本[J]. 马克思主义理论学科研究，2016，2（1）：109-125.

[3] 陈功，宫明玉. 多元反馈模式促进深度学习的行动研究[J]. 外语教学，2022，43（3）：60-66.

[4] 陈向明，赵康. 从杜威的实用主义知识论看教师的实践性知识[J]，教育研究，2012，33（4）：108-114.

[5] 陈向明. 王小刚为什么不上学了：一位辍学生的个案调查[J]. 教育研究与实验，1996（1）：35-45.

[6] 陈向明. 扎根理论在中国教育研究中的运用探索[J]. 北京大学教育评论，2015，13（1）：2-15，188.

[7] 陈向明. 质性研究的新发展及其对社会科学研究的意义[J]. 教育研究与实验，2008（2）：14-18.

[8] 陈向明. 什么是"行动研究"[J]. 教育研究与实验，1999（2）：60-67，73.

[9] 陈向明. 中小学教师为什么要做研究[J]. 教育发展研究，2019，39（8）：67-72.

[10] 程江平. 教育实验研究与行动研究的比较[J]. 教育研究，1996（6）：42-45，53.

[11] 常媛媛，于佳雪. 2002~2011年中国比较教育学博士学位论文选题分析：以7个比较教育学博士点的244篇论文为样本[J]. 学位与研究生教育，2012（9）：19-23.

[12] 陈丙纯，王豪. 做研究写论文选题最重要[J]，中国研究生，2003（5）：1.

[13] 陈红兵. 中小学教育行动研究的元分析[J]. 教育研究与实验，2014（6）：

15-19.

[14] 陈向明. 扎根理论的思路和方法[J]. 教育研究与实验, 1999（4）: 58-63, 73.

[15] 邓晓宇, 张品. 基于SPOC双线混融教学促进深度学习的行动研究[J]. 教育学术月刊, 2020（11）: 106-111.

[16] 董泽芳. 博士学位论文创新的十个切入点[J]. 学位与研究生教育, 2008（7）: 12-17.

[17] 冯晓敏. 学校管理为什么这么难: 基于F校教师人际互动样态的个案分析[J]. 中国教育学刊, 2021（4）: 69-74.

[18] 葛兆光, 白谦慎. 思想史视角下的图像研究与艺术史的独特经验[J]. 探索与争鸣, 2020（1）: 138-144, 160.

[19] 高皇伟, 吴坚. 后现代主义视域下比较教育实证研究方法论的审思与转向[J]. 华南师范大学学报（社会科学版）, 2016（4）: 86-91, 191.

[20] 何建华, 丁栋虹. 中国创业研究中案例方法应用述评[J]. 科技进步与对策, 2014, 31（5）: 156-160.

[21] 侯龙龙. 质的研究还是新闻采访: 同陈向明博士等商榷[J]. 社会学研究, 2001（1）: 108-115.

[22] 胡惠闵. 从个案研究到问题研究: 教育行动研究的尝试[J]. 首都师范大学学报（社会科学版）, 2009（3）: 64-67.

[23] 胡强. 基于扎根理论的科技期刊微信运营策略分析[J]. 中国科技期刊研究, 2016, 27（8）: 880-887.

[24] 姜丽静. 历史的背影: 一代女知识分子的教育记忆[D]. 上海: 华东师范大学, 2008.

[25] 井润田, 孙璇. 实证主义vs. 诠释主义: 两种经典案例研究范式的比较与启示[J]. 管理世界, 2021, 37（3）: 13, 198-216.

[26] 雅斯贝尔斯. 什么是教育[M]. 邹进, 译. 北京: 三联书店. 1991.

[27] 李臣之, 刘良华. 行动研究兴衰的启示[J]. 教育研究与实验, 1995（1）: 62-64.

[28] 刘浩，黄亚婷，郭华玲．混合研究范式在教育研究领域中的知识扩散：基于《混合方法研究》及其施引文献的知识网络比较分析[J]．中国人民大学教育学刊，2020（4）：140-155．

[29] 刘良华．行动研究：是什么与不是什么[J]．教育研究与实验，2001（4）：66-71，73．

[30] 刘良华．行动研究的史与思[D]．上海：华东师范大学，2003．

[31] 陆春萍，王嘉毅．教育行动研究的效度问题[J]．教育研究与实验，2001（1）：64-67，72．

[32] 刘芳芳．幼儿园优秀教师课堂管理行为叙事研究[D]．深圳：深圳大学，2003．

[33] 马志颖．21世纪以来我国课程与教学论专业博士学位论文选题论析[J]．教育探索，2011（9）：36-40．

[34] 毛毅静．影像记忆与教育变迁：1910—2010年代的中国教育生活[D]．上海：华东师范大学，2012．

[35] 马云鹏，林智中．质的研究方法及其在教育研究中的应用[J]．中国教育学刊，1999（2）：59-62．

[36] 欧阳桃花．试论工商管理学科的案例研究方法[J]．南开管理评论，2004（2）：100-105．

[37] 潘苏东，白芸．作为"质的研究"方法之一的个案研究法的发展[J]．全球教育展望，2002，31（8）：62-64．

[38] 苏敬勤，王娜，高昕，等．案例学的构建：学理基础与现实可行性[J]．管理世界，2021，37（9）：207-214．

[39] 石中英．论教育实践的逻辑[J]．教育研究，2006（1）：3-9．

[40] 司洪昌．嵌入村庄的学校[D]．上海：华东师范大学，2006．

[41] 唐权，杨振华．案例研究的5种范式及其选择[J]．科技进步与对策，2017，34（2）：18-24．

[42] 王革．管理学中案例研究方法的科学化探讨[J]．中国行政管理，2011（3）：116-120．

[43] 王俭. 论教育案例开发[J]. 教师教育研究, 2005（2）: 10-14.

[44] 王建云. 案例研究方法的研究述评[J]. 社会科学管理与评论, 2013（3）: 77-82.

[45] 王琳. 教师行动研究论文写作中常见问题之分析[J]. 教学与管理, 2005（25）: 35-36.

[46] 王梦洁, 方卫华. 案例研究方法及其在管理学领域的应用[J]. 科技进步与对策, 2019, 36（5）: 33-39.

[47] 王宁. 代表性还是典型性: 个案的属性与个案研究方法的逻辑基础[J]. 社会学研究, 2002（5）: 123-125.

[48] 王晓芳, 黄丽锷. 中小学教师科研活动中的管理主义: 基于对相关官方文件与若干结题报告的分析[J]. 北京大学教育评论, 2015, 13（1）: 108-128, 190-191.

[49] 王晓芳, 黄学军. 中小学教师科研活动与教师专业性的提升: 基于工具性、认识论和批判性的视角[J]. 基础教育, 2015, 12（3）: 105-112.

[50] 吴康宁. 个案究竟是什么: 兼谈个案研究不能承受之重[J]. 教育研究, 2020, 41（11）: 4-10.

[51] 吴肃然, 李名荟. 扎根理论的历史与逻辑[J]. 社会学研究, 2020, 35（2）: 75-98, 243.

[52] 王承丹. 选题的困惑与视角的更新[N]. 光明日报, 2003-12-3.

[53] 王虹, 李臣之, 宋鹏君. 课堂言语互动分析[J]. 教育科学论坛, 2012（6）.

[54] 王攀峰. 论教育现象学研究中的深度访谈[J]. 首都师范大学学报（社会科学版）, 2014（2）: 127-132.

[55] 王晴锋. 反思社会研究中作为方法的深度访谈[J]. 云南社会科学, 2014（1）: 108-111.

[56] 王远新. 访谈法在语言田野调查实践中的运用[J]. 民族教育研究, 2021, 32（6）: 58-65.

[57] 王振波. 国内案例研究方法的图景概况与审思评判[J]. 管理案例研究与评论, 2022, 15（3）: 335-346.

[58] 王嘉毅. 定性研究及其在教育研究中的应用[J]. 西北师大学报（社会科学版），1995（2）：69-74.

[59] 王玉德. 也谈研究生论文的选题原则：兼论研究生论文与本科生论文的区别[J]. 学位与研究生教育，2006（10）：36-38.

[60] 夏正江. 论案例研究在教育中的可能方式[J]. 外国中小学教育，2007（8）：5-11.

[61] 项保华，张建东. 案例研究方法和战略管理研究[J]. 自然辩证法通讯，2005（5）：62-66，111.

[62] 肖索未. 社会阶层与童年的建构：从《不平等的童年》看民族志在儿童研究中的运用[J]. 湖南师范大学教育科学学报，2011，10（2）：36-38.

[63] 谢爱磊，陈嘉怡. 质的研究的样本量判断：饱和的概念、操作与争议[J]. 华东师范大学学报（教育科学版），2021，39（12）：15-27.

[64] 熊秉纯. 质性研究方法刍议：来自社会性别视角的探索[J]. 社会学研究，2001（5）：17-33，86-125.

[65] 杨帆，陈向明. 中国教育质性研究合法性初建的回顾与反思[J]. 教育研究，2019，40（4）：144-153.

[66] 叶晓玲，李艺. 现象学作为质性研究的哲学基础：本体论与认识论分析[J]. 教育研究与实验，2020（1）：11-19.

[67] 应星. 从"讨个说法"到"摆平理顺"[D]. 北京：中国社会科学院研究生院，2002.

[68] 应星. 质性研究的方法论再反思[J]. 广西民族大学学报（哲学社会科学版），2016，38（4）：59-63.

[69] 于文轩. 中国公共行政学案例研究：问题与挑战[J]. 中国行政管理，2020（6）：105-112.

[70] 余保华，杨晶. 教师专业化视野下案例教学的伦理尺度[J]. 高等教育研究，2017，38（3）：72-77.

[71] 袁玲玲. 行动研究的三种方法[J]. 外国中小学教育，1998（1）：41-43.

[72] 杨善华，孙飞宇. 作为意义探究的深度访谈[J]. 社会学研究，2005（5）：

53-68，244．

[73] 张绘．混合研究方法的形成、研究设计与应用价值：对"第三种教育研究范式"的探析[J]．复旦教育论坛，2012，10（5）：51-57．

[74] 张立新．教师实践性知识形成机制研究：基于教师生活史的视角[D]．上海：上海师范大学，2009．

[75] 张肇丰．试说教师的案例研究[J]．课程·教材·教法，2004（8）：64-69．

[76] 赵明仁，王嘉毅．教育行动研究的类型分析[J]．高等教育研究，2009，30（2）：49-54．

[77] 赵铁．《街角社会》的社区研究方法[J]．学术论坛，1999（4）：112-114．

[78] 郑金洲．素质教育与教师行动研究[J]．教育研究与实验，1997（3）：17-20．

[79] 郑蕴铮，郑金洲．教育行动研究：成效、问题与改进[J]．教育发展研究，2020，40（4）：18-23．

[80] 钟柏昌，李艺．行动研究应用中的常见误区：基于过去6年教育类核心期刊论文的评述[J]．现代远程教育研究，2012（5）：31-35．

[81] 朱德全，曹渡帆．教育研究中扎根理论的价值本真与方法祛魅[J]．清华大学教育研究，2021，42（1）：67-76．

[82] 朱旭东．学位论文开题报告研究[J]．学位与研究生教育，2010（1）：1-4．

[83] 张斌贤．儿童年龄分期：重构教育历史的概念工具[J]．华东师范大学学报（教育科学版），2022，40（3）：1-9．

[84] 张雯闻，方征．政策建构的跨阶层社会关系网络如何推动贫困家庭子代教育：一个精准扶贫的个案研究[J]．全球教育展望．2021，50（3）：3-18．

[85] 赵鼎新．质性社会学研究的差异性发问和发问艺术[J]．社会学研究，2021，36（5）：113-134，228-229．

[86] 周毅．研究生学位论文选题原则及方法[J]．学位与研究生教育，2009（10）：34-41．

[87] 张斌贤，王蓝慧，祝贺．"完整儿童"观念在美国的早期演变[J]．比较教

育研究，2020，42（11）：35-44.

[88] 魏雪峰，杨帆，石轩，等．协作思维导图策略促进小学生习作的行动研究[J]．现代教育技术，2020，30（6）：47-54.

[89] 应星．"田野工作的想象力"：在科学与艺术之间：以《大河移民上访的故事》为例[J]．社会，2018，38（1）：30-53.

[90] 邹红霞，张悦歆，赵逸寒等．盲校学生八大非学科能力培养与评估的行动研究[J]，中国特殊教育，2021（6）：37-44.

外文著作及论文：

[1] BERGER J G, BOLES K C, TROEN V. Teacher research and school change: paradoxes, problems, and possibilities[J]. Teaching and Teacher Education, 2005, 21（1）: 93-105.

[2] BURNS A. Action research: an evolving paradigm? [J]. Language Teaching, 2005, 38（2）: 57-74.

[3] BURNS A. Doing action research in English language teaching: a guide for practitioners[M]. New York and London: Routledge, 2010.

[4] BURNS A. Chapter eleven: action research[M]//BROWN J D, COOMBE C. The Cambridge guide to research in language teaching and learning. Cambridge: Cambridge University Press, 2015.

[5] CALHOUN E F. How to use action research in the self-renewing school[M]. Alexandria: Association for Supervision and Curriculum Development, 1994.

[6] CAMPBELL A. Connecting inquiry and professional Learning: creating the conditions for authentic, sustained learning[M]//MOCKLER N, SACHS J. Rethinking educational practice through reflexive inquiry. London: Springer, 2011.

[7] CAPOBIANCO B, LINCOLN S, BROWNE D C, et al. Examining the experiences of three generations of teacher researchers through collaborative

science teacher inquiry[J]. Teacher Education Quarterly, 2002, 33（3）: 61-78.

[8] CARR W, KEMMIS S. Becoming critical: education knowledge and action research[M]. Lewes: Falmer, 1986.

[9] CHRISTIANAKIS M. Teacher research as a feminist act[J]. Teacher Education Quarterly, 2008, Fall: 99-115.

[10] CLANDININ D J, CONNELLY F M. Teachers' professional knowledge landscapes: teacher stories. stories of teachers. school stories. stories of schools[J]. Educational Researcher, 1996, 24-30.

[11] COCHRAN-SMITH M, LYTLE S L. Inside/outside: teacher research and knowledge[M]. New York & London: Teachers College Press, 1993.

[12] COLE A L, KNOWLES J G. Teacher development partnership research: a focus on methods and issues[J]. American Educational Research Journal, 1993, 30（3）: 473-495.

[13] CORTE M V, BROK P D, KAMP M, et al. Teacher research in dutch professional development schools: perceptions of the actual and preferred situation in terms of the context, process and outcomes of research[J]. European Journal of Teacher Education, 2013, 36（1）: 3-23.

[14] COCHRAN-SMITH M, LYTLE S L. Inquiry as stance: practitioner research for the next generation[M]. New York and London: Teachers College Press, 2009.

[15] ELBAZ F L. Teaching thinking: a study of practical knowledge[M]. London: Croom Helm, 1983.

[16] ELLIOT J. Action research for educational change[M]. Buckingham: Open University Press, 1991.

[17] FENSTERMACHER G D. The knower and the known: the nature of knowledge in research on teaching[J]. Review of Research in Education, 1994, 20（1）: 3-56.

[18] FOSTER P. 'Never mind the quality, feel the impact': a methodological assessment of teacher research sponsored by the teacher training agency[J]. British Journal of Educational Studies, 1999, 47（4）: 380-398.

[19] GLASER B G, STRAUSS A L. The discovery of grounded theory: strategies for qualitative research[M]. New York: Aldine de Gruyter, 1967.

[20] HARGREAVES D H. Teaching as a research-based profession: possibilities and prospects[J]. The Teacher Training Agency Annual Lecture, 1996, 1-12.

[21] KEMMIS S, MCTAGGART R. Participatory action research: communicative action and the public sphere[M]//DENZIN N K, LINCOLN Y S, et al. The Sage handbook of qualitative research. London: Sage Publications Ltd, 2005: 559-603.

[22] LANKSHEAR C, KNOBEL M. The handbook of teacher research[M]. Berkshire: Open University Press, 2004: 366-368.

[23] LINGARD B, RENSHAW P. Connecting inquiry and professional learning in education: international perspectives and practical solutions[M]. London: Routledge, 2009: 26-39.

[24] LYLE S. An investigation into the impact of a continuing professional development programme designed to support the development of teachers as researchers in South Wales[J]. Journal of In-Service Education, 2003, 29（2）: 295-314.

[25] LYTLE S L. COCHRAN-SMITH M. Teacher research as a way of knowing[J]. Harvard Educational Review, 1992, 62（4）: 447-474.

[26] MCINTYRE D. Bridging the gap between research and practice[J]. Cambridge Journal of Education, 2005, 35（3）: 357-382.

[27] SACHS J. Using teacher research as a basis for professional renewal[J]. Journal of In-Service Education, 1999, 25（1）: 39-53.

[28] SMITH M K. What is action research and how do we do it? The encyclopedia of pedagogy and informal education[EB/OL]. (2022-03-07) [2017-10-11]. http://infed.org/mobi/action-research/.

[29] SNOEK M, MOENS E. The impact of teacher research on teacher learning in academic training schools in the Netherlands[J]. Professional Development in Education, 2011, 37 (5) : 817-835.

[30] STENHOUSE L. What counts as research[J]. British Journal of Educational Studies, 1981, 29 (2) : 103-114.

[31] STRINGER E. Action research: a handbook for practitioners[M]. London: Sage Publications, 1996.

[32] TILLEMA H, VAN DER WESTHUIZEN G J. Knowledge construction in collaborative enquiry among teachers[J]. Teachers and Teaching: theory and practice, 2006, 12 (1) : 51-67.

[33] ZEICHNER K M. Action research: personal renewal and social reconstruction[J]. Educational Action Research, 1993, 1 (2) : 199-219.

[34] ZEICHNER K M. Beyond the divide of teacher research and academic research[J]. Teachers and Teaching: theory and practice, 1995, 1 (2) : 153-172.

后　记

　　本书是广东省学位与研究生教育改革研究项目"新时代研究生高质量课堂建构研究"（批准号：2022JGXM090）和深圳大学高水平大学三期建设项目"增强学习获得感：研究生高质量育人生态建构与实践探索"的阶段性成果。在撰写过程中，我们聚焦研究生学习获得感提升的关键要素——教育研究方法，侧重探究研究生学习和研究过程中常用的方法，聚焦研究生教育研究主题的确立、量化研究、质的研究、教育行动研究、案例研究5个具体专题，尽可能从理论与实践相结合的角度讲清楚"如何做"，以便研究生在具体研究过程中借鉴，也方便研究生导师在教学过程中参阅。

　　在本书的形成过程中，相关兄弟学校为调查研究投入了大量精力，深圳大学研究生院领导与教育学部同仁为课题立项、研究推进提供了大力支持。本书在出版过程中，广东教育出版社郝琳琳总监、蔡奇哲主任、柴瑶责编全程关心，尽心尽力，在此一并表示感谢！

　　由于时间较紧，本书不当之处尚多，请学界同仁多提意见，以便后续研究进一步完善。

编　者

2024年4月4日